Amalie Baader

Wintergarten Erzählungen aus der Familie und dem Leben

Amalie Baader

Wintergarten Erzählungen aus der Familie und dem Leben

ISBN/EAN: 9783743483637

Hergestellt in Europa, USA, Kanada, Australien, Japan

Cover: Foto ©ninafisch / pixelio.de

Amalie Baader

Wintergarten Erzählungen aus der Familie und dem Leben

Wintergarten.

Erzählungen

aus der Familie und dem Leben.

Von

H. Sales.

Erster Band.

Mainz,

Verlag von Franz Kirchheim.

1865.

Inhalt.

Es war im Mai 1820, als ein junger Mensch raschen Schrittes durch das ~~Pennanger~~ Thor in Würzburg, der Landstraße nach dem „letzten Hieb" zuging. Wer als Student in Würzburg gewesen, dem ist der „letzte Hieb" wohl bekannt, anderen Lesern müssen wir jedoch die Erklärung geben, daß hier, oder doch in der Nähe, in früheren Zeiten das Hochgericht gestanden, wo die Verbrecher den letzten Hieb erhielten. Die neuere Zeit hat diesen Ort des Schreckens zu einem Vergnügungsplatze erwählt und mit leichtsinnigem Humor ihm den Namen gegeben, der an seine frühere Bestimmung erinnert. Der schönen Aussicht über die wohlhäbige Stadt und ihre freundliche Umgebung, sowie des guten Bieres wegen, wird der Platz immer stark, besonders von Studenten, besucht.

Der junge Mann, den wir soeben bei unseren Lesern eingeführt, hatte durchaus nicht das Ansehen, als ob er zu den munteren Musensöhnen gehörte, deren Ziel der „letzte Hieb" gewesen, auch war es dazu viel zu früh am Morgen. Ein Ränzchen auf seinem Rücken sagte uns, daß sein Weg weiter ging, aber auch für einen reisenden Studenten würde ihn Niemand gehalten haben. Als die Straße sich allmälig

ben Hügel hinanzog, ging er langsamer. Man sah
ihm an, die Last auf dem Rücken war ihm ungewohnt,
aber auch sein Herz schien eine Last zu drücken, er
sah traurig vor sich hin, nicht rechts, nicht links. Als
er der Studentenkneipe ansichtig wurde, ging er
schneller, um ungesehen vorbei zu kommen und erst,
nachdem er sie weit genug hinter sich hatte, suchte er
sich, ein wenig von der Straße ab, ein einsames
Plätzchen, wo er sich in's feuchte Gras setzte, den
Kopf auf die Hand gestützt, die Augen bald auf die
unten liegende Stadt, bald auf einzelne Theile ihrer
Umgebung gerichtet, traurigen Blickes. Endlich brach
er in ein heftiges Weinen aus, dessen er sich anfangs
erwehren wollte, dem er aber bald seinen Lauf ließ,
als er sich einer völligen Einsamkeit versichert hatte.

Betrachten wir ihn etwas näher. Er war von
mittlerer Größe und kräftigem Baue; seiner wiewohl
blühenden, aber sehr zarten Gesichtsfarbe, sowie sei=
nes schüchternen, mädchenhaften Benehmens wegen,
schien er nicht über achtzehn Jahre alt. Seine blon=
den Haare waren kunstlos geschnitten und geordnet,
und von einer hellblauen Tuchkappe bedeckt. Ein zim=
metbrauner Rock umgab seinen Körper bis weit über
die Knice, er hatte aber die Zipfel der Rockschöße zu=
sammengeheftet, um im Gehen nicht gehindert zu seyn,
dadurch wurden die Beinkleider mehr sichtbar, deren
leuchtendes Hellgrün sich ohnehin gern bemerkbar
machte; unten waren dieselben mit schwarzem Leder
zum Schutze gegen den Straßenkoth besetzt, dieses Le=
ber sowie die schwerfälligen mit Eisen beschlagenen

Stiefel war schön glänzend gewichst, überhaupt waren an dem ganzen Anzuge trotz seiner Sonderbarkeit, große Reinlichkeit und Ordnungsliebe zu bemerken. Den Hals trug er bloß, ein breiter weißer Hembkragen legte sich über den Rock. Zu dieser vielfarbigen Kleidung wollte ein schwarzer Flor gar nicht passen, der um seinen linken Arm geschlungen und durch eine große Schleife befestigt war. Das Ränzchen, welches er auf dem Rücken behielt, war zwar, wie sie Studenten damals trugen, aber so voll gepackt, daß nicht nur aus all den kleinen Täschchen, die sich außen an demselben befanden, etwas hervorsah, sondern ein Paar mächtige, neugesohlte und mit Eisen beschlagene Stiefel standen auf beiden Seiten heraus, und oben darauf war noch eine große, hellgrüne Botanisirbüchse gepackt.

Um die Neugierde des freundlichen Lesers nicht so lange zu spannen, bis sie in Langeweile übergeht, wollen wir sie nun sogleich mit der größten Genauigkeit befriedigen.

―――― ― ――

Der Reisende hieß Friedrich Köhler und war das älteste Kind eines Försters, dessen Frau bald nach der Geburt des sechsten gestorben war. Eine alte Magd, Namens Dorl, war mit der Försterin in's Haus gekommen, welche sie sammt deren Geschwistern aufgezogen hatte. Deßhalb hing sie auch mit ganzer Seeele an der Familie. Die alte Dorl hatte nur dürftigen Schulunterricht genossen, allein sie hatte viel na-

türlichen Verstand und im Hauswesen war sie vollkommen erfahren. Ueber Religion mußte sie zwar nicht
zu disputiren, aber die Grundsätze derselben waren
ihr so tief eingeprägt, daß sie ihr stets zur Richtschnur
dienten und ihr in allen Verhältnissen Trost und
Stütze waren.

Einer solchen Person durfte der Vater seine Kinder unbesorgt überlassen, wenn er seines Dienstes wegen viel vom Hause abwesend seyn und oft ganze
Tage im Walde zubringen mußte.

Der Förster war erst sechsunddreßig Jahre alt,
als seine Frau starb; in der ganzen Gegend war er
als ein braver, redlicher Mann, als guter Gatte und
Vater bekannt und geachtet. Waren seine Verhältnisse
auch keineswegs glänzend zu nennen, so hatte er doch
sein Auskommen. Was Wunder, daß ihn manche
Mutter als Schwiegersohn wünschte, und manches
Mädchen gerne mit dem stattlichen Manne die sechs
Kinder in den Kauf genommen hätte! Der Förster
aber dachte, so wie meine Anna war, bekomme ich
keine Frau wieder, und lieber als ich meinen Kindern
eine böse Stiefmutter gebe, bleibe ich ledig.

Das Forsthaus lag einzeln, eine Viertelstunde vom
nächsten Dörfchen entfernt, dicht am Maine, von dem
es nur die Landstraße auf hohem Ufer trennte, während der Berg so nahe war, daß der Platz, worauf
es stand, durch Abtragen hatte gewonnen werden müssen. Terrassenförmig stieg der Garten hinter ihm hinauf, bis er oben vom Walde begrenzt ward. Der
Main nimmt dort in vielen Krümmungen seinen lang-

samen Lauf zwischen Waldbergen hin, die ringsum
die Gegend beim Försterhause einschließen, so daß man
sich hier in völliger Einsamkeit hätte glauben können,
wären nicht aufwärts am Flusse einige Häuser des
Dorfes Wernfeld und abwärts auf vorspringendem
Hügel die Burgruine bei dem anderthalb Stunden
entfernten Städtchen Gemünden sichtbar gewesen.

Hier in dieser schönen Umgebung wuchsen die Kinder des Försters gesund und fröhlich auf. Jedes künst-
liche Vergnügen entbehrend fanden sie dafür einen un-
erschöpflichen Schatz in der Natur, mit welcher sie die
Jahres- und Tageszeiten verlebten. Jeder Tag brachte
etwas Neues, jede Jahreszeit andere Freuden. Sie
kannten kein anderes Spielzeug, als was ihnen Garten, Wald und Fluß lieferten, und dennoch waren sie
daran unendlich reicher, als das verwöhnteste Stadt-
kind. Sobald sie zu irgend etwas fähig waren, mußten sie in der großen Haushaltung helfen, und da
die ältesten Kinder Knaben waren, mußten dieselben
manches verrichten, was man sonst nur von Mädchen
verlangt. Durch all dieses gewöhnten sich die Kinder
früh an Thätigkeit und Ueberlegung und erhielten Gewandtheit und Fertigkeit für ihr ganzes Leben.

Die Mädchen lernten von der Dorl, so bald als
möglich, nähen und stricken und mußten ihre kleinen
Bedürfnisse selbst besorgen, wodurch sie sich früh gewöhnten, schonend mit den Ihrigen umzugehen.

Frühzeitig lehrte Dorl die Kinder beten und gewöhnte sie, sich allzeit an die Gegenwart Gottes zu
erinnern und nie etwas zu thun, was seinen reinsten

Augen mißfallen könnte, ihm zu danken bei jeder
Freude, zu ihm zu flehen in jedem Schmerze, und
stets bemüht zu seyn, seinen heiligen Willen zu erfüllen.

Der Förster war streng in der Erziehung. Er ver=
langte nicht blos Liebe von seinen Kindern, sondern
auch Ehrfurcht, und diese nicht blos für sich, sondern
für alle ältere Personen. In dieser Absicht gewöhnte
er sie, ihn Sie zu nennen, obgleich gerade damals
der Gebrauch aufkam, zu den Eltern Du zu sagen.
Er forderte schnellen, willigen Gehorsam; freute sich
aber an ihren kindlichen Spielen, wobei er half und
selbst mitspielte. Streng war er auch in der körper=
lichen Erziehung. Die Kinder sollten abgehärtet wer=
den; Klagen über kleine Widerwärtigkeiten fanden bei
dem Vater kein Gehör und bei keinerlei Witterung
durften die Kinder den Weg zu den nächsten Orten
scheuen. Jeden Sonn= und Feiertag ging er mit ihnen
nach Wernfeld in den Gottesdienst und zwar allzeit
ohne daß eines einen Regenschirm nehmen durfte, das
Wetter mochte seyn, wie es wollte.

An den Nachmittagen der Sonn= und Feiertage
kamen meistens die Beamten der Nachbarschaft mit
ihren Familien bei dem einen oder dem anderen zu=
sammen, um sich für die Einsamkeit der Wochentage
zu entschädigen. Für unseren Friedrich war dies kein
Vergnügen; er war zu schüchtern, als daß es ihm in
Gegenwart mehrerer erwachsenen Personen wohl ge=
worden wäre, und auch von den Kindern zog er sich
meistens zurück, weil er andere Liebhabereien hatte,
als sie.

Da das Försterhaus vom nächsten Städtchen entfernt lag, ließ der Förster seinen Kindern von dem Lehrer Privatunterricht zu Hause geben, der freilich für die Knaben nicht ausreichend war, für die Mädchen aber hinreichte, da sie blos zu tüchtigen Hausfrauen erzogen werden sollten. So leidenschaftlich er für Musik eingenommen war und so sehr er deßhalb darauf drang, daß seine Knaben Musik lernten, so wenig erlaubte er es den Mädchen; da er meinte, ein Kochlöffel und eine Spindel gehörten in ihre Hand und keine Noten. Nach dem Gehöre singen durften sie, so viel sie immer wollten, er hörte ihnen allzeit gerne zu und sang auch wohl selbst mit.

Sobald der älteste, unser Friedrich, lesen und schreiben konnte, mußte er geigen lernen. Zu des Vaters Freude lernte er mit Leichtigkeit den ersten theoretischen Unterricht; als er aber zum Geigen selbst kam, da zeigte sich, daß er kein musikalisches Gehör, keine Freude an Musik, ja gar keinen Sinn dafür hatte. Je mehr der Vater auf Uebung derselben bestand, desto größer wurde die Unlust des Knaben, die endlich in wahren Widerwillen dagegen überging. Gerade das Gegentheil fand bei dem zweiten Knaben, Franz statt, der die Liebe zur Musik vom Vater geerbt hatte, und als zweijähriges Kind einmal alle Fensterscheiben, die er erlangen konnte, hinausgeschlagen hatte, weil dies so schöne Musik macht, wie er sagte. Dem sonst so strengen Vater lachte das Herz im Leibe, als ihm bei seinem Nachhausekommen die Dorl den angerichteten Schaden kund that. Franz machte schnelle Fortschritte in der Musik, blieb aber dafür in anderen Lehrgegenständen stets zurück.

Der Förster mochte noch so spät am Abende nach Hause kommen, so erkundigte er sich nach der Aufführung der Kinder und bestimmte dafür Lohn und Strafe. Ein Sträußchen Erdbeeren, ein seltenes Moos, eine schöne Blume, Alles aus dem Walde mitgebracht, waren die Belohnungen, während die Strafen im Ausschluß von jenen oder in Hausarrest bestanden, in seltenen Fällen wurden jedoch auch einige Streiche mit dem spanischen Röhrchen ertheilt, das den ironischen Namen „Tröster" führte. Bis zum Musikunterricht war unser Friedrich bei dem Abendexamen gewöhnlich im Vortheil; er hatte sich still und ruhig verhalten, der Dorl im Hause geholfen, die kleinen Geschwister beaufsichtigt, seine Aufgaben bei dem Lehrer gekonnt, kurz: wenn er nicht hie und da durch mürrisches, eigensinniges Wesen Tadel verdiente, so kam er immer gut davon; mit der Musik aber begann seine schwere Zeit. Wenn er sich auch sorgfältig geübt hatte, so daß er seine Aufgaben spielen konnte, so fehlte er bei dem Lehrer doch immer wieder und bekam am Abend Strafe dafür, da Niemand einsehen wollte, daß es ihm an musikalischem Talente fehlte. Alle seine Bitten, ihn von der Musik zu befreien, halfen bei dem Förster nichts, welcher glaubte, durch Beharrlichkeit lasse sich jede Schwierigkeit überwinden.

Je weniger Sinn Friedrich für Musik hatte, um so größer war seine Liebe zu Blumen, den er jedoch

wenig befriedigen konnte, da im Garten jedes Plätz=
chen für Küchengewächse benützt werden mußte.

Eines Abends fand Friedrich eine von Dorl weg=
geworfene Boragepflanze, deren schöne blaue Blüthen
den Wunsch in ihm erregten, diesen Blumenstock ein=
zupflanzen und vor sein Fenster zu stellen. Er ließ mit
Bitten um einen Topf bei Dorl nicht nach, bis sie
ihm einen in der Küche ausgedienten einhändigte; freu=
dig setzte er die Pflanze in den rußigen Kochtopf und
stellte sie vor sein Fenster. Leider! ging es nun mit
der Musik noch schlechter. Nicht blos hatte er immer
an seinem Blumenstocke etwas zu thuen oder zu
beobachten, er lief auch im Felde und Walde um=
her, um sich einstweilen die schönsten Blumen vorzu=
merken für künftige alte Töpfe, die er bei Dorl im
Voraus bestellt hatte. Dabei versäumte er die Uebung
auf der Geige, wovon am Abende Strafe die unaus=
bleibliche Folge war.

Eines Mittags stürmte Friedrich freudig mit einem
Strauße Vergißmeinnicht in den Hof, voll Hoffnung,
nächstens einen Topf mit diesen schönen Pflanzen be=
setzen zu können, als er einen starken Fall hinter dem
Hause hörte. Er lief hinzu und fand seinen Borage=
stock zerschmettert am Boden. Ein Blick nach seinem
Fenster zeigte ihm den Kopf seines Bruders Franz,
der sogleich verschwand. Im höchsten Zorne lief er
in's Haus, traf Franz auf der Treppe und mit
dem Rufe: Du hast mir meinen Blumentopf herab=
geworfen! — fiel er über ihn her, und ehe derselbe
nur zu Worte kommen konnte, hatte er ihn tüchtig

durchgeprügelt. Auf das Geschrei kam Dorl aus der
Küche und trat zwischen sie, Friedrich auf sein Zimmer verweisend und Franz mit sich nehmend. Nach
der ersten Aufwallung dachte Friedrich an die Strafe,
die sein Betragen ihm am Abende vom Vater zuziehen würde und in diesem unglücklichen Augenblicke
trat der Musiklehrer ein, ohne daß der Schüler seit
der letzten Unterrichtsstunde sich geübt hatte. In der
allerverdrießlichsten Stimmung nahm Friedrich die
Geige in die Hand; natürlich gingen keine zwei Tacte.
Der Lehrer schalt und je mehr er in Eifer gerieth,
desto ungeschickter spielte der Schüler. Ich werde Alles
dem Herrn Förster sagen, ja ich werde ihm sagen, daß Du
wohl könntest, wenn Du nur wolltest. Jetzt paß' auf.

Friedrich setzte die Geige an, machte einige Striche
— Falsch, grundfalsch! schrie der Lehrer, da warf der
Schüler, außer sich vor Ungeduld, die Geige auf das
nahe Bette, mit dem Ausrufe: Ich möchte wissen,
welcher Narr die Musik erfunden hat! Der Lehrer
stand einen Augenblick wie versteinert, endlich brach
er halb zornig, halb wehmüthig in die Worte aus:
Du ungerathener Sohn eines so achtungswürdigen
Vaters! Wie dauert mich der gute Mann! Aber das
muß ich ihm wörtlich mittheilen. Auf der Stelle nimmst
Du die Geige zur Hand und geigst diesen Passus,
die sechs Tacte, bis sie gehen. An den Gehorsam gewöhnt, nahm Friedrich schweigend die Geige und mit
dumpfer Resignation geigte er mechanisch die Stelle
so lange der Lehrer es wollte. Traf er zufällig das
Rechte einmal, so fehlte er doch immer wieder, bis

die Stunde seiner Erlösung schlug und der Lehrer
ging. Aber der Lehrer ging nicht gerade der Haus-
thüre zu, sondern suchte die Jungfer Dorl auf und erzählte ihr das ungezogene Benehmen Friedrichs und
indem er ihr auf die Seele band, es dem Herrn Förster zu berichten, damit derselbe kräftiger dreinfahre,
sonst werde seiner Lebtage nichts aus dem Buben.

Friedrich blieb allein in seiner Kammer und hatte
Zeit, die Folgen der Vorfälle des Nachmittages zu
überdenken. Es ward ihm sehr bange vor der Heim-
kunft des Vaters. Endlich erleichterte ein Thränen-
strom sein gepreßtes Herz; er wurde ruhiger, bis die
Zeit der Rückkunft des Försters nahete, wo ihn jedes
Knarren der Thüre erschreckte. Endlich schlug der gute
Caro an, der immer voraus lief und das Zeichen zum
Aufmachen der Thüre gab.

In Friedrichs Gegenwart erzählte Dorl dem För-
ster die Vorgänge des Nachmittags und führte die
Worte an, die Friedri ? über die Musik gesprochen.
Die Strafe erwartend stand derselbe in Angst, bis der
Vater in die Worte ausbrach: „Nun, Du sollst keine
Geige mehr in die Hand nehmen, Du lernst doch keine
Musik! Ich hätte das längst einsehen sollen; Was ein
Dorn werden will, spitzt sich bei Zeit. Wie man den
Hund zum Jagen tragen muß, dann ist es schon ge-
fehlt!" Ohne die tiefe Wehmuth zu bemerken, mit wel-
cher der Förster diese Worte sprach, rief jubelnd der
Knabe: Ach, hätte ich doch schon lange diesen glückli-
chen Einfall gehabt! Schweigend, ohne zu essen, ging
der Förster in sein Schlafzimmer. Sein Lieblingswunsch,

balb von seinen Söhnen Trios und mit dem Lehrer
sogar Quartette spielen zu hören, vielleicht selbst die
Flöte wieder hervorzuholen, die er in seiner Jugend
geblasen, war vernichtet; und nicht blos dieses, er
meinte auch, wer die Musik nicht liebe, könne unmöglich ein gutes Herz haben; er war beßhalb mehr betrübt, als erzürnt über Friedrich und vergaß ganz
und gar ihn zu strafen. Es war jedoch keine geringe
Strafe für diesen, zu sehen, daß der Vater mehrere
Tage lang schweigend früh Morgens fortging, Abends
spät zurückkam, keine Blume, kein Moos, nicht einmal
ein freundliches Gesicht mitbrachte, und daß er sich
sagen mußte, er sey die Ursache davon.

Wirklich hatte auch Friedrich von diesem Augenblicke an einen Theil der Liebe seines Vaters verloren.
Obschon nach einigen Tagen im Betragen des Försters nichts mehr zu bemerken war, und obgleich er
von jeher den Grundsatz festgehalten, nie eine Vorliebe
oder Abneigung gegen eines seiner Kinder in sich auf-
kommen zu lassen, so galt doch der musikalische, allzeit muntere Franz mehr bei ihm, als der ernste und
in sich gekehrte Friedrich und ohne daß es der Vater
ahnte, wußten es die Anderen.

Für Friedrich war jener Tag entscheidend gewesen.
Der Förster war einsichtsvoll genug, keines seiner Kinder zu irgend einem Stande zwingen zu wollen, aber
sein Wunsch war, Friedrich, sein Aeltester, möchte bei
ihm das Forstwesen lernen. Er glaubte dadurch den
für seine Verhältnisse erwünschten Vortheil zu haben,
seinen Sohn bei sich behalten zu können, an ihm spä-

ter einen Gehülfen und endlich einen Nachfolger zu
erhalten. Die ganze Familie, namentlich die drei Mädchen, wären dadurch für alle Fälle gesichert gewesen,
indem sie am Forsthause einen Anhaltspunkt behalten
hätten. Gerne begleitete auch Friedrich den Vater in
den Wald und gerne hörte er von der Lebensweise
des Wildes erzählen, lernte auch gerne die Bäume
des Waldes kennen, aber höchst langweilig fand er die
Forstökonomie und auf dem Anstande zu stehen, um
auf Wild zu warten, war ihm gar peinlich. Kam ein
Stück Wild vor den Schuß, so machte er unwillkürlich eine Bewegung, daß es floh. Er sagte es auch
unverholen seinem Vater, er werde nie ein Wild schießen, er bedaure die armen Thiere viel zu sehr. Der
Förster meinte, solche Kindereien würden sich mit der
Zeit verlieren.

Einige Tage nach jener letzten Musikstunde wollte
Dorl aus der Apotheke im Städtchen, wo sie ohnehin
Geschäft hatte, „Bärendreck" (succ. liquirat.) für das
jüngste Kind, welches den Husten hatte, mitnehmen.
Als sie vor der Apotheke auf der Treppe die schönen
blühenden Blumen des Apothekers sah, fiel ihr Friedrichs Liebhaberei und Unglück ein und sie konnte nicht
umhin, dem Herrn Apotheker zu erzählen, wie der
Friedrich Borage vor sein Fenster gesetzt und was damit geschehen sey. Schicke Sie ihn zu mir, Jungfer
Dorl, sagte der Apotheker, ich will ihm Blumen geben, er soll keine Borage mehr setzen.

Dorl erzählte sogleich bei ihrer Zurückkunft Friedrich, was der Apotheker versprochen, und kaum konnte

der Knabe erwarten, bis er „Bärendreck" holen durfte;
denn ohne allen Vorwand hinzugehen, dazu war er
zu schüchtern. Endlich, nach zwei Tagen ging er froh,
zwei Kreuzer für „Bärendreck" in der Tasche nach
Gemünden. Der Weg war lang, und seine angeborene
Schüchternheit machte ihm tausend Gedanken, die ihn
ängstigten. Er kannte wohl den Apotheker, weil alle
Honoratioren der ganzen Gegend bei Kirchweihe und
anderen Festlichkeiten oft zusammenkamen, allein er
hatte immer zu vermeiden gesucht, mit Fremden reden
zu müssen; nun fiel es ihm schwer auf's Herz, ganz
allein in die Apotheke gehen, etwas verlangen und
noch obendrein wegen der Blumen reden zu müssen.
Fast wäre er wieder umgekehrt, doch schämte er sich
und fürchtete zu Hause verspottet zu werden. Endlich
war der Eintritt in die Apotheke geschehen, der „Bä=
rendreck" glücklich gefordert; der freundliche Apotheker
fragte nach dem kranken Schwesterchen, aber von den
Blumen sagte er nichts. Da stand nun Friedrich fast
schon in gänzlicher Hoffnungslosigkeit, unfähig, etwas
von seinen Wünschen zu sagen, und doch sich nicht zum
Fortgehen entschließen könnend. Der Apotheker hatte
die Blumen vergessen und wußte nicht, warum der
Knabe so betrübt stehen blieb. Solltest Du noch etwas
haben, Friedrich? sagte er freundlich. Nein, aber die Dorl
hat gesagt, Sie wollten so gut sein — stieß er hastig her=
aus und stockte. Ueber und über roth blickte er bald auf
den Boden, bald auf die schönen blühenden Blumen an
den Fenstern. Endlich fiel dem Apotheker sein Versprechen
ein. Ei sieh, das hätte ich fast vergessen! warum sagst Du

denn nichts? Nun komm, jetzt sollst aber auch von
den allerschönsten haben. Sogleich brach er ihm meh=
rere Zweige von verschiedenen Pelargonien ab und
sagte ihm, wie er sie setzen und behandeln solle. Wenn
schüchterne Personen einmal zutraulich gemacht oder
durch etwas, das ihnen besonderes Interesse einflößt,
aufgeregt sind, so können sie sprechen, wie andere, ja
sie springen leicht in zu große Lebhaftigkeit über, weß=
halb man von ihnen sagt: „sie haben es hinter den
Ohren sitzen." So erging es auch Friedrich. Er fragte
den Apotheker nun mit der größten Unbefangenheit
über die Behandlung seiner Lieblinge, bis ihm einfiel,
woran er noch gar nicht gedacht hatte, daß er keine
Blumentöpfe habe, um die Stecklinge setzen zu können.
Menschen, die in ihrer Kindheit alle ihre Wünsche be=
friedigt sahen, können gar nicht glauben, welche Klei=
nigkeiten Kinder armer Eltern oder solcher, die aus
Grundsatz nicht jeden Wunsch erfüllen, oft nicht er=
langen können, welche heiße Wünsche sie oft lange
Zeit mit sich herum tragen, nach Dingen, von welchen
jene glauben, es verstehe sich von selbst, daß man sie
habe, oder die für ihre Wünsche zu gering sind. Aber
eben deßhalb finden sie sich auch durch jede Kleinig=
keit befriedigt und Alles erfreut sie, so daß sie reicher
an Genüssen sind, als jene verwöhnten Kinder.

Friedrich sah sich plötzlich durch den Gedanken an
die fehlenden Blumentöpfe in die tiefste Betrübniß
versetzt, aber da er gegen den Apotheker schon ganz
zutraulich war, so klagte er demselben ohne Weiteres
seine Noth. Gleich neben mir wohnt ein Hafner, war

die Antwort, da bekommst Du für sechs Kreuzer so viel Du jetzt brauchst. — Ja, sechs Kreuzer, das ist viel Geld, ich habe zwar zu Hause zwei Kreuzer, aber ich brauche Federn, und der Vater kann uns nicht immer anschaffen; man braucht gar viele, wenn man viel schreibt. — Der Apotheker freute sich über den treuherzigen Knaben und holte ihm sechs kleine Blumentöpfchen, band sie zusammen, die Blumenzweige dazu und gab sie dem hocherfreuten Friedrich. Höchst vergnügt reichte er dem Apotheker die Hand und sagte den schönsten Dank. „Komm bald wieder und sage mir, ob die Pflanzen gedeihen,“ rief ihm dieser nach. Friedrich war bald fertig mit dem Setzen derselben und pflegte sie so gut, daß sie fast alle gediehen.

Seine größte Sorge war nun, wo er sie vor den Geschwistern sicher stellen könnte, daß es ihnen nicht gehe, wie der Borage. Nach einigen Wochen machte er sich auf den Weg zum Apotheker. Er hatte allerlei zu fragen und ging ganz beherzt, bis er des Hauses ansichtig wurde, wo ihm plötzlich einfiel, der Gehülfe könne statt des Herrn da seyn, welchen er gar nicht kenne und daß er nicht wisse, was er ihm sagen solle. Zu seiner großen Freude sah er den Apotheker unter der Thüre stehen und lief eilig, als zu einem alten Bekannten auf ihn zu. Da erzählte er denn seine Freuden und Leiden, die ihm die Blumen verursachten. Der Apotheker belehrte ihn weiter über die Blumenpflege und fand so großes Vergnügen an den Bemerkungen des Knaben, so wie an den Beobachtungen, welche derselbe seither an seinen Pflanzen gemacht hatte, daß er glaubte, es sey etwas mehr als bloße Liebhaberei für Blumen in ihm, und da er selbst ein Freund der Botanik war, freute er sich, in dem Knaben Anlagen für diese Wissenschaft zu finden. Er gab ihm nun ein Buch mit, welches die ersten Anfangsgründe der Botanik enthielt und machte ihm eine Aufgabe darin, die er, bis er wieder käme, lernen sollte. Von nun an hatten die Pflanzen einen ganz anderen Werth bei Friedrich; er sah sie alle in steter Beziehung auf sein Buch, von dem er sehr bald das meiste auswendig wußte. Alles Andere hatte keinen Werth mehr für ihn; er lernte nur für seinen gewöhnlichen Lehrer, was er mußte, gab sich mit seinen Geschwistern nicht mehr ab, sondern war nur immer in Sorge vor ihnen, sie möchten ihm etwas an seinen Herrlichkeiten verderben. So oft er konnte, ging er nach Gemünden. Der Apotheker lehrte ihn, die Pflanzen geschickt einlegen und trocknen und freute sich innig über die schnellen Fortschritte seines Schülers. Du mußt Apotheker werden, sagte er ihm; weil auf dem Lande der Apotheker die einzige Person ist, deren Geschäft auf Botanik Bezug hat. Wäre Friedrich in einer Stadt erzogen worden, so hätte man ihm wahrscheinlich gesagt, Du mußt Botaniker oder Kunstgärtner werden. Der Vater will, ich soll das Forstwesen erlernen, antwortete Friedrich dem Apotheker; ich habe aber gar keine Freude daran; die Thiere todtschießen mag ich nicht; und sehen, wie alt ein Baum ist, wie viel Holz er gibt und was er werth ist, finde ich gar langweilig.

Der Apotheker versprach dem Knaben, nächstens mit dem Vater zu sprechen und ihn für ihre Pläne zu stimmen, indessen solle er recht fleißig seyn, denn um Apotheker zu werden, müsse er noch gar viel lernen und nach Würzburg auf das Gymnasium gehen. Einstweilen brachte Friedrich seine freie Zeit bei dem Apotheker zu. Der Gehülfe hatte ihn unterdessen auch kennen gelernt und liebgewonnen. Da er gewohnt war, zu Hause überall zu helfen, so war er auch bald im Laboratorium zu allerlei zu gebrauchen. Er war bei allen Geschäften aufmerksam, überlegt und immer bedacht, dabei zu lernen. Der Apotheker hielt sein Wort, mit dem Förster zu sprechen, der aber durchaus nicht darauf eingehen wollte. Ich habe für sechs Kinder zu sorgen, wie kann ich an ben einen so viel wenden, ihn noch mehrere Jahre in Würzburg studiren zu lassen? Und was ist am Ende ein Apotheker ohne Vermögen? Gehülfe sein Leben lang oder höchstens Provisor. Das sind die unglücklichsten Menschen, die nie selbstständig werden, nie eine Familie gründen können. Sie haben zu viel zum Sterben und zu wenig zum Leben.

So verging der Sommer. Im Herbste kam Frau Schmitt, die Tante der verstorbenen Försterin, von Würzburg zum Besuch, den sie in der Regel jährlich um diese Zeit im Forsthause abstattete. Sie pflegte in der Haushaltung nachzusehen, um sowohl den Förster als die Dorl aufmerksam zu machen auf das, was nöthig seyn möchte. Die Kinder und Dorl trugen der Großtante die Wünsche vor, welche sich des Jahres

durch gesammelt hatten, und deren Erfüllung durch
̶ ̶ ̶ Förster sie bezweifelten, und baten um ihre Fürsprache, die nie ganz ohne Wirkung blieb. War etwas dem Vater zu kostspielig, so legte sie zu oder
schaffte es selbst an. Da ihr Einkommen, als Wittwe
eines Würzburger Bürgers von geringem Einkommen,
gar nicht groß war, so brauchte sie für sich um so
weniger und konnte deßhalb doch immer den Enkeln
ihrer Schwester Freude machen. Außer diesen hatte sie
keine Verwandte, an ihnen hing sie aber auch mit
ganzer Seele. Daß der Förster seinen Kindern keine
Stiefmutter gab, machte ihm die alte Tante außerordentlich geneigt, so wie sein ehrenhafter Charakter ihr
wahre Achtung für ihn einflößte. Der Förster liebte
sie, wie ein Sohn, und für das ganze Haus war
ihre Anwesenheit immer eine Festzeit. Sie selbst hatte
einen festen Charakter und ließ sich in ihren Ansichten
nicht leicht irre machen. Sie war in ihrem sechzigsten
Jahre noch eine stattliche Frau, groß mit regelmäßigen stark ausgeprägten Gesichtszügen. Ihre Kleidung
trug sie noch wie vor dreißig Jahren und ähnelte darin
weit mehr unserer jetzigen Mode, als der damaligen,
an die sie sich nie gewöhnen konnte. Die kurzen Taillen
und anliegenden Röcke erschienen ihr nicht blos häßlich, sondern selbst unanständig.

An die Großtante wandte sich nun Friedrich, der
immer zu alten Leuten mehr Zutrauen, als zu jungen
hatte, und auf Frau Schmitt ein ganz besonderes Vertrauen setzte, um ihr seine Wünsche in Beziehung auf
seine Standeswahl und den Widerstand des Vaters

2*

mitzutheilen. Die Großtante war anfänglich ganz der
Meinung des Försters; als sie jedoch sah, wie se??ie
Neigung Friedrichs für den Apothekerstand, wie groß
seine Abneigung gegen das Forstwesen war, so ver=
sprach sie, die Sache zu überlegen. Einstweilen sollte
er Gott um Erleuchtung bitten. Friedrich lief nach
dem nahen Kloster Schönau, das zwar, wie alle in
der Umgegend, aufgehoben war, aber in der Kirche
noch das viel verehrte Wallfahrtsbild bewahrte. Vor
diesem betete er nun zu Gott und der heiligen Mutter
Gottes so eifrig als er nur konnte und ging dann in
der sicheren Hoffnung auf einen guten Erfolg nach
Hause. Einige Tage später fand die Tante Gelegen=
heit, mit dem Förster allein darüber zu sprechen. Er
selbst hatte dieselbe herbeigeführt, denn er wünschte
den Rath der erfahrenen Frau in dieser ihm viel Sorge
machenden Sache. Frau Schmitt erbot sich, Friedrich
unentgeltlich aufzunehmen während der Jahre, in wel=
chen er das Gymnasium besuchen müßte, glaubte auch,
er werde ein Stipendium erhalten, vom Schulgelde sey
er als arm ohnehin frei; auf diese Art werde der Förster
nicht so viele Kosten haben. Was aber dann, wenn er
auf dem Gymnasium fertig ist? wandte derselbe ein.
Und kann ich Lehrgeld für ihn zahlen? Und wenn er
wirklich als Apotheker absolvirt ist, so muß er ja ewig
Gehülfe bleiben. — Man muß nicht so weit hinaus
sorgen, meinte Frau Schmitt, der liebe Gott wird
auch das Seinige thuen. Sie sehen einmal, Herr Vet=
ter, daß der Bube für nichts Anderes Sinn hat. Ge=
zwungenheit ist Gott leid!

So mußte sie nach und nach die Gründe des För=
sters, wenn auch nicht gerade alle, zu widerlegen, doch
zu schwächen, daß er endlich einwilligte und dankbar
ihr Anerbieten ergriff. Wer war nun glücklicher als
Friedrich! Gerne wäre er sogleich mit der Großtante
abgereist, allein er brauchte Weißzeug, das die Dorl
erst besorgen mußte und konnte auch den Winter über
noch mit dem Unterrichte des Schullehrers ausreichen.
Sein Eintritt in Würzburg wurde demnach auf Ostern
festgesetzt. Friedrich konnte kaum die Zeit erwarten;
es war ihm wie dem Vögelchen, dem es zu enge im
Neste wird. Zum Botanisiren war die Jahreszeit nicht,
nach Gemünden gehen konnte er bei den kurzen Ta=
gen und dem oft sehr üblen Wetter auch nicht so oft,
wie im Sommer; in der Schlafkammer war er im=
mer in Sorgen, die Brüder möchten ihm etwas her=
abwerfen oder verderben, und diese klagten hinwieder,
daß er zu viel Raum für seine Sachen verlange. Mit
der Blumenzucht wollte es im Winter auch gar nicht
gehen, die Kammer war zu kalt, das Wohnzimmer zu
warm; mit größtem Leide sah er eine Pflanze um die
andere hinsterben. Die Försterkinder waren zwar alle
gutmüthig, aber Friedrich war so ganz verschieden
von dem leichtblütigen, muthwilligen Franz, wie von
dem jüngeren gar guten, aber trägen Anton, daß er
sich weder an den einen noch an den anderen
anschließen konnte. Die kleinen Mädchen kamen
ihm gar zu täppisch vor; gar oft hatte das Eine oder
Andere irgend etwas an seinen Kostbarkeiten, deren

Werth freilich nur er zu schätzen wußte, zu seinen Spielen verbraucht oder weggeworfen.

Dazu kam noch, daß im Winter nur ein Zimmer geheizt, des Abends nur ein Licht gebrannt wurde. Hier mußten die Unterrichtsstunden gehalten werden, während die Kleinen sich spielend im Zimmer herumtrieben. Um das einzige Licht gruppirten sich die Knaben, ihre Aufgaben zu machen, was jeder laut that; Franz übte sich dabei häufig auf der Geige, während Dorls Spinnrad dazwischen schnurrte. Auf dem zwar großen Tische hatte er für seine Pflanzen und verschiedenen Bücher nicht Platz genug, weil die Brüder auch Bücher und Schriften vor sich hatten und jeder nahe beim Licht seyn wollte. Da der Förster allzeit drei Jagdhunde hielt, so war immer einer, oft auch zwei zu Hause. Er hatte unter den großen Kachelofen ein Brett mit spitzigen Zapfen machen lassen, um die Hunde zu verhindern sich an die Hitze zu legen, weßhalb sie vor dem Ofen den spielenden Mädchen im Wege lagen, die deßhalb oft in ihrer Unachtsamkeit über sie fielen oder sie traten, wodurch auf beiden Seiten Geschrei entstand. All dieses wurde Friedrich, der sich leidenschaftlich mit seinem Studium beschäftigte, immer lästiger. Wenn der Förster früh nach Hause kam, so ging es freilich ruhiger, doch für Friedrich nicht angenehmer zu. Hatte der Vater zu schreiben, so geschah es auf demselben Zimmer und die Kinder mußten ruhig seyn. Die an lautes Lernen gewöhnten Knaben behielten, wenn sie leise lernen mußten, nichts im Gedächtniß. Hatte der Förster zu Hause nichts zu thuen, so mußte Franz um so mehr geigen und Anton, der noch kein Instrument lernte, auch wenig Lust dazu zeigte, mußte singen, zur Qual für Friedrichs Ohren. Manchmal machte auch der Förster die Spiele der kleinen Mädchen mit und öfters kamen am Abend bekannte Jäger, die im Vorbeigehen einsprachen oder auch über Nacht blieben. Dann war für die Kinder unbedingtes Stillschweigen geboten. Hie und da gab es einen Zwischenfall durch die von den Gästen in's Zimmer mitgebrachten Hunde, gegen welche die einheimischen ihr Hausrecht wahren wollten, während diese an der Seite ihres Herrn am rechten Platze zu seyn glaubten und denselben aus allen Kräften vertheidigten.

Sehnsüchtig erwartete Friedrich den Tag seiner Abreise. Es wurde bestimmt, daß er mit dem Marktschiffchen fahren solle, das wöchentlich zweimal von Gemünden nach Würzburg fuhr und Alle mitnahm, die etwas dahin auf den Markt zu bringen, oder andere Geschäfte in der Stadt hatten; weßhalb der Förster sicher wäre, einen Bekannten auf denselben zu finden, dem er seinen Sohn für die Fahrt empfehlen konnte. Der erwartete Tag kam; aber schon am Abende zuvor ward es Friedrich gar wehmüthig, als Dorl seine Habseligkeiten zusammenpackte und jedes der Geschwister im Gefühle des Abschiedes irgend etwas von dem Seinigen brachte, um dem Scheidenden noch etwas geben zu können. Seit der Mutter Tod war es das erste Mal, daß ein Glied die Familie verließ. Der Förster kam früh nach Hause, fragte nach Allem, ob

nichts vergeſſen, und war wie die Uebrigen niederge=
ſchlagen.

Gerne wäre Friedrich dageblieben, hätte im
Frieden mit den Geſchwiſtern gelebt, ja, er dachte
ſelbſt, es wäre doch vielleicht beſſer geweſen, wenn er
des Vaters Wunſch erfüllt hätte und Förſter gewor=
den wäre, dann hätte er doch im Hauſe bleiben kön=
nen. Still und trüb verſtrich ſo der Abend und unter
Thränen ſchlief Friedrich ein. Dorl weckte ihn bei Ta=
gesanbruch, denn das Schifflein kam ſchon früh am
Förſterhauſe vorüber. Vater und Söhne ſtanden auf,
die Mädchen ließ man ſchlafen. Erſtere frühſtückten zu=
ſammen, dann warteten ſie am Fenſter, bis Franz zu=
erſt von weitem das Segel des Schiffleins ſah. Nun
gings hinab an das Ufer. Dorl reichte weinend Fried=
rich die Hand, der vor Schluchzen nicht reden konnte,
ſie verließ das Haus nicht. Des Förſters Nachen führte
ihn und die Knaben an das Marktſchiff, da kam auch
Caro nachgeſchwommen, als wolle er Abſchied nehmen.
Es gab viele Thränen bei den Kindern, alle Streitig=
keiten, alle Neckereien waren vergeſſen. Einem bekann=
ten Bürger von Gemünden empfahl der Förſter ſeinen
Sohn, ermahnte dieſen nochmals, brav zu ſeyn, der
Großtante zu folgen und fleißig zu lernen und fuhr
dann mit den zwei übrigen Knaben nach ſeiner Woh=
nung zurück.

Da ſaß nun Friedrich, ſich gänzlich verlaſſen füh=
lend, unten im Schiffe, weinend und zugleich ſich ſei=
ner Thränen ſchämend. Nachdem ihn der Bäcker, dem
er empfohlen war, ſich hatte ausweinen laſſen, ſprach

er ihm Muth ein, nahm ihn mit auf's Verdeck und
machte ihn auf die Gegend, die sie durchfuhren, auf=
merkſam. Sie hatten ſchon Wernfeld paſſirt und ſomit
war für Friedrich Alles neu, denn über Wernfeld hin=
auf war er früher nicht gekommen. Angeregt durch
Alles, was er Neues ſah, vergaß er bald ſeinen Ab=
ſchied. Der Bäcker machte ihn auf alle Ortſchaften, die
man vom Schiffe aus ſehen konnte, aufmerkſam und
da Friedrich dieſen Mann ſchon früher gekannt hatte,
ward er bald zutraulich und begann zu fragen, was
er gern wiſſen wollte. So kamen ſie an dem freund=
lichen Städtchen Karlſtadt mit der zerfallenen Karls=
burg vorbei, Friedrich war nun gar munter geworden.
Das Fahren auf dem Waſſer, das ihm zwar nicht
fremd war, da die Kinder oft in ihrem Nachen ſelbſt
fuhren, aber dieſes Fahren auf einem großen Schiffe
mit Verdeck und mit vorgeſpannten Pferden, ergötzte
ihn ungemein; denn oft ſchon hatte er ſich darnach
geſehnt, mitzufahren, wenn er ſolche Schiffe am Hauſe
vorüberfahren ſah. Dazu kam noch der unaufhörliche
Wechſel der Landſchaft, da der Main ſich bald rechts
bald links um einen der waldigen Berge windet, wo=
durch immer neue Anſichten der ſchönen Gegend zum
Vorſchein kamen. Das Treiben der Reiſenden auf dem
Schiffe kümmerte ihn nicht; er hielt ſich möglichſt fern
von ihnen.

In Retzbach wurde angehalten, das Mittagsmahl
einzunehmen. Der Bäcker lud Friedrich ein, mit ihm
in das Städtchen zu gehen, um im „Koppen“ zu eſſen.
Der ſchüchterne Knabe fürchtete ſich jedoch vor dem

Wirthshause und nahm deßhalb lieber das Anerbieten des Schiffers, mit ihm „Klöße“ zu essen, an, obgleich ihm davor grauste, weil er gesehen hatte, daß das Wasser dazu aus dem Flusse geschöpft worden war.

Als das Schiff Würzburg näher kam, hatte Friedrich alle möglichen Sorgen und Aengsten. Wie er den Weg finden würde in der großen Stadt, die er zum ersten Male sah? Wenn die Großtante nicht zu Hause wäre, was dann? Würde ihm der Schiffmann auch sagen, was er für das Mittagessen schuldig wäre? Derartige Gedanken verbitterten dem blöden Jungen die letzte Viertelstunde auf dem Schiffe, daß er nicht mehr auf die Gegend, sondern vor sich hin in das Wasser sah, bis er den Ausruf hörte: Da ist die Stadt! Erschrocken sah er auf und erblickte mit Staunen die vielen Thürme und die schöne schlanke Mainbrücke, die sich vor ihm zeigten. Seitwärts fesselte die Festung seine Blicke und neben ihr die freundliche Kapelle auf dem Nikolausberge, „Käpelle“ genannt, der Stolz und die Freude der Würzburger. So sehr ihn dieser Anblick überraschte, so war er doch nicht geeignet, ihm seine Angst zu nehmen, im Gegentheile, das Großartige der Ansicht erfüllte ihn noch mehr mit Furcht.

Der Stoß, welchen das Anhalten des Schiffes verursachte, ging ihm wahrhaft durch's Herz; trostlos sah er nach dem nahen, dunklen Schwanenthore, in das er zu unbekannten Gefahren eingehen sollte; aber grade von daher kam ihm der beste Trost; er sah die weiße Haube mit dem Rosabande und die glanzkattunene

Jacke der Großtante, die aus dem Thore kam. Nun nahm er leichten Herzens sein Bündel auf, das er nach Dorls Anweisung während der ganzen Fahrt nicht aus den Augen gelassen hatte, und eilte der alten Frau froh entgegen.

Nach freundlicher Begrüßung stieg dieselbe auf das Schiff, erkundigte sich bei dem Schiffer, wie Friedrich sich aufgeführt und was er noch zu zahlen habe, und nachdem beides zu gegenseitiger Zufriedenheit abgemacht war, führte sie ihren neuen Hausgenossen in die Stadt. Aengstlich schmiegte sich dieser an die Großtante an und hatte fortwährend zu thuen, sein Käppchen abzunehmen, weil er glaubte, auch hier müsse er, wie ihm als Kind auf dem Lande eingeprägt worden war, allen älteren Leuten ein Compliment machen, bis die Großtante ihn hierüber belehrte. Doch zuckte er immer noch einige Male mit der Hand, wenn ein glänzender Offizier oder eine stattliche Dame vorüber kam; er fand es sehr unhöflich, solchen Leuten kein Compliment zu machen.

Die Großtante führte ihn durch verschiedene enge Straßen bis zu einer der engsten, der Franciscanergasse, wo sie wohnte. „Siehe Dir das Haus gleich recht an, daß Du es wiederkennst, wenn Du von einem Ausgange zurückkommst. Die Landkinder finden sich gewöhnlich gar zu schlecht zurecht in der Stadt," belehrte ihn die Großtante. Friedrich war ganz verwirrt geworden durch die vielen Menschen, die herrlichen Waaren an den Ladenfenstern, die Soldaten und was er Alles auf dem Wege gesehen hatte, so daß er froh war, als er in das ruhige Haus eintrat.

Putze Deine Füße sauber ab, ehe Du in's Zimmer trittst, bedeutete die Tante den Ankömmling; in der Stadt sind die Fußböden reinlicher als auf dem Lande, da mußt Du Dich gewöhnen, sie rein zu halten. Fast hatte Friedrich gar nicht gewagt, mit seinen Stiefeln in's Zimmer zu treten, als die Thüre aufging und er den schönen, weißen Fußboden sah; er scharrte so lange auf der Strohdecke, bis die Großtante ihn eintreten hieß, wo er dann aus Respect vor den blankgebohnten altmodischen Möbeln sein Bündel mit der Kappe auf den Boden in eine Ecke des Zimmers legte. Nimm Deine Sachen gleich mit auf Dein Zimmer, daß Du Dich gewöhnst, nichts herumfahren zu lassen. Bei diesen Worten führte ihn die Großtante durch ein Nebenzimmer in das seinige. Ein kleiner Tisch stand hier in der Fensternische, ein Stuhl streckte sich unter denselben, während ein zweiter dem Bette gegenüber seinen Platz hatte; neben diesem war ein Zapfenbrett an der Wand befestigt, woran ein ausgedienter, reinlich gewaschener Rock der alten Frau als Vorhang galt. Das war die ganze Einrichtung. „Nun hänge gleich Deine Kleider an das Zapfenbrett und mache stets den Vorhang gut darüber, daß sie nicht staubig werden, ich hole Dir unterdessen ein „Vesperstück."

Friedrich sah sich wie ein König in seinem neuen Reiche um, in welchem ihm nichts zu fehlen schien, da er es allein beherrschen durfte. Er wollte sich nun auch mit der Aussicht bekannt machen, aber, o weh! hier überfiel es ihn mit Bangigkeit! die Straße war so eng, daß er ohne das Fenster zu öffnen, nicht auf

dieselbe hinabsehen konnte und das Haus gegenüber
so nahe, daß es ihm schien, als habe die Nachbarschaft Theil an seinem Zimmer, denn von dem einen
Hause zum anderen hörte und sah man über die Straße
hinüber Alles, was darin vorging. Der arme Knabe,
dessen elterliches Haus auf eine Viertelstunde von allen Seiten freistand, blickte zum Himmel hinauf, konnte
aber nur einen schmalen Strich davon gewahren, denn
auf beiden Seiten der Straße waren die oberen Stock-
werke über die unteren immer um einen Fuß vorge-
baut, wodurch die Häuser oben fast zusammen stießen. Betrübt trat er in's Zimmer zurück; es kam ihm
recht finster vor und eine Art Heimweh beschlich ihn.

Die Großtante brachte ein ausgesuchtes Abendbrod,
um ihn einzugewöhnen, wodurch Friedrich wieder einigermaßen mit dem Mangel freier Aussicht versöhnt
ward, er suchte sich selbst zu trösten, indem er sich
vorstellte, daß er in diesem Zimmer doch nur sey, um
zu lernen oder zu schlafen; daß er ja nur ausgehen
dürfe, um den Main und die Berge zu sehen. Noch
denselben Abend machte Frau Schmitt ihren Groß-
neffen mit den Räumlichkeiten ihres Hauses bekannt,
wo noch die Geräthe ihrer Aussteuer standen, wie sie
vor vierzig Jahren hingestellt worden waren. Alles
war glänzend rein und so wohl erhalten, daß es für
neu gegolten hätte, wären nicht die ausgeschweiften
Formen und verschnörkelten Zierrathen zu abstechend
gewesen gegen die kahlen scharfkantigen Geräthe der
damaligen Zeit. Besonders reich ausgestattet war das
„Staatszimmer" mit Porzellanfigürchen, Porzellange-

schirren in Formen von Pflanzen und Thieren, die ihre Bestimmung schwer errathen ließen, und dergleichen Spielereien des vorigen Jahrhundertes. Dieses Zimmer betrat Friedrich mit einer Art Ehrfurcht; und fast hätte dessen Herrlichkeit ihm das Zutrauen zur Großtante benommen vor übergroßem Respect, den sie ihm durch dieselbe einflößte. Auch in die Küche ward er eingeführt, die so finster war, daß die alte Frau schon beim Mittagskochen ein Licht anzünden mußte.

Der erste Abend verging für Friedrich schnell. Um sieben Uhr war das Nachtessen bereit, nach demselben wies ihn die Großtante an, ihre und seine Schuhe zu putzen. Um neun Uhr sagte sie ihm, jetzt sey es Zeit in's Bette zu gehen. So wie heute wird es jeden Tag bei mir gehalten; Ordnung ist die Hauptsache in der Haushaltung. Vergiß Dein Nachtgebet nicht! Danke dabei Gott für Deine glückliche Reise. Morgen früh um fünf Uhr läuten alle Kirchen und Kapellen den „Engel des Herrn;" das wirst Du hören und sogleich aufstehen, Dich schnell anziehen, reinlich kämmen und waschen und Dein Morgengebet verrichten; darnach kömmst Du zu mir in die Küche, wo ich Dir das Weitere sagen werde. Es war gut, daß Friedrich von Hause gewöhnt war, ohne Licht zu Bette zu gehen, denn die Tante bot ihm keins an. Sein Zimmerchen war indessen ganz leiblich erleuchtet durch den Schein aus dem Nachbarhause, wodurch ihm dessen Nähe etwas unangenehm erschien.

Bei dem Geläute der ersten Glocke am anderen

Morgen um fünf Uhr erwachte Friedrich; gleich fiel
eine zweite, dann eine dritte Glocke ein, bis sie in
vollem Chore die Menschwerdung unseres Herrn den
erwachenden Christen verkündeten. Friedrich freute sich
innig des schönen Geläutes. Er betete recht andächtig wäh=
rend desselben und eilte, um zur rechten Zeit zur Tante
zu kommen. Sie war schon mit der Bereitung ihres
Kaffees beschäftigt. Nimm dieses Körbchen, sagte sie zu
Friedrich, und hole bei dem Bäcker in der Plattners=
gasse für mich ein Mundbrob und für Dich einen
Dickweck; hier ist ein Groschen, da bekömmst Du einen
Kreuzer zurück.

Ich weiß nicht, wo die Plattnersgasse und der
Bäcker sind, sagte schüchtern Friedrich.

Du hast Recht, antwortete die Großtante, ich dachte
nicht daran, daß Du noch fremd hier bist. Du gehst
unsre Straße durch, dann rechts, gleich darauf die
Straße links ist die Plattnersgasse. Den Bäcker darin
siehst Du.

Friedrich wagte keinen Einwurf mehr, obschon er
noch nicht wußte, wie er den Bäcker sehen sollte. Er
ging und war froh, daß die Straßen noch so leer
waren, daß er die Plattnergasse so leicht fand und
daß in dieser der Bäckerladen so weit vorstand und
so hoch mit Backwaaren belegt war, daß er ihn schon
von weitem erblickte. Nun kam er aber in neue Ver=
legenheit, bei dem Laden stand Niemand, er wußte
nicht, was ein Mundbrob, noch was ein Dickweck wäre,
noch wie er seinen Groschen anbringen und einen Kreu=
zer zurück erhalten sollte, da er nicht den Muth hatte,

in das fremde Haus zu gehen. Zum Glück lag ein
großer Stein neben dem Laden, wahrscheinlich, weil
noch mehr kleine Kinder dahin kamen, auf diesen stieg
er, um sich einmal die vielen Wecke anzusehen; da
kam augenblicklich die Bäckerin an das Fenster und
fragte freundlich, was er wolle. Froh, als hätte er
eine tapfere That vollbracht, sprang er dann mit sei=
nen Wecken und seinem Kreuzer nach Hause. Die Groß=
tante trank Kaffee, Friedrich bekam Milch, weil man
damals denselben noch schädlich für Kinder glaubte.
Die Stadtmilch wird Dir nicht schmecken, sagte sie
ihm, auf dem Lande bekömmt man bessere. Ich weiß
nicht, war die Antwort, wir haben zu Hause Obst und
Brod bekommen, wir hatten so viel Obst aus dem
Garten.

Das ist recht gesund, das sollst Du auch bei mir
haben, wenn es wieder frisches gibt.

Nach dem Frühstücke ward Friedrich angewiesen,
sein Bette zu machen und sein Zimmer zu kehren und
in Ordnung zu bringen und hierauf seine Kleider zu
reinigen, mit dem Beisatze, daß dieses jeden Morgen
zu geschehen habe. Die Tante freute sich, daß Fried=
rich so anstellig zu all diesen Geschäften war. Frau
Schmitt hatte nie ein Dienstmädchen gehalten und
dachte jetzt um so weniger daran, da durch Friedrich
die Arbeitskräfte vermehrt wurden. Sie hielt ihn nicht
blos an, sein eigener Diener zu seyn, sondern sie fand
es ganz billig, ihm alle Arbeit aufzulegen, die ihr in
ihrem Alter zu schwer wurde, und Friedrich dachte gar
nicht anders. Er suchte die Großtante zu erleichtern,

so viel er nur konnte, um ihr in etwas die große Wohlthat zu vergelten, daß sie ihm es möglich machte, Apotheker zu werden.

Nachdem seine Kleider gereinigt waren, sagte die Großtante: Da Du heute noch keine Schule hast, so gehen wir auf das Käpelle. Nimm hier das Büchlein, daß Du die Stationen beten kannst. Schnell war Friedrich bereit. Wie freute er sich, als ihr Weg sie über die Brücke führte, den Main zu sehen; schien es ihm doch so lange, daß er ihn entbehrt hatte, den er sonst stündlich vor Augen gehabt. Die Brücke selbst, mit ihren colossalen Statuen, im Style der kleinen Porzellanfigürchen in dem Staatszimmer der Großtante, gefiel ihm ungemein; er dachte, recht oft dahin zu gehen, um sich die mangelnde Aussicht vom Hause zu ersetzen. So kamen sie vor die Stadt hinaus den Hügel zur Kapelle hinan bis zur ersten mit Plantanen besetzten Terrasse, wo drei kleine Kapellen, die ersten Stationen des Leidensweges unseres Heilandes mit halb lebensgroßen Figuren in Stein gehauen enthalten. Vor jeder Station knieten die beiden nieder und beteten die dahin bezüglichen Gebete, um dann auf den schönen breiten Steintreppen zur zweiten Terrasse mit weiteren Stationen und so von einer zur anderen bis auf die Höhe zu gelangen, wo die Wallfahrtskapelle steht. Das fromme Herz Friedrichs war ungemein gerührt. So schöne Heiligenbilder hatte er noch nie gesehen; er hatte sich dabei das Leiden des Erlösers viel besser vorstellen können; dazu der schöne Weg unter den Platanen, er wußte gar nicht, wie er so leicht den

Berg hinauf gekommen war. „Friedrich, sagte ihm die
Großtante ernst, diese Kapelle ist der heiligen Jung=
frau geweiht, der Patronin von Kranken; viele Men=
schen von nah und fern wallfahrten hierher und sle=
hen die Gottesmutter um ihre Fürbitte an, und wer
in der Stadt einen Kummer, ein Anliegen hat, der
geht auf das Käpelle! Du bist nun zum ersten
Male aus dem väterlichen Hause, sollst Dich hier zu
einem Berufe vorbereiten und von der Art und Weise,
wie Du das thuest, hängt Dein ganzes Glück ab für
dieses Leben und wohl auch für das zukünftige. Gehe
jetzt in die Kapelle, bitte die liebe Mutter Gottes, daß
sie Deine Mutter sey, daß sie Dich stets in ihren
Schutz nehme, so lange Du hier seyn wirst, daß sie
Dich behüte vor jeder Ausartung, damit Du einst
nicht schlimmer von hier weggehst, als Du gekommen
bist; denn das Böse steckt in uns von Jugend auf
und Gelegenheit es auszuüben findet sich hier nur zu
viele. Bitte sie ferner, daß sie Dir von ihrem göttli=
chen Sohne alle Gnaden erlange, die Du nöthig hast,
um tüchtig in Deinem Berufe zu werden, damit Du
nicht einstens unwissend herumgehst und unserem Herrn
und Gott die Tage abstiehlst. Dann empfiehl Deinen
Vater, Deine Geschwister und die alte Dorl in den
Schutz der Mutter Gottes und bete auch für Deine
Großtante, um die Gnade, Dich so zu erziehen, daß
sie einstens bei der Rechenschaft, die sie darüber geben
muß, vor dem unbestechlichen Richter bestehen könne.“

Bis zu Thränen gerührt betrat Friedrich die Ka=
pelle; die Tante führte ihn zu dem Muttergottesal=

tare in der Seitenkapelle. Die langen rothen Fenster-
Vorhänge waren herabgelassen; vor dem verehrten
Bilde der schmerzhaften Mutter flackerten die zitternden
Flämmchen einer Menge kleiner Kerzen, die sich freudig zu verzehren schienen zur Ehre der Hochgebenedei-
ten. Das Halbdunkel des heiligen Ortes, der Schmuck
der Kapelle und die flammenden Kerzen stimmten Friedrich noch mehr zur Andacht; inbrünstig betete er während der heiligen Messe, die bald nach dem Eintritte
der beiden begann, wie es ihm die Tante angegeben,
indem er noch hinzufügte, Gott möge derselben vergelten, was sie für ihn thue.

Dieser Gang zur Gnadenkapelle machte einen solchen Eindruck auf den Knaben, daß er später nie etwas unternahm, ohne sich Gott oder der heiligen
Jungfrau zu empfehlen; bei jedem Wechsel des Ortes,
bei jeder irgend wichtigen Gelegenheit wandte er sich
an den Himmel und die Folge zeigte, daß es nicht
vergeblich war.

Nach der heiligen Messe führte Frau Schmitt ihren Schützling an die Brustwehr vor der Kapelle, wo
man die ganze Gegend übersieht. O, wie schön ist es
hier! rief er aus, wie schön liegt die Stadt mit den
vielen Kirchen und Thürmen, wie in einem Garten,
und dazwischen der liebe Main. Nicht wahr, Frau
Großtante, ich darf recht oft auf die Kapelle gehen?
— Wenn Du brav bist, darfst Du mich alle Woche begleiten. Einen Tag gehe ich immer herauf.

Freudig und zugleich feierlich gestimmt kam Friedrich mit der Tante nach Hause. Sie setzte sich kurze

3 *

Zeit, um auszuruhen, in den großen mit Leder über=
zogenen Lehnstuhl, dann sagte sie zu Friedrich: Nimm
den großen Korb aus der Garderobe, daß wir auf
den Markt gehen. Friedrich gehorchte; aber so bereit
er war, im Hause alle möglichen Geschäfte zu verrich=
ten, so kam es ihm doch fast unmöglich vor, mit dem
großen Korbe auf den Markt zu gehen; hatte doch
zu Hause nie Jemand anderes als die Dorl einen
solchen Korb getragen. Indessen wagte er um so we=
niger, etwas dagegen zu sagen, als er erst in der
Kapelle die besten Vorsätze gefaßt hatte, der Großtante
gefällig zu seyn. So trat er denn schüchtern mit dem
Korbe neben der Tante auf die Straße und sah sich
verlegen um, ob Jemand über ihn lache; als er aber
bemerkte, daß sich Niemand um ihn kümmerte, ging
er schon sicherer einher. Wie staunte er auf dem
Markte über die Menge der hier aufgestellten Lebens=
mittel, er begriff gar nicht, wie dieß blos in einer
Stadt verzehrt werden könne; ganze Reihen des schön=
sten Obstes, nach dem ihm besonders gelüstete; aber
die Tante kaufte keines, weil es ihr zu theuer schien.
Gerne hätte er sich an der lange Reihe von Geflügel
aufgehalten, allein er mußte der Tante folgen und
hatte genug zu thuen, sie nicht zu verlieren in dem
Gedränge, zumal der große Korb ihm am Durchwin=
den sehr hinderlich war. Bei dem schönen Marktbrun=
nen waren allerlei Vögel in Käfigen aufgestellt und
sogar auch ein Eichhörnchen; hier konnte er sich nicht
enthalten zu rufen: Frau Großtante, sehen Sie nur,
sehen Sie! Gutwillig blieb dieselbe einige Minuten

stehen, um ihm die Freude zu lassen, die Thiere an=
zusehen, dann ging es wieder weiter im Gedränge.
Zu den Vögeln will ich oft gehen, sagte Friedrich bei
sich selbst. Der Korb war nun mit Gemüse angefüllt,
Friedrich hatte die größte Mühe, ihn durch das Ge=
dränge zu zwängen; nun führte ihn die Tante zu
einer freien Stelle; welche Freude! hier standen ganze
Reihen der schönsten Blumen zum Verkaufe. Laß mir
Deinen Korb da und gehe diese Reihe durch, ich will
hier warten, bis Du zurückkommst, sagte die Tante,
ihm gerne den schönen Anblick gönnend. So viel schöne
Blumen hatte der Knabe noch nie beisammen gesehen.
Wie gerne hätte er auch das kleinste Stückchen ge=
kauft, aber er mußte, daß das Geld, das der Vater
ihm mitgegeben, wohl kaum für seine nöthigen Schul=
bücher reichte. Was schadet's, sagte er sich, wenn ich
auch hier keinen Garten und keine Blumen habe, ich
kann ja immer hierher gehen und mich hier freuen, ob
sie mir gehören oder nicht. Er mußte sich losreißen,
um die Tante nicht zu lange warten zu lassen.

Kaum war er mit ihr zu Hause, so kam ein Schnei=
der von Höchberg, den die Tante auf dem Markte ge=
troffen und bestellt hatte, um aus einem alten An=
zuge des Försters für Friedrich einen neuen machen
zu lassen. Sie wählte den Landschneider, weil er bil=
liger arbeitete, als jene in der Stadt, und weil sie
ihn als einen Mann von Redlichkeit kannte; von sei=
ner Geschicklichkeit war ihr freilich nichts bekannt. In
acht Tagen sollte das Gewand fertig seyn.

Nachmittags zog die Tante ihr schillertafftenes

Kleid an, setzte ihre altmodische Spitzenhaube auf; Friedrich mußte seine Kleider frisch ausbürsten und nun ging es zu dem Herrn Studienrector, den neuen Schüler anzumelden. Das verursachte Friedrich starkes Herzklopfen. Der Herr Rector war jedoch freundlich, fragte nach seinen Kenntnissen und entließ ihn mit den Worten: Komme Er bis Montag in die Latein= schule, dort wird wohl sein Platz seyn. Damals näm= lich wurden die Schüler der untern Klassen noch mit Er angeredet.

Am Sonntag nahm die Tante Friedrich mit zu dem Gottesdienst im Dom. Welche Ehrfurcht überfiel ihn hier in diesem großartigen Gebäude. Dann die schöne Predigt, hierauf das feierliche Pontifikalamt; er war ganz hingerissen von Freude und Andacht. Sie zeigte ihm nachher noch einige Kirchen und Fried= rich glaubte, es könne keine schönere und größere Stadt auf der Welt geben. Auch zu dem Schulge= bäude führte sie ihn, damit er morgen den Weg dahin finde; die größte Sorge blieb ihm jedoch, nicht zu wissen in welches Zimmer er müsse, in dem weitschich= tigen Gebäude. Dies war am Morgen sein erster Ge= danke, seine erste Sorge, allein er sah ein, daß es nicht zu ändern war. So ging er denn gegen sieben Uhr in das verhängnißvolle Gebäude, unschlüssig, was er anfangen sollte. Ein Mann stand in dem ersten Gang mit einer Haselnußgerte. Das ist gewiß der Pedell, dachte Friedrich und blieb vor Angst stehen. Wo willst Du denn hin, Kleiner? redete dieser ihn freundlich an. — In die Lateinschule, gab der Knabe

zitternd zur Antwort — Komm mit, ich will sie Dir
zeigen. Du bist gewiß erst ganz neu hieher gekommen,
fügte er bei. — Ja, erst vorgestern. — Da nimm
Dich vor den bösen Buben in Acht, die fallen über
solch einen Neuling her, wie die Hennen über ein
krankes Hühnchen.

Eine Thüre ging auf und Friedrich stand in der
Schule, wo wohl schon mehrere Schüler, aber noch
nicht der Lehrer war. Wie wenn ein fremder Hund
in eine Gasse kommt, wo alle inwohnenden Hunde her-
beilaufen, den Neuangekommenen von allen Seiten betrachten, ihn beschnuppern, dann knurren, boshaft mit
dem Schwanze zittern und endlich über das Opfer
herfallen: so kamen die Knaben herbei und umstellten
den schüchternen Friedrich, der durch die Warnung
des Pedells noch mehr geängstigt war. Jeder stellte
eine andere Frage an ihn, jeder wußte etwas an ihm
auszusetzen, der eine zupfte ihm am Haare, der andere am Kleide; Friedrich wußte sich nicht zu helfen,
bis zu seiner Erlösung der Lehrer eintrat. Es ward
ihm von diesem sein Platz angewiesen und die Schule
begann.

Friedrich hatte von Natur keine schnelle und keine
vielseitige Auffassungsgabe, dagegen war er äußerst
aufmerksam und gab mit ganzer Seele sich dem hin,
womit er eben beschäftigt war. Hier zeigte er dann
eine große Beobachtungsgabe; er durchbrang den Gegenstand seiner Forschung bis in dessen tiefsten Eigen-
thümlichkeiten; dabei hatte er ein gutes Gedächtniß

und für das, was ihn interessirte, einen ausdauern=
den Fleiß.

Sobald der Lehrer sprach, hörte und sah er nichts
mehr von den Sticheleien seiner Mitschüler, die sie
freilich nun nur ganz verstohlen anbringen konnten.
In einigen Tagen betrachteten sie ihn nicht mehr als
fremd und ließen ihn in Ruhe.

So verlief die Woche zu Friedrichs Zufriedenheit;
nur hatte er sich darin getäuscht, daß er glaubte, nach
Belieben auf die Brücke, den Markt oder gar bota=
nisiren gehen zu können, denn nach Verrichtung der
häuslichen Geschäfte blieb ihm gar wenig Zeit für
seine Schulaufgaben, die er nicht auf den Abend ver=
schieben durfte, da es Punkt neun Uhr hieß: In's
Bette! mochte er fertig seyn oder nicht. Sein Zimmer=
chen war ihm lieb geworden, trotz dem Mangel an
Aussicht; von der nahen Nachbarschaft hatte er noch
Niemand am Fenster gesehen; er konnte so gut seine
Aufgaben hier lernen, wo ihn weder die Brüder, noch
das Spinnrad, die Hunde oder Besuch störten. Am
Samstage brachte der Schneider die Kleidung. Als
ehrlicher Mann hatte er sich allerdings bewiesen, denn
der Anzug war noch so groß, daß man den armen
Knaben zweimal hätte hineinstecken können. Er zog die
Beinkleider bis zu den Armen hinauf, aber immer
noch gingen die weiten Beine über die Schuhe hinab;
die Rockärmel bedeckten die Hände und die Schöße
reichten bis auf die Knöchel. Die Tante hatte freilich
dem Schneider anbefohlen, ja nicht zu viel wegzu=
schneiden, da der Knabe im Wachsen sey, allein nun

meinte sie doch, die Beinkleider seyen etwas zu lang. Der Meister gab den Rath, sie umzuschlagen, wodurch leicht geholfen wäre; der Musje Friedrich werde bald so viel gewachsen seyn. Was den Jungen vollends lächerlich aussehen machte, war, daß Rock, Weste, Hosen, sogar die Kappe, von des Vaters Uniform, Alles einerlei Grün und ziemlich hellgrün war. Da die Tante jeden modernen Anzug häßlich fand, so kam es ihr auf ein Bischen mehr oder weniger nicht an, und Friedrich, der in seiner Stube keinen Spiegel hatte, wußte nicht, welche possierliche Figur er machte.

Am folgenden Tage, als er mit der Tante in den Dom ging, begegneten ihm einige Mitschüler, die sogleich den Ruf „Laubfrosch" erschallen ließen. Friedrich ging ruhig weiter und im Dome hatte er bald den Schimpfnamen vergessen. Aber am nächsten Morgen, als er in die Schule kam, hörte er bald hier, bald dort „Laubfrosch" rufen, obwohl er nicht im grünen Sonntagsstaate erschienen war, und dieser Name blieb ihm nun, bis eine neue Kleidung Anlaß zu einem anderen gab.

So verlebte Friedrich den Sommer in regelmäßiger Einförmigkeit, welche nur die verschiedenen Kirchenfeste zu seiner Freude öfters unterbrachen, da ihre Feier in Würzburg immer mit großer Pracht begangen wurde. Hatte er einen Augenblick frei, so ging er auf die Brücke und betrachtete seinen lieben Main. Die Tante nahm ihn mit auf das „Käpelle," so oft er so viele Zeit für sich hatte, und dies war allzeit ein Fest für ihn, wobei der Eindruck, den sein erster

Besuch dort auf ihn gemacht hatte, sich stets erneuerte und ihn anspornte, immer wieder gute Vorsätze zu fassen. Herzlich leid that es ihm, daß er so selten zum Botanisiren kam, da er aber sein Studium als das Mittel betrachtete, einst diesem Hange freier folgen zu dürfen, so trug er leichter die jetzige Beschränkung seiner Zeit und lernte mit eisernem Fleiß. Sein Lehrer war vollkommen mit ihm zufrieden; nicht so seine Mitschüler, von welchen er sich immer ferne hielt, theils aus angeborener Ungeselligkeit, theils weil er ihre Unarten haßte und theils, weil sein ganzes Wesen zu verschieden von dem ihrigen war. Er mußte daher vieles von ihnen leiden; sie bekrittelten und bespöttelten sein ganzes Benehmen, ja sie erstreckten ihre Witze sogar auf die altmodische Großtante, was Friedrich am meisten kränkte.

Es kamen die Herbstferien heran. Die Schulprüfung war für Friedrich so gut ausgefallen, daß er in eine höhere Classe vorrücken durfte. Wie freute er sich, nun mit der Tante die Ferien im Försterhause zubringen zu können. Lebhaft dachte er in den letzten Tagen an den Vater, die Geschwister und die alte Dorl. Wie viel wollte er ihnen erzählen, er glaubte nicht damit fertig zu werden. Welche Freude, den Garten, den Main und die Berge so nahe zu haben, sie jeden Augenblick besuchen zu können. Ob ihn die Hunde auch noch kennen werden? Jedes Plätzchen im Hause durchmusterte er in Gedanken und konnte kaum den Augenblick der Abfahrt erwarten. Die Großtante hatte viel in den letzten Tagen in Ordnung zu bringen, daß in ihrer Abwesenheit nichts in der Haushaltung verderbe; auch daß ihr und Friedrichs Weißzeug in schönster Ordnung sey, den letzten Tag brachte sie ganz mit dem Einpacken zu, wobei Friedrich natürlich helfen mußte.

Endlich saßen sie miteinander auf dem Marktschiffe; die Tante immer noch sinnend, ob sie nichts vergessen, Friedrich auf das Wasser, die vielen Schiffe und Flöße schauend.

Den Fluß hinab ging das Schiffchen natürlich viel schneller, als aufwärts. Friedrich konnte sich nicht satt sehen an den vorüberfliegenden reizenden Ufern; so sehr er sich in das Vaterhaus sehnte, ward die Zeit ihm doch kurz auf dem Schiffe. Schon früh am Abende hielt es vor dem Forsthause an. Der Förster und die beiden Söhne holten die Großtante und Friedrich ab; es war ein unendlicher Jubel! Die Dorl kam bis an den Fluß herunter und weinte vor Freude, ihren Friedrich wiederzusehen, der so groß geworden war. Die Hunde stürmten heran und warfen den Knaben fast um durch ihre ungestümen Liebkosungen. Alles war in freudiger Bewegung, nur die kleinen Mädchen thaten scheu und kannten den Bruder nicht mehr, was nicht dazu beitrug, sie in seiner Gunst steigen zu lassen.

Während Friedrich das Haus und den Garten durchlief, um alle bekannte Plätze aufzusuchen, theilte die Tante dem Förster die vortrefflichen Zeugnisse mit, die er in der Schule erhalten, und fügte ihr eigenes, sehr befriedigendes bei. Wenn er nur nicht so gar

schüchtern bei fremden Leuten wäre, war Alles, was
sie an ihm tadelte, er ist ordentlich menschenscheu; es
wird ihm als Apotheker nicht förderlich seyn.

Ich wollte ja, er solle Forstmann werden, erwiderte
der Vater, durch die Erinnerung an die Vereitelung
seines Lieblingswunsches unangenehm berührt; im
Walde wäre ihm seine Schüchternheit nicht hinderlich
gewesen. Indessen „Gezwungenheit ist Gott leid!“ ich
will nicht gegen seinen so bestimmt ausgesprochenen
Wunsch seyn; wenn er nur in seinem Berufe als
rechtschaffener Mensch wirkt, mehr verlange ich nicht.
Seine Zeugnisse stellen mich zufrieden; es ist mir der
größte Trost, daß Sie seine Aufführung loben; die
Schüchternheit wird sich schon verlieren, wenn er ein=
mal gezwungen ist, unter fremden Menschen zu seyn.
Gebe Gott, daß der Musikant auch so gut einschlägt!
Ich fürchte, was der Apotheker zu schüchtern ist, möchte
dieser zu leichtsinnig werden! Ich hatte gehofft, Franz
solle nun Forstmann werden, und die Musik nebenbei
üben, allein er hat für nichts Sinn, als für Musik,
und ich bin überzeugt, daß er auch nichts anderes
lernen würde; so will ich ihn denn bis Frühjahr zu
meinem Jugendfreunde Waller in Aschaffenburg thuen,
der ein sehr geschickter Musiker ist, der kann ihn ausbilden, bis man sieht, wie weit er es bringt. Möchte
er nur dort so gut aufgehoben seyn, wie Friedrich bei
Ihnen! Ich danke Ihnen tausendmal, Frau Tante!

Friedrich konnte nicht fertig werden, den Brüdern
zu erzählen von den Herrlichkeiten Würzburgs, nach=
dem er der Dunkelheit wegen seine Wanderungen in

Haus und Garten hatte einstellen müssen. Am anderen Tage ging die ganze Familie zusammen, da es
Sonntag war, nach Wernfeld in die Kirche. Als
Friedrich in seinem grünen Anzuge in die Wohnstube
trat, waren schon Alle zum Fortgehen versammelt;
bei Anblick der lächerlichen Figur Friedrichs brachen
die Brüder in ein lautes Gelächter aus. Der Förster
selbst konnte sich nicht enthalten auszurufen: „Kerl,
wie siehst Du aus? Du bist ja breiter als lang und
gleichst vollkommen unserem grünen Regenfasse im
Hofe! Frau Tante, ich glaube, die Würzburger Schneider wollen den Menschen eine neue Gestalt geben!"
Friedrich brach in Thränen aus; schluchzend sagte er,
die Würzburger Buben hätten ihn schon genug aus-
gelacht, er habe geglaubt, es sey ihre Unart schuld;
jetzt gehe es aber zu Hause auch so, da müsse doch
etwas daran seyn. Die Tante, ein wenig empfindlich
über des Försters Bemerkungen, wie dies leicht auch
guten Personen geschieht, besonders wenn sie selbst den
Fehler schon eingesehen, ihn aber sich nicht eingestehen
wollen, erwiderte: Ich habe nicht geglaubt, daß man
bei einem zehenjährigen Knaben auf den Kleiderschnitt
sähe, sonst hätte ich freilich einen theueren Stadtschnei-
der genommen. Man denkt aber immer den Kindern
etwas zu sparen.

Nehmen Sie es nicht übel, Frau Tante, sagte der
Förster begütigend, ich habe dies nur im ersten Augenblicke der Ueberraschung gesagt; gewiß weiß ich
es zu schätzen, was wir alle Ihnen zu danken haben.
Am Montag ließ er jedoch, ohne daß die Tante es

merkte, seinen Schneider von Gemünden rufen, um
den Ueberfluß an Zeug von des Knaben Gewand
wegzuschneiden.

Friedrich besuchte seinen alten Gönner, den Apo=
theker und machte ihm große Freude, durch die Kennt=
nisse, welche er im ersten Halbjahre seines Studiums
erworben. Er erzählte auch ihm von dem schönen
Würzburg und klagte, daß er keine Blumen und selten
Zeit habe, zu botanisiren, daß er dieses aber hier ein=
bringen wolle.

So verging die erste Woche gar angenehm und
schnell; dann aber hörten die Brüder nicht mehr auf=
merksam Friedrichs Erzählungen an; Franz verlangte
dagegen, derselbe solle ihm beifällig zuhören, wenn er
sich auf der Geige übte, was bei dessen Abneigung
gegen Musik ihm viel zu häufig geschah. Mit dem
Vater konnte er über sein Latein und manches Andere
nicht sprechen, weil derselbe es nicht gelernt hatte.
Mit den kleinen Mädchen wußte Friedrich sich gar
nicht zu unterhalten, und in der Schlafkammer tauch=
ten allmälig die früheren Verdrießlichkeiten auf, über
den Raum, den Jeder für seine Liebhabereien ver=
langte. Nur die alte Dort blieb gleich liebevoll und
aufmerksam gegen den Heimgekehrten; sie kochte ihm
so oft als möglich seine Leibspeisen und gab ihm das
beste Obst, welches sie hatte.

Da es ihm im Hause nicht so nach Wunsch ging,
so trieb es ihn um so mehr in's Freie hinaus, um
recht das Leben in und mit der Natur zu genießen.
Den Apotheker besuchte er, so oft er glaubte, es thuen

zu dürfen, ohne lästig zu fallen, und ging ihm bei seinen Geschäften an die Hand.

Am Ende der Ferien war er herzlich froh, wieder nach Würzburg zu kommen, ungestört in seinem Zimmer fleißig zu studiren, um seinem Ziele näher zu kommen. Freilich dachte er dann auch an seine Quälgeister in der Schule, aber er glaubte, da das Gewand ordentlich hergerichtet wäre, hätten sie keinen Grund mehr, ihn zu necken. Hierin aber hatte er sich verrechnet.

Wer beschreibt seinen Schrecken, als er, sich fröhlich in seinem Zimmer umsehend, an dem Fenster gegenüber den Knaben erblickte, der ihn in der Schule am meisten gequält hatte. Sogleich ertönte der Ruf: „Laubfrosch," in welchen zwei oder drei jüngere Geschwister lärmend einstimmten. Die alten Leute, welche früher hier gewohnt, waren ausgezogen und die Eltern jenes Knaben hatten die Wohnung gemiethet. Friedrich wußte sich vor Verdruß nicht zu helfen; er durfte sich nicht an seinem Fenster blicken lassen, ohne jenen Ruf zu gewärtigen. Er flüchtete mit seinem Tischchen an die Wand neben dem Fenster, die einzige Stelle, wo er nicht gesehen werden konnte, die aber freilich noch dunkler war, als sein bisheriger Platz. Da auch in der Schule die Neckereien nicht aufhörten, zog sich Friedrich immer mehr in sich selbst zurück und ward in der Stadt noch schüchterner, als er auf dem Lande gewesen. Wie das erste Halbjahr, vergingen ihm auch das zweite und die folgenden; er war fleißig, der

Tante folgsam, von seinen Lehrern geliebt, von seinen Mitschülern abgestoßen und sie abstoßend.

Als er nach einigen Jahren wieder einmal vom Vaterhause aus den Ferien zurückkommend sein Zimmer betrat, fiel sein erster Blick auf das gegenseitige Fenster, wo ihn bisher die Neckereien der Knaben verfolgt hatten; ein junges Mädchen saß daran, das ihm völig fremd war. Da seine Schüchternheit besonders Frauenzimmern gegenüber stark hervortrat, so wurde er höchst betroffen durch diese neue Nachbarschaft. Nach einigen Tagen sah er zwei Mädchen von seinem Alter an dem Fenster und bemerkte mit einer wahren Entrüstung, wie sie ihm zuwinkten und herüberlachten. Eilends flüchtete er in sein Versteck am Tischchen und mit einer Art Verzweiflung dachte er, daß es nun noch schlimmer kommen könnte, als bei den unartigen Knaben. Er wagte keinen Tritt mehr an's Fenster, wenn er sich nicht überzeugt hatte, daß das gegenüberliegende leer war. Indessen mußte er es doch öffnen und schließen und da konnte es nicht fehlen, daß die Mädchen ihn öfters erblickten, wo sie dann sogleich ihm zunickten, dann zusammen kicherten und sich über seine Schüchternheit lustig machten.

Das ging den ganzen Sommer so fort und verdarb dem armen Knaben ganz die Freude an seinem einsamen Zimmerchen. Der Tante wagte er nicht, etwas davon zu sagen; theils, weil sie bei den Neckereien der Knaben immer gemahnt hatte, er solle nicht darauf hören; theils hielt ihn ein Gefühl der Scham ab. Die alte Frau wußte nicht, warum er manchmal so verdrießlich aus seinem Zimmer kam und sich in dem ihrigen etwas zu thuen machte, was gerade jetzt nicht hätte geschehen müssen, bis sie einmal in dem Nebenzimmer zufällig nach dem Nachbarsfenster blickte und mit Staunen sah, wie die Mädchen herüber winkten, ja selbst Kußhändchen herüber warfen. In höchster Aufwallung bei dem Gedanken, Friedrich erwiedere dies freche Spiel, riß sie seine Thüre auf und traf ihn in seinem Verstecke, den Kopf auf den Tisch gelegt und bitterlich weinend. Von ihrer Entrüstung zu innigem Mitleide übergehend, fragte sie: Was fehlt Dir, Friedrich? Er ergriff eine ihrer Hände und sagte: Ich kann es nicht mehr aushalten, die Mädchen sind gar so frech! Ich habe die ganze Zeit gethan, als sehe ich nichts, aber sie machen es immer ärger! Was sie jetzt gethan haben, das kann ich gar nicht sagen! — Ich will Dir helfen, Friedrich, sagte die Tante, und ihnen einen Riegel vorschieben. Sogleich holte sie aus ihrem Schranke einen Rest von ihren roth und weiß carrirten Vorhängen und machte an demselben Tage einen für Friedrichs Fenster. Gerne hätte sie ihm ein anderes Zimmer gegeben, wenn es sich hätte thuen lassen; denn so wenig sie die Neckereien der Knaben gerührt hatten, so besorgt war sie wegen der ausgelassenen Mädchen.

Friedrich bewegte sich nun wieder frei in seinem Zimmer hinter dem undurchdringlichen Vorhange und gab gerne die Hälfte der schwachen Helle seines Zimmers daran, um nur von den Mädchen erlöst zu seyn.

Friedrichs Gymnasialjahre verflossen auf diese Weise, rastlos fleißig stieg er von einer Classe zur anderen empor und war mit sechszehn Jahren weit genug, um in die Lehre der Pharmacie überzugehen. Die Ferien hatte er allzeit mit der Großtante im väterlichen Hause zugebracht, wohin dann auch Franz kam, der in Aschaffenburg der Musik oblag, worin er große Fortschritte machte, zur Freude des Vaters, dem er aber durch sein leichtsinniges Naturell beständige Sorgen verursachte.

Anton, der jüngste, ward nun, da es mit den beiden älteren fehlgeschlagen, zum Forstmanne bestimmt. Seinem Phlegma zufolge war es ihm gleichgültig, was der Vater aus ihm machen wollte; am liebsten wäre ihm gewesen, gar nichts zu werden, oder wenigstens nichts zu lernen.

Ein Ereigniß hatte unterdessen einen tiefen Riß in das stille Leben der Familie gemacht; es war der fast plötzliche Tod der alten Dorl. Sie war nie krank gewesen; als sie daher sich unwohl fühlte, sagte sie sogleich, sie werde nicht vom Bette aufstehen, man möge den Herrn Pfarrer rufen. Ergeben und mit frommer Andacht empfing sie die heiligen Sterbesacramente und schon am folgenden Tage schlief sie unter dem Gebete der weinenden Kinder ein. Friedrich wurde zur Beerdigung berufen. Wie traurig war ihm dießmal die Fahrt auf dem Maine, die er sonst immer so fröhlich zubrachte! In tiefstem Schmerze umstanden Vater und Kinder das Grab der treuen Dienerin, die an den Kindern Mutterstelle vertreten hatte. Der För-

ster schämte sich der Thränen nicht, die er ihr nach-
weinte, während die Kinder laut wehklagten und
schluchzten. Es ward ein Testament der alten Dorl
gefunden, worin sie noch ihre treue Anhänglichkeit an
die Försterfamilie bewies. Es hieß: In Anbetracht,
daß ich keine nahen Verwandten habe, auch Niemandem
etwas schuldig bin, daß ich blutarm in die Familie
meiner Herrschaft gekommen und was ich besitze in
ihrem Dienste erworben habe, bestimme ich: daß meine
ganze Hinterlassenschaft den Kindern des Herrn Förster Köhler gehören soll. Das Geld ist in meinem
Strohsacke aufbewahrt. Wirklich fand sich in ihrem
Bette ein abgeschnittener Strumpf mit einer durch ihre
Sparsamkeit erworbenen Summe Geldes.

Friedrich hatte sein letztes Examen eben so treff-
lich bestanden, wie die früheren, hatte seine Zeugnisse
beisammen, die alle äußerst vortheilhaft für ihn waren, und ging nun mit der Tante in's Vaterhaus,
um auf längere Zeit von demselben Abschied zu nehmen, da er während der Lehrjahre nicht so leicht
Ferien machen durfte. Es wollte dießmal beiden nicht
recht gefallen im Försterhause; die alte Dorl war durch
die neue Magd nicht ersetzt worden; die Tante hatte
gar viel zu rügen und in Ordnung zu bringen. Die
Mädchen waren nun schon ziemlich erwachsen und zeigten, ganz gegen Dorls Grundsätze, eitle Ziererei in
ihrer Kleidung, während sie zur Arbeit nicht genug
angehalten wurden. Frau Tante, sagte Friedrich, sorgen Sie nur, daß die Schwestern nie nach Würzburg
kommen, sie könnten frech werden, wie die Nachbars-

mädchen, und das könnte ich nicht ansehen. Die Dorl
fehlte ihm überall; froh, daß er nicht länger bleiben
mußte, verließ er nach acht Tagen das Haus, um in
Würzburg in der Julius-Spital-Apotheke in die Lehre
zu treten, wie dieß die Tante schon zuvor verabredet
und der Förster natürlich gutgeheißen hatte.

Da Frau Schmitt noch bei der Familie geblieben
war, mußte Friedrich sich selbst bei seinem Lehrherrn
einführen, was ihm unendlich schwer fiel. Er ging erst
einige Male um das große Gebäude herum, ehe er es
wagte, der Apotheke sich zu nähern; endlich nahm er
einen Anlauf, und stand, fast ohne wissen, wie er herein gekommen, vor dem Apotheker. Ueber und über
roth, stotterte er, was die Tante ihm wörtlich vorgesagt hatte und nur die große Freundlichkeit des Herrn
konnte ihn einigermaßen wieder in's Gleichgewicht bringen. Die ersten Tage wurden ihm recht sauer. Immer
unter Menschen zu seyn, mit jungen Leuten zu ver-
kehren, die jeden Augenblick geneigt waren, über ihn
zu lachen; am Tische von einer ganzen Gesellschaft,
wie er sich einbildete, beobachtet zu werden; dies Alles ließ ihn gar nicht aus der größten Verlegenheit
kommen, wodurch er sich so linkisch zeigte, daß es nicht
zu verwundern war, wenn die jungen Leute lachten.
In der Apotheke, im Laboratorium und wo sonst er
arbeitete, war er äußerst aufmerksam und zeigte
mehr Geschick, als dieß gewöhnlich bei Lehrlingen im
Anfange der Fall ist, in Folge seiner früheren Dienst-
leistungen. In acht Tagen war er ziemlich mit seinen
nächsten Hausgenossen bekannt und freute sich nun

immer mehr seines gewählten Berufes. Als der Apo=
theker seine Liebe zu Blumen bemerkte, übergab er
ihm die seinigen zur Pflege, was Friedrich außerordentlich
viel Vergnügen machte. Mit immer neuem Eifer be=
trieb er die Hilfswissenschaften seiner Kunst; je wei=
ter er darin kam, um so mehr nahm sein Inter=
esse dafür zu. Wie freute er sich, den botanischen
Garten und andere Hilfsmittel so ganz in der Nähe,
in der herrlichen Anstalt selbst zu haben. Dabei be=
nützte er seine ihm zum Ausgehen bestimmten Stun=
den zum Botanisiren in der Gegend. Gerne holte er
die Tante zu einem Gange auf's Käpelle ab, um,
nachdem er die Kapelle besucht, allein den Berg höher
hinauf zu steigen, sowohl der Flora, als der schönen,
weiten Aussicht wegen. Er arbeitete am liebsten im
Laboratorium, wo er sicherer vor Fremden war, die
häufig die berühmte Anstalt des Bischofs Julius be=
suchen, und hier staunte oft sein Lehrherr über seine
seine Beobachtungsgabe, seine Sorgfalt bei der Arbeit
und die Geschicklichkeit, mit welcher er schwierige Ex=
perimente ausführte. So verfloß ihm bei angestrengtem
Fleiße die Hälfte der Lehrzeit angenehm und nützlich.

Von den Seinigen hatte er unterdessen Niemanden
gesehen; eines Morgens aber traten seine zwei älte=
sten Schwestern von der Tante begleitet zu ihm in die
Apotheke. Die Freude, endlich Jemand von seiner Fa=
milie zu sehen, ward ihm gewaltig verbittert, durch
den eitlen Putz der eben aufgeschossenen Mädchen,
welche glaubten, nicht genug thuen zu können, um in
der Stadt nicht für altmodisch zu gelten. Das ging

freilich bei Friedrich meist über alle Schicklichkeit, der
immer noch die altmodischen Farben trug, wie ihm
die Tante die Kleider anschaffte. Er schämte sich fast,
wie sie dem Herrn Principal als seine Schwestern
vorgestellt wurden; und wie er sah, daß sie ohne die
mindeste Schüchternheit mit demselben redeten, ja selbst
die Gehilfen, die sich sehr gefällig erwiesen, dies und
jenes fragten, da hielt er sie schon für halb verloren.
Er bat die Großtante dringend, sie möge doch eilen,
die Mädchen aus der Apotheke zu bringen und sie so
schnell als möglich wieder nach Hause schaffen. Der
Großtante gefiel die Eitelkeit und das vorlaute Wesen
der blutjungen Persönchen ebenfalls nicht; da sie davon der Magd die Schuld gab, so bemühte sie sich
eine gesetzte Person von einiger Bildung und bewähr-
ter Frömmigkeit zu finden und brachte dann das Opfer,
ein halbes Jahr im Försterhause zuzubringen, um
wieder dasselbe in die frühere Ordnung zu setzen und
genau anzugeben, wie es künftig mit Allem gehalten
werden solle. Der Förster war ihr dankbar, denn er
hatte wohl bemerkt, daß Vieles nicht mehr war, wie bei
der alten Dorl, er konnte aber zu wenig im Hause
seyn und mußte den Uebelständen nicht abzuhelfen.

Friedrichs Lehrzeit ging zu Ende. Er hörte dabei
im letzten Jahre die Collegien, welche er für seinen
Beruf nöthig hatte und noch einige andere, zu welchen
ihn seine rege Wißbegierde trieb, was ihm sein Principal gerne zugestand, da er noch nie einen Lehrling
gehabt hatte, der ihm so viele Freude gemacht.
So stand er denn dem Ziele nahe, nach welchem sich

jeder Lehrling sehnt: aus der Lehre entlassen zu werden, mit der Befähigung, als Gehilfe eintreten zu
dürfen; er aber sah mit Angst diesem Zeitpunkte entgegen. Nicht gerade wegen des Examens, auf das er
sich mit dem größten Fleiße vorbereitete, sondern, weil
er alsdann hinaus sollte, in eine ganz fremde Welt,
allein, selbstständig, ohne Rath und — ohne Muth.

Das Examen fiel glänzend aus, wie das Zeugniß
seines Lehrherrn, der ihm eine Stelle in der Hofapotheke in Salzburg verschafft hatte, wegen seiner Liebe
zur Botanik und einer schönen Natur, die dort ihre
Befriedigung im reichsten Maße finden konnte. Friedrich
eilte mit seinen Zeugnissen zur Großtante, um sie zu
erfreuen, der er ja die Erreichung dieses Zieles zu
verdanken hatte. Zu seinem Schrecken traf er sie
krank im Bette. So lange er in Würzburg war, hatte
er sie immer außer Bette gesehen, wenn auch manchmal von Gebrechen des Alters niedergebeugt. Ein
Recept lag auf dem Tische, Friedrich glaubte aus der
Verordnung eine Lungenentzündung zu erkennen. Er
war wie vernichtet. Mit der größten Theilnahme fragte
die Tante nach seinem Examen und zeigte die herz-
lichste Freude an den guten Zeugnissen, die sie sich
vorlesen ließ. Gott sey Dank, sagte sie, Du bist nun
geborgen. Habe immer Gott vor Augen, und es wird
Dir nie fehlen! Das Sprechen ward ihr schwer, der
Athem war so kurz und so schnell! Hole meinen Beichtvater, Friedrich, sagte sie, nach einigem Schweigen;
man kann nicht wissen, wie es geht, und ich möchte
nicht ohne die heiligen Sacramente sterben. Weinend

gehorchte Friedrich. Während die Kranke beichtete,
schrieb er seinem Vater, um ihn von der Gefahr zu
benachrichtigen. Als sodann der Geistliche die Thüre
öffnete und ihm zu kommen winkte, trat Friedrich in's
Krankenzimmer, die Gebete mitzubeten; andächtig hatte
die Tante die Augen auf ein Crucifix geheftet, bis der
Priester ihr die heilige Hostie zeigte; da belebten sich
ihre Züge. mühesam richtete sie sich auf und mit heißer
Sehnsucht empfing sie das Pfand unserer Unsterblich-
keit. Lange noch lag sie schweigend, betend, dann sagte
sie zu Friedrich: Nun möge Gott nach seinem Gefallen
thuen; ich bin bereit! Friedrich konnte seine Thränen
nicht zurückhalten; der Tante ward das Sprechen fast
unmöglich; sie zeigte auf das Bild des gekreuzigten
Heilandes. Der Arzt kam wieder und gestand auf
Friedrichs Frage, daß er keine Hoffnung habe, ihr
Leben zu erhalten. Friedrich blieb die Nacht am Bette
und bewachte jeden ihrer Athemzüge, immer auf Bes-
serung hoffend. Gegen Morgen schien sie weniger leidend, allein der Arzt widersprach Friedrichs Wahrnehmung; er fand sie viel schwächer, seiner Meinung
nach werde innerhalb vierundzwanzig Stunden das
Leben erlöschen. Der Geistliche besuchte sie im Laufe
des Morgens; sie richtete freundlich ihren Blick auf
ihn und faltete ihre Hände bei seinem Gebete. Er sah
das Leben der geliebten Tante immer mehr abnehmen,
all seine Hilfleistungen nach Anordnung des Arztes
konnten es nicht verlängern. Sie sprach nicht mehr,
sondern lag ruhig, die Hände gefaltet, die Augen auf
das Crucifix gerichtet. Am Abende kam der Förster.

Friedrich, der seinen Tritt auf der Treppe erkannte, ging ihm weinend entgegen. Schmerzlich bewegt trat der Mann an das Sterbebette Derjenigen, welcher er so viel verdankte. Sie richtete ihre Augen auf ihn. — Muß ich Sie so finden! rief er vom Schmerze über= wältigt aus. Sie zeigte mit der Hand zum Himmel. Dann mit der größten Anstrengung hauchte sie die Worte: behüten Sie ihre Töchter. Das Fieber brannte, sie litt fürchterlich von Durst; unruhig wandte sie sich von einer Seite zur anderen, bis nach Mitternacht; dann schien sie frei von Schmerz. Um fünf Uhr des Morgens legte sie ihre Hand wie zum Segnen auf Friedrichs Haupt, der vor ihrem Bette kniete, und da die Glocken zum Gebete des englischen Grußes riefen, faltete sie die Hände; als Friedrich und sein Vater sich vom Gebete erhoben, war ihre Seele entflohen, ohne daß es einer der beiden bemerkt hatte, obgleich sie die Augen fest auf sie gerichtet.

Friedrichs Schmerz war grenzenlos! Er fühlte sich vereinsamt und gänzlich verlassen und obgleich er rang nach Ergebung, war er dennoch seiner Empfindungen nicht mächtig. Ein Glück, daß sein Examen vorüber war, er wäre nun nicht im Stande gewesen, das Ge= ringste zu arbeiten. Nach der Beerdigung und nach dem Trauergottesdienste nahm der Förster seinen Sohn mit sich nach Hause, in der Hoffnung, ihn zu zer= streuen, allein er fand nirgends Trost. Umsonst war es, daß der Vater ihm vorstellte, daß er jetzt doch hätte von der Tante scheiden müssen, daß er Gott danken solle, für die Wohlthat ihrer Erhaltung gerade bis zu seiner Abreise; er gab Alles zu, er betheuerte, daß er sie nicht um ein Haar seines Hauptes wieder zum Leben erweckt wissen wolle, gegen Gottes heiligen Willen; allein er fand keine Ruhe. Der Förster hielt nun für's Beste, ihn nach Salzburg abreisen zu lassen, in der richtigen Voraussetzung, daß sowohl die Reise, als die neue Umgebung seine Gedanken am ersten in Anspruch nehmen würden. Er ging daher mit ihm nach Würzburg zurück, half ihm seine Sachen in Ordnung bringen, seine Habseligkeiten packen und ließ ihn dann, wie er es wünschte, allein zum Grabe der geliebten Tante gehen. Hier weinte und betete Friedrich so lange, als es die Zeit erlaubte, um noch auf das Käpelle zu gehen. Die Stationsgebete, die er so oft auf diesem Wege mit der Tante verrichtet, betete er nur für sie. In der Gnaden=Kapelle vereinigte er sein Opfer mit dem Opfer der schmerzhaften Mutter, seine Verlassenheit mit der ihrigen; er betheuerte, keinen anderen Willen zu haben, als den Willen Gottes und bat die gnadenreiche Mutter, sie wolle ihm von ihrem Sohne Kraft und Trost verleihen in seinem Schmerze. Er fühlte sich hierauf beruhigter. Mit Dank gegen Gott und seine heilige Mutter durchging er alles Gute, was er in Würzburg vom Himmel erhalten, empfahl sich für seine Reise, für seine neue Laufbahn, für sein ganzes noch übriges Leben der Fürbitte Mariä und übergab sich vertrauensvoll in die Hände Gottes. Dann empfahl er auch seinen Vater und seine Geschwister und schloß mit der wiederholten Bitte, Gott

wolle nun der Großtante Alles vergelten, was sie an
ihm gethan.

Aus der Kapelle trat er vor an die Brustwehr,
wohin ihn die Tante am ersten Abende seiner Ankunft
geführt hatte. Noch einmal überschaute er die Gegend,
die im Frühlingsschmucke und im tiefen Frieden unter
ihm ausgebreitet lag. Da ertönte aus der Stadt ein
Glöckchen, ein zweites folgte, die großen Glocken fielen
ein, die Kapelle antwortete mit ihrem Geläute und
bald tönten alle Glocken der Stadt im Chore zum
„Angelus," zum Preise der Menschwerdung und der
göttlichen Mutter. Friedrich sank auf seine Kniee und
betete den „englischen Gruß" mit dankbarem Herzen,
daß ihm noch die Freude geworden, das Geläute hier
oben zu hören, das ihn allzeit so feierlich angeregt
hatte. Beruhigt stieg er zur Stadt hinab, wo es in=
dessen dunkel geworden, und am folgenden Tage war
er auf dem Wege, bei dem letzte Hiebe, wo wir ihn
beim Anfange unserer Erzählung gefunden hatten.

Friedrich hatte hier noch einmal Abschied genom=
men von der Gegend, die ihm zur zweiten Heimath
geworden; Abschied von dem Grabe der Tante und
sagte in seiner großen Traurigkeit Lebewohl seiner
glücklichen Jugend. Er betrachtete sich nun als hin=
ausgeworfen in die fremde Welt, und kam sich fast
selbst wie ein fremder, anderer Mensch vor. Seine
tiefe Schwermuth unterdrückte indessen seine Aengst=
lichkeit, mit welcher er ohne seine Trauer die Reise
angetreten hätte; er war gleichgültiger gegen Das,
was mit und um ihn vorging.

Rascheren Schrittes ging er weiter, Nürnberg zu.
Bald mußte er jedoch seinen Gang mäßigen; die Auf=
regung der letzten Tage, die schwere Last auf dem
Rücken und der Mangel an Uebung ließen ihn bald
ermüden. Er sprach mit Niemanden auf dem Wege
und wenn er angeredet wurde, gab er einsilbige Ant=
worten. Die Gasthäuser vermied er so viel als möglich
und betrat sie nur der Nachtherberge wegen. Erst am
britten Tage kam er nach Nürnberg. Er hatte in sei=
nem Schmerze gedacht, ohne sich hier umzusehen, wei=
ter zu reisen, allein die alterthümliche Stadt mit den
vielen Denkmälern einer reichen Vorzeit fesselte ihn

faſt wider ſeinen Willen. Er ſah nun an, was er ohne zu fragen und ohne gefragt zu werden, ſehen konnte und das wirkte wohlthätig auf ſein niedergedrücktes Gemüth.

Von Nürnberg wollte Friedrich noch bis Regens= burg zu Fuß gehen; allein er konnte nicht mehr, ohne zu kleine Tagereiſen zu machen, wodurch er zu ſpät an den Ort ſeiner Beſtimmung gekommen wäre. Er fragte, was ein Platz auf dem Eilwagen nach Re= gensburg koſte und berechnete das vom Vater erhal= tene wenige Geld. Es reichte für den Eilwagen und einmal in Salzburg angekommen, hatte er ja keine Ausgaben zu machen, bis zur Auszahlung ſeines Sa= laires. So fuhr er denn mit dem Eilwagen nach Re= gensburg. Damals gingen noch keine Dampfſchiffe auf der Donau; dagegen gab es eine wohlfeile Gele= genheit auf derſelben zu reiſen durch die Schiffe, welche in Ulm gebaut, die Donau hinabfahren, um in Wien oder noch weiter unten des Holzes wegen verkauft zu werden. Friedrich beſtieg in Regensburg ein ſolches Schiff.

Frohe und ſchmerzliche Gefühle wogten abwech= ſelnd in ſeiner Bruſt. Freudig begrüßte er die Do= nau, weil ſie ihn an den heimathlichen Main erin= nerte; aber der wild dahinſtürmende Fluß führte ihm durch den Gegenſatz zu dem ſtillen Main lebhaft den Gedanken vor, daß er dieſem auf lange Lebewohl ge= ſagt; und ſo ſehr ihn die Waſſerfahrt zwiſchen den reizenden Ufern entzückt hätte, ward ſeine Freude doch gestört durch die Erinnerung an die oft wiederholten Mainfahrten mit der geliebten Großtante.

In Linz verließ Friedrich die Donau und reiste mit dem Stellwagen weiter. Auf demselben traf er einen jungen Mann aus Salzburg, der, als er hörte, er sey Apotheker und komme in die Hofapotheke, sich sehr freundlich gegen ihn bezeigte. Er war der Barbier des Herrn Hofapothekers und machte Friedrich einstweilen mit der Familie, dem Hause und dem Geschäfte bekannt. Als sie am Abende bei dunkler Nacht in Salzburg ankamen, begleitete er ihn zur Hofapotheke. Dunkel vom nächtlichen Himmel sich abhebend lagen die riesigen Berge. Friedrich würde sie aber auch am Tage kaum bemerkt haben, so peinigte ihn die Angst vor dem Eintritte in die fremde Familie. Der Herr empfing ihn in der Apotheke und führte ihn freundlich in ein Hinterstübchen, das er ihm als das seinige bezeichnete. Hier legte er sein Ränzchen ab und wurde dann von dem Principale der Familie als das neue „Subject" vorgestellt. Sein Eintritt, der ziemlich linkisch und sehr verlegen war, sowie seine buntscheckige Kleidung gaben der Frau Hofapothekerin keine günstige Meinung von ihm. Sie empfing ihn steif und schweigend, wie sie überhaupt bei aller Herzensgüte eine etwas förmliche Frau war. Das schmächtige, etwa zwölfjährige Töchterchen, ihr einziges Kind, verzog das Mäulchen zum Lachen, das jedoch ein strenger Blick des Vaters sogleich unterdrückte. Da bei der Familie das Nachtessen schon vorüber war, erhielt der neue Ankömmling das seinige in seinem Zimmer. Während er aß, durchging der Herr die zugestellten Papiere seines neuen Gehilfen.

Das erste Schreiben war ein Schreiben des Försters, der mit der Wärme eines besorgten Vaters seinen Sohn dem künftigen Principale empfahl und ihn bat, Vaterstelle an dem unerfahrenen, schüchternen Menschen zu vertreten. Dieser Brief machte einen guten Eindruck auf den Herrn, noch mehr aber die glänzenden Zeugnisse, die Friedrich von seiner ersten Schule an bis zu seinem Examen und seinem Austritte aus der Lehre erhalten hatte.

Sie haben vortreffliche Zeugnisse, Herr Köhler, sagte er ihm freundlich, seyen Sie mir herzlich willkommen! Betrachten Sie sich von nun an als zu meiner Familie gehörig, ich hoffe, es solle Ihnen bei uns gefallen.

Friedrich traten die Thränen in die Augen, je freundlicher der Apotheker war, desto schwerer fiel es ihm auf's Herz, daß er ganz fremd hier sey und die gute Tante ihm überall fehlen werde.

Sie haben Trauer, sagte theilnehmend der Apotheker, auf Friedrichs große Kreppschleife zeigend. Nun war es vollends um seine Fassung geschehen; er weinte und schluchzte wie ein Kind.

Wer ist Ihnen denn gestorben? fragte der Apotheker betroffen, als Friedrich im Stande war zu reden.

Meine Großtante, die Mutterstelle an mir vertreten, der ich Alles verdanke!

Die Apothekerin war auch in das Stübchen ge-

kommen, um mehr von dem neuen Ankömmlinge zu
erfahren und wurde ihm bald sehr geneigt, als er
aus der Fülle seines Herzens erzählte, was ihm die
Großtante gewesen und wie er seine Zeit bei ihr zu=
gebracht. Sie sagte ihm: Ihre Großtante kann ich
Ihnen freilich nicht ersetzen, aber fassen Sie Vertrauen
zu mir, ich werde Ihnen gerne mit Rath und That
beistehen, um Ihnen den Verlust Ihrer Tante und
zugleich der Heimath erträglicher machen.

Friedrich hätte in keine bessere Familie kommen
können; der Apotheker und seine Frau waren einfache
biedere Leute vom alten Schlage, die sich nicht gleich
jedem Fremden hingaben, aber den als gut erfundenen
mit fortdauernder Liebe behandelten. Sie lebten beide
in zweiter Ehe und waren nicht mehr jung, als sie
einander heiratheten. Nanni war beider einziges Kind,
an dem sie mit der zärtlichsten Liebe hingen. Es war
in seinen ersten Lebensjahren ein wahres Schreckens=
kind gewesen, durch seine schwächliche Körperbeschaffen=
heit und öfteren Krankheiten; jetzt war es gesund, ein
stilles, sanftes Kind, das die Eltern aus Besorgniß
nie von ihrer Seite ließen. Sie lebten sehr still und
fanden ihr Vergnügen nur in ihrem Kinde. Nanni
war verwöhnt, weil die Eltern fortwährend bedacht
waren, ihr Freude zu machen; denn ihr größtes Ver=
gnügen war, das Kind mit etwas Angenehmem zu
überraschen, und sie hatten die Mittel, sich oft das
Vergnügen zu verschaffen. Auf der anderen Seite legte
ihre große Besorgniß dem Kinde manche Entbehrung
und Selbstverleugnung auf; so durfte es nie allein

ausgehen; andere Kinder sah es bloß in der Schule
bei den Ursulinerinnen; dagegen mußte es, wenn die
Mutter Besuch hatte, dabei sitzen und die Damen bedienen, ebenso wenn zum Vater auswärtige Collegen
kamen und über Mittag oder zum Kaffee blieben und
bloß von Geschäften gesprochen wurde, was selbst die
Mutter manchmal zu einem unterbrückten Gähnen
brachte.

Man sieht leicht, daß das Leben dieser Familie
keinen schroffen Gegensatz bildete, zu dem von Friedrich seither geführten. Wirklich fühlte er sich auch bald
heimisch bei derselben, und gab sich ihr mit der Offenheit hin, die eine Eigenschaft seines Charakters war,
die aber seine Schüchternheit bei Fremden nicht auf-
kommen ließ. Wie der Apotheker erfreut war, über
seine gediegenen Kenntnisse in Allem, was zu seinem
Fache gehörte, so freute er sich mit seiner Frau an
seinem reinen Herzen, an seiner christlichen Gesinnung
und seiner tief innigen Frömmigkeit. Die kleine Nanni,
noch ganz ein Kind, schmiegte sich gar bald nach Art
der Kinder an den neuen Hausgenossen an, den sie
von den Eltern immer loben hörte und der nie müde
wurde, ihr Federn zu schneiden, Bleistifte zu spitzen,
ja selbst bei ihren Aufgaben zu helfen, wenn sie nicht
damit zu Stande kommen konnte. Sie begegnete ihm
immer mit der größten Achtung, wie sie gegen ältere
Personen allzeit zu thuen gewöhnt worden. Bei der
zwölfjährigen Nanni gehörte der zwanzigjährige Herr
Köhler ganz zu den älteren Personen. In besonderer
Beziehung zu ihm stand sie wegen der verschiedenen

Süßigkeiten, die er im Laboratorium zu bereiten hatte, was früher der Vater selbst gethan und am Ende das Töchterchen gerufen hatte, um die Kessel und Schüs= seln auszuscharren und die süßen Ueberbleibsel zu ver= zehren. Seit der Apotheker Friedrichs Geschicklichkeit und Pünktlichkeit kannte, überließ er ihm das Labo= ratorium und behielt für sich die Apotheke, da jener zum Handverkauf nicht so ganz paßte und viel lieber die Präparate machte, als den Käufern Artigkeiten sagte. Nanni fragte besorgt die Mutter, ob Herr Köh= ler sie wohl auch rufen werde, wenn er Leberzucker oder Pfeffermünzküchlein bereite. Du mußt ihn darum bitten, war ihre Antwort. Als Friedrich einmal mit der früheren Uebung bekannt war, versäumte er nie, sie zu ihrem Schmause zu rufen. So wenig er mit seinen Schwestern umzugehen wußte, so leicht gewöhnte er sich an dieses stille, zutrauliche Kind, so daß ihm etwas fehlte, wenn dasselbe einmal auch nur einen Tag mit seinen Eltern verreist war.

Wie sich Friedrich im Hause fühlte, eben so glück= lich machte ihn der Aufenthalt in der herrlichen Ge= gend. Aus dem lieblichen, aber sehr beschränkten Main= thale kommend, hatte er keinen Begriff mitgebracht von der Großartigkeit dieser Alpennatur. Die Schön= heit und Mannigfaltigkeit der Pflanzen setzte ihn in Erstaunen. Jede ihm zum Ausgehen bestimmte Zeit brachte er auf den Bergen mit Botanisiren zu. Er durchstreifte allein die weite Gegend, deren Großartig= keit man erst bemerkt, wenn man von einem Punkte zum anderen geht; allzeit freute er sich einer neuen

Entdeckung. Mit tiefer Rührung fand er auf einer
seiner Streifereien, eine dem Käpelle bei Würzburg
ähnliche Käpelle, Maria=Plain. Waren die Stations=
bilder auch nicht so schön wie jene, der Weg zur Ka=
pelle nicht mit so vieler Sorgfalt bereitet, so war es
doch eine Bergkapelle zur Ehre der Mutter Gottes
wie jene, und vor ihr eine Aussicht, zwar ganz ver=
schieden von jener, aber sicher nicht weniger schön.
Dahin ging er nun oft, in Gedanken mit der Groß=
tante und für sie betend.

Friedrich war sehr glücklich in Salzburg. Von
seiner großen Schüchternheit bemerkte seine gewöhnliche
Umgebung nichts mehr, aber Fremden gegenüber quälte
sie ihn immer noch. Er vermied es, Bekanntschaften
zu machen, und im Hause schlich er sich meistens da=
von, wenn fremde Personen kamen. Die Apothekerin
sorgte wie eine Mutter für seine Bedürfnisse. Obgleich
sie selbst fortfuhr, die von der Mode verdrängte Salz=
burger Pelzhaube zu tragen und ihr Hausgeräthe noch
aus beider Gatten erster Ehe stammte, so hatte sie
doch mehr Geschmack, als die gute, alte Großtante
und brachte Friedrichs Anzug mit dem anderer junger
Leute mehr in Einklang. An den Vater schrieb Fried=
rich regelmäßig einmal im Jahre, wie dieß schon
längst verabredet und auch in Würzburg so geschehen
war. Dieß war ein Gratulationsschreiben auf Neujahr
und zugleich zu des Vaters Namensfest, das einige
Tage später fiel. Dabei wurde berichtet über den Ver=
lauf des Jahres und ein Zeugniß des Principales
beigelegt. Auf dieses Schreiben antwortete der Vater,

ebenſo Alles berichtend, was ſich im Jahre in der Fa=
milie ereignet hatte. Allzeit war ein Schreiben an den
Apotheker beigefügt, worin der Vater dankte für alle
ſeinem Sohne erwieſene Güte und ihn auf's Neue
empfahl.

So verfloſſen einige Jahre, ohne daß Friedrich ir=
gend eine Aenderung wahrnahm und ohne daß er an
einen Wechſel ſeiner Verhältniſſe dachte; er wäre wohl
gerne ſein Leben lang „Subject‟ der Hofapotheke von
Salzburg geblieben. Friedrich war nun vierundzwan=
zig Jahre alt, Nanni ſechszehn und auch ihr Verhält=
niß zu einander war noch daſſelbe. Er ſchnitt ihr noch
die Federn, er rief ſie, die Keſſel auszuſcharren und
brachte von den Bergen Alpenveilchen, Alpenroſen und
Edelweiß, das ſie beſonders liebte.

Eine Neuerung hatte Friedrich in letzter Zeit an=
gefangen. Er war ein großer Liebhaber von Kartof=
feln; in der Hofapotheke kamen aber keine auf den
Tiſch, weil die Frau Apothekerin noch das Vorurtheil
hatte, ſie ſeyen wohl für Thiere, nicht aber für Men=
ſchen gut. Friedrich glaubte lange Zeit, es gäbe dieſe
Frucht in Salzburg nicht, nun hatte er aber zufällig
deren auf der Straße geſehen und beauftragte den
Stößer, ihm einige zu kaufen, die er im Laboratorium
auf ſeinem Windofen kochte. Sie ſchmeckten ihm köſt=
lich, allein da er es heimlich that, wann er Gewißheit
hatte, daß der Apotheker ausgegangen, ſo war ihm
nicht wohl dabei zu Muthe, weßhalb er es ſich nur
ſelten erlaubte. Eines Morgens kochte er ſich wieder
einmal ſein Lieblingsgericht, als die Thüre des Labo=

ratoriums leise aufging und Nanni hereintrat. Fried=
rich, besorgt, sie möge sein Geheimniß entdecken, sagte
ihr schnell: Es ist heute nichts auszuscharren, Nanni,
ich koche keine Pasten.

Ich komme jetzt nicht deßhalb, Herr Köhler, ant=
wortete sie, durch seine Hastigkeit eingeschüchtert, ich
habe Ihnen nur etwas sagen wollen. Kennen Sie den
Apotheker von Hallein?

Vom Sehen, ja; weiter nicht.

Nicht wahr, er ist recht häßlich?

Nein, er ist sogar ein schöner Mann, wenn ich
recht gesehen habe.

Ach, ich mag ihn aber doch nicht! Stellen Sie sich
vor, er hat an meinen Vater geschrieben, daß er mich
heirathen wolle!

Heirathen? fragte Friedrich vor sich hin, hei=
rathen?

Es war ihm bis jetzt nicht eingefallen, Nanni an=
ders zu betrachten, denn als ein Kind. Er sah sie nun
an und fand zu seinem Erstaunen, daß sie zur Jung=
frau erwachsen war und meinte, sie sey recht hübsch
geworden, was ihm Andere wohl nicht zugegeben ha=
ben würden; denn Nanni war noch immer sehr schmäch=
tig, hatte ein blasses Gesicht, von dem sich sonst nichts
sagen ließ, gutmüthige, blaue Augen und schöne blonde
Haare, das war Alles! Diese Wahrnehmung vermehrte
seine Verlegenheit, denn es war ihm nun, als sey sein bis=
heriges Betragen gegen sie nicht mehr passend gewesen.
Zu gleicher Zeit bestürmte ihn der Gedanke, es könne in
dem Hause eine Veränderung geben, während er in

dem Wahne gewesen, es müsse Alles bleiben, wie es bisher ihm so gut gefallen. Was Wunder, daß er bei diesem Gedankensturme nicht zu Worte kam!

Nanni wartete eine gute Zeit in Geduld, als aber Friedrich sein Schweigen nicht brach, so fing sie wieder an: Sie sagen ja gar nichts!

Erschrocken fuhr er aus seinen Gedanken auf und fragte: Was soll ich denn sagen?

Daß ich den Apotheker nicht heirathen soll.

Das darf ich nicht sagen. Ihre Eltern wollen es vielleicht.

Der Vater sagt, erwiderte Nanni, er sey ein achtungswürdiger Mann, der ein gutes Geschäft und ein ansehnliches Vermögen besitze. Er wolle mir ihn zwar nicht aufdringen, aber ich solle ihn wenigstens sehen. Ich habe gar keine Lust ihn zu sehen.

Warum wollen Sie ihn nicht sehen, Fräulein Nanni?

Warum nennen Sie mich jetzt auf einmal Fräulein?

Weil Sie jetzt groß sind.

Bin ich denn gewachsen, seit ich mit Ihnen rede? Als ich herein kam, sagten Sie noch Nanni, wie seither.

Ich hätte dieß schon lange nicht mehr sagen sollen, das sehe ich jetzt wohl ein, aber — ich dachte nicht daran — ich sah nicht, — daß Sie kein Kind mehr sind, sagte Friedrich sehr verwirrt.

Ach, Herr Köhler, seufzte Nanni, Sie quälen mich

heute auch. Es ist kein guter Tag für mich! Langsam verließ sie das Laboratorium.

Friedrich setzte sich auf einen umgestürzten Korb und ließ das Gehörte immer wieder an sich vorüber gehen; er konnte sich nicht darein finden, daß an seiner so glücklichen Lage etwas geändert werden solle. Wenn Nanni auch den Apotheker nicht heirathet, so kommt ein Anderer, und jedenfalls kann ich nicht mehr gegen sie seyn, wie seither, sie ist kein Kind mehr! Ach, daß alles Glück auf Erden so sehr dem Wechsel unterworfen ist! Er sah auf sein Leben zurück; wie glücklich war er bei der Großtante, wie zufrieden in der Apotheke des Julius-Spitales, wie freudig lebte er hier und — Alles ging vorüber! Thränen traten ihm in die Augen; da ward die Thüre hastig aufgerissen, der Principal trat ein; erschreckt sprang Friedrich auf und bemerkte jetzt erst einen starken brenzlichen Geruch, der von seinen Kartoffeln herrührte, die unterdessen verbrannt waren. Die Angst erstickte ihn fast.

Was ist Ihnen, Herr Köhler? fragte der Apotheker. Als ich nach Hause kam, standen mehrere Personen in der Apotheke, ohne daß Sie es bemerkt zu haben scheinen, und nun finde ich hier einen Geruch, als hätten Sie einen ganzen Tiegel voll Stärke verbrannt. Er ging dabei auf den Windofen zu; Friedrich lief ihm mit aufgehobenen Händen in den Weg: Verzeihung, ach, Verzeihung, Herr Hofapotheker! ich weiß, es war nicht recht, wenn ich sie auch bezahlt habe, und auch für die Kohlen habe ich allzeit einen Kreu-

zer in die Kasse gelegt; aber ich hätte nichts heimlich
thuen sollen und will es gewiß nicht mehr thuen!

Der Apotheker hatte unterdessen den Windofen un=
tersucht und rief nun lachend: Was, Kartoffeln haben
Sie sich gekocht? Nun, das sollen Sie künftig nicht
mehr nöthig haben; meine Frau soll Ihnen dafür
sorgen.

Die eine Last war nun Friedrich von Herzen ge=
nommen, die andere blieb noch schwer darauf liegen;
so oft er Fräulein Nanni sagte, ging ihm etwas wie
ein Stich durch's Herz; doch gewöhnte er sich nach
und nach daran. Nanni blieb sich gleich gegen ihn,
der freiende Apotheker war noch nicht gekommen und
die Werbung dadurch etwas in ,den Hintergrund ge=
treten; Friedrich ward wieder heiteren Sinnes. Eines
Tages jedoch kam der Apotheker von Hallein. Nanni
ward gerufen und war ihrer Erziehung gemäß sehr
höflich, aber nichts weniger als freundlich gegen ihn,
während er sich alle Mühe gab, artig zu seyn. Beim
Weggehen bat er um Erlaubniß, Nachmittags wieder=
kommen zu dürfen. In der Zwischenzeit fragten die
Eltern das Mädchen, wie er ihr gefallen habe.

Gar nicht! antwortete Nanni.

Warum denn nicht? Er ist hübsch, ist artig, ein
braver Mann; warum gefällt er Dir nicht?

Er hat so schwarze Haare, so schwarze Augen, die
mag ich nicht. Sie beide sind blond und haben blaue
Augen, ich bin eben so und der — sie stockte hier
einen Augenblick — und schwarze Menschen machen
mir bange.

Du bist ein kindisches Mädchen, Nanni! sagte der Vater; wir werden noch warten müssen, bis Du gescheidter bist. Dem Apotheker ward am Nachmittage mit aller Höflichkeit mitgetheilt, Nanni könne sich noch zu keiner Heirath entschließen, worauf er versicherte, er wolle noch ein halbes Jahr warten, wenn er nur Hoffnung habe, in eine so achtbare Familie aufgenommen zu werden.

Nanni sagte Friedrich nichts von dem Besuche des Apothekers; sie hatte sich gemerkt, daß er auf ihre frühere Mittheilung Fräulein zu ihr sagte, daß er mehrere Tage lang wie scheu gegen sie war und seitdem sich immer noch etwas fremd gegen sie zeigte; sie fürchtete, es könne noch Schlimmeres kommen, wenn sie wieder davon spräche. Nach einigen Wochen hatte sie den Apotheker vergessen.

Bei ihm war das jedoch anders. Als das halbe Jahr abgelaufen war, schrieb er wieder an den Vater und bat in bester Form um die Hand der Tochter.

Auf Nanni machte dies nicht den gewünschten Eindruck; warum läßt er mich denn nicht in Ruhe? sagte sie ihren Eltern; ich habe ja schon gesagt, daß ich ihn nicht will.

Ihr Vater antwortete etwas ungeduldig: Ich werde Dich nicht bereden zu einer Heirath gegen Deinen Willen, aber mit so kindischen Gründen wie das letzte Mal darfst Du mir nicht kommen. Von der Farbe der Augen und Haare kann Dein Glück nicht abhängen.

Da wandte sich Nanni weinend zu ihrer Mutter: Ach, warum soll ich denn heirathen? Wollen Sie mich denn nicht länger im Hause behalten? Was habe ich denn gethan, daß Sie mich verstoßen wollen?

So ist es nicht gemeint, Nanni, tröstete die Mutter; die Nähe des Apothekers von Hallein ist ja gerade ein Grund mit, weßhalb wir die Heirath wünschen. Du kannst ja doch nicht immer im Hause bleiben; Du mußt Dich doch einmal verheirathen und nicht immer findet sich eine so passende Partie, wie diese, ganz in der Nähe.

Warum muß ich mich denn verheirathen? Wir waren ja bisher so glücklich beisammen. Wenn es doch seyn muß, so möchte ich lieber Herrn Köhler heirathen, dann blieben wir doch alle beisammen.

Herr Köhler? fragte der Vater überrascht, hat er Dir so etwas gesagt? Hat er Dir von der Heirath mit dem Apotheker von Hallein abgerathen?

Nein, im Gegentheil, er hat gesagt, er sey ein schöner Mann.

Herr Köhler ist keine Partie für Dich; er hat gar kein Vermögen und kann keine Apotheke kaufen.

Eben deßhalb wäre es ja ganz gut so. Er könnte bei Ihnen Gehilfe bleiben, Sie sind ja so zufrieden mit ihm und es wäre dann Alles wie seither.

Ich hätte Dich für gescheidter gehalten, Nanni, sagte der Vater verstimmt. Nun erkläre Dich deutlich, was soll ich dem Apotheker schreiben? denn länger können wir ihn nicht hinhalten.

Nein, nein, schreiben Sie ihm ja recht deutlich, da=
mit er nicht noch einmal schreibt oder gar wieder
kommt! Ach ich bin ja so froh, wenn ich bei Ihnen
bleiben darf! sagte Nanni und küßte den Eltern die
Hände, da es in ihrer Familie nicht üblich war, sich
bei solchen Gelegenheiten zu umarmen, welches für
die wichtigsten Ereignisse aufgespart wurde. So schrieb
denn der Vater dem Apotheker von Hallein einen höf=
lichen Absagebrief.

Unterdessen hüpfte Nanni freudig in's Laborato=
rium, um ihm zu sagen, daß sie nun ganz befreit sey
von dem Apotheker von Hallein. Ich habe meine El=
tern gebeten, fügte sie bei, daß sie mich nicht aus dem
Hause entfernen möchten, wo ich glücklich bin. Ich
habe ihnen gesagt, wenn ich doch heirathen soll, so
möchte ich lieber — — — sie erröthete aus mädchen=
hafter Scham und fuhr schnell weiter: Nicht wahr,
Herr Köhler, wir bleiben immer beisammen? Wenn
das nur so bleibt, so lange wir leben.

Sie enthob Friedrich der Verlegenheit zu antworten,
indem sie ohne Unterbrechung in ihrer fröhlichen Stimm=
ung fortfuhr: Ich will jetzt meine Mutter bitten, daß
sie mit mir auf den Mönchsberg geht. Wie schön muß
der Abend heute oben seyn; und in der Kapellengrotte
will ich Gott recht herzlich danken, daß dieser Anprall
so gut abgelaufen ist.

So hüpfte sie wieder davon und ging dann mit
ihrer Mutter auf den Mönchsberg.

Ihr Vater war nicht so ruhig bei der Sache. Höre,
sagte er zu seiner Frau, als sie mit ihm allein war,

wir müssen Acht haben auf das Mädchen. Wenn ich nicht von Köhlers redlichem Charakter so sehr überzeugt wäre, so machte mir Nanni's kindischer Vorschlag Sorge, allein besser vor= als nachgesorgt! Die Mutter meinte, das sey eben nur ein kindischer Einfall von ihr gewesen, weil sie glaubte, auf diese Weise im Hause bleiben zu können; nur ihre Liebe zu den Eltern sey die Ursache.

Der Apotheker traf jedoch im Stillen seine Vorkehrungen. Er schnitt nun immer so viele Federn für Nanni vorräthig, daß sie nie dazu kam, eine von Friedrich schneiden zu lassen. Dann schlug er diesem vor, angeblich um ihm auch hierin Uebung zu verschaffen, mit ihm zu wechseln und nun die Receptur zu besorgen, während er selbst die Defectur übernehmen wolle, worin er alle Uebung verliere. Dadurch ward Nanni von Friedrich gänzlich abgeschnitten, da in der Apotheke, wo immer Fremde kamen, die Frauen sich nie aufhielten. Sie sah ihn nur noch bei Tische.

Bei Friedrich rief sowohl das Benehmen Nannis, als das des Vaters, einen heftigen Kampf hervor. Durch des Mädchens offen gezeigte Anhänglichkeit an ihn, sowie durch den Gedanken, daß sich wahrscheinlich bald wieder ein Freier um die einzige Tochter des reichen Apothekers melden würde, fühlte er, wie theuer sie ihm war, wie schwer es ihm seyn würde, sie als Braut eines Andern zu sehen. Durch des Vaters Maßregel ward er erinnert, daß er dem Glücke der Tochter nicht im Wege stehen dürfe. Das Ergebniß dieser Betrachtungen war: daß er das Haus ver=

laſſen müſſe, in welchem er gegen fünf Jahre ſo glück=
lich geweſen.

Aber dies war leichter einzuſehen, als auszu=
führen!

Er, der an keine Aenderung gedacht hatte, ſollte
nun wieder hinaus in eine fremde Welt, vor der ihm
bangte, ſollte Nanni verlaſſen, die bisher zu ſeinem
Glücke gehörte, ohne daß er es nur wußte! Der
Kampf war heiß und währte lange; denn immer
brachte die Eigenliebe einen Vorwand, der ihn blei=
ben hieß.

So kam der Herbſt heran und Friedrich ſchwankte
noch; da ging er am Feſte Mariä Geburt nach Ma=
ria=Plain und betete zu der Gebenedeiten um Erleuch=
tung und um Kraft; dann überlegte er reiflich die
Verhältniſſe und kam aber wieder zu der Erkenntniß:
er müſſe Salzburg verlaſſen, koſte es ihm auch, was
es wolle; er dürfe nicht auf ſeine Neigungen ſehen,
er müſſe thuen, was die Pflicht gebiete.

Nun betete er noch mit aller Innigkeit um Kraft,
dieſe Pflicht zu erfüllen. Durch die Entſchiedenheit ſei=
nes Vorſatzes gekräftigt und beruhigt, ging er nach
Hauſe, ſogleich dem Principal ſein Vorhaben anzukün=
digen, auf Neujahr auszutreten.

Der Hofapotheker war überraſcht durch dieſe Nach=
richt. Er glaubte, Friedrich ſey es unangenehm, in
der Apotheke zu arbeiten, ſtatt im Laboratorium; al=
lein dieſer verſicherte, dies ſey nicht der Grund. Ohne
die Urſache ſeines Austrittes zu erklären, ſagte er
bloß, er wolle auch Tyrol kennen lernen. So leid es

dem Principale war, diesen Gehilfen zu verlieren, den er schätzte und liebte, so war es ihm auf der anderen Seite doch beruhigend wegen Nannis, die zwar fortwährend das unbefangene Kind geblieben, aber auch jede Anspielung auf eine Verheirathung ernstlich zurückwies.

Der Hofapotheker theilte die Nachricht Mutter und Tochter mit, die beide schmerzlich davon berührt wurden. Die Hofapothekerin hatte sich an Friedrich gewöhnt, wie an einen Sohn, und es war ihr ein Trost, wenn Nanni sich verheirathete, noch ihn im Hause zu haben. Nannis Schmerz war ein ganz anderer. Friedrich gehörte so nothwendig zu allen ihren Vorstellungen, daß sie sich nicht denken konnte, ohne ihn zu leben.

Vater, ich bitte, lassen Sie ihn nicht fort! rief sie mit einer Leidenschaft, die ihre Eltern nie von ihr erwartet hätten. Deßhalb habe ich ja die Heirath ausgeschlagen, deßhalb werde ich jede ausschlagen, daß wir alle beisammen bleiben; Herr Köhler ist dabei so nothwendig, wie Sie und ich. Ach, warum haben Sie nicht zugegeben, daß ich ihn heirathe! Dann bliebe er immer bei uns.

Die Mutter bemerkte ihr forschend: Du weißt ja gar nicht, ob er Dich will, so gut Du den Apotheker von Hallein nicht wolltest, will er vielleicht auch Dich nicht.

Lächelnd antwortete Nanni: Warum sollte er mich nicht wollen? Er war mir ja immer so gut. Bemerken Sie denn nicht, daß er gar nicht mehr so froh

ift, seit wir uns nur am Essen sehen? Nach einiger
Ueberlegung sagte sie: Ach, vielleicht will er deßhalb
fort, weil er jetzt immer in der Apotheke seyn muß.

Sie eilte hinaus und traf Friedrich in dem Stüb=
chen neben der Apotheke.

Herr Köhler, rief Nanni, ist es wahr, ist es mög=
lich, daß Sie uns verlassen wollen?

Ja, ich gehe nach Innsbruck, Fräulein Nanni.

O, was hat man Ihnen gethan, daß Sie fort
wollen? Nein, nein, Sie dürfen nicht gehen! Sie ha=
ben mir ja nie eine Bitte abgeschlagen, Sie werden
mir auch diese gewähren. Ich will den Vater bitten,
daß Sie nicht mehr in der Apotheke seyn müssen, wo
Sie nicht gerne sind.

Aengstlich pochte Friedrichs Herz. Er rief im Stil=
len Gott um Hilfe an in diesem schweren Kampfe;
dann sagte er: Glauben Sie nicht, daß ich mich bit=
ten ließe, wenn ich nicht andere Gründe hätte, die mich
zwingen, zu gehen.

Was könnten dies für Gründe seyn? O, vernich=
ten Sie nicht das Glück einer Familie, das bisher so
schön war! Ich habe jene Heirath ausgeschlagen und
werde jede Werbung eines Fremden abweisen, nur da=
mit wir beisammen bleiben; und Sie wollen nun un=
seren Frieden so schmerzlich stören?

Nanni hatte die Hände gefaltet und sah ihn mit
thränenvollen Augen bittend an.

Eben deßhalb muß ich gehen, sagte Friedrich tief
bewegt; ich darf Ihrem Glücke nicht im Wege stehen.
Sie haben sich gewöhnt, mich zu Ihrer Familie zu

zählen, wofür ich Ihnen ewig dankbar seyn werde;
aber die Verhältnisse können nicht mehr dieselben blei=
ben. Ich gehe, damit Sie lernen, einen der Hausge=
nossen zu entbehren, dann werden Sie sich auch leich=
ter mit den Gedanken, den Wunsch Ihrer Eltern zu
erfüllen, befreunden und . . . . Friedrich konnte
den Satz nicht vollenden. Ach, Fräulein Nanni, rief
er, machen Sie mir die Trennung nicht noch schwerer,
als sie mir ohnehin schon ist! Doch sich fassend, setzte
er bei: Ich gehe ja noch lange nicht, ich bleibe noch
bis Neujahr im Hause; bis dahin können wir uns
allmählig mit diesem Gedanken vertraut machen.

Nanni schüttelte traurig ihr Köpfchen. Sie ging
nun wieder zu den Eltern und nahm zärtlich beider
Hände in die ihrigen. Ich weiß nun, weßhalb Herr
Köhler fort will, sagte sie tief betrübt; weil er meint,
ich würde dann eher einsehen, daß wir nicht alle im=
mer beisammen seyn können; ich würde dann leichter
einwilligen, mich zu verheirathen. Das versichere ich
Sie aber, daß dieß nicht der Fall seyn wird; ich werde
dann gar nicht heirathen und ich werde keinen frohen
Tag mehr haben. Nanni brach in heftiges Weinen
aus und fuhr fort: Sie wissen nicht, wie lieb er mir
ist; ich mußte es ja selbst nicht, bis jetzt, da er gehen
will. So wie er, ist kein Mann mehr auf der Welt!

Du kennst ja keine anderen Männer, sagte die
Mutter.

O, ich sehe deren genug! antwortete fast heftig die
Tochter. Wie manche kommen in die Apotheke, wie
oft kommt einer zum Vater und so viele kommen am

Hause täglich vorbei; sie grüßen mich oft, wenn ich sie gar nicht kenne, und alle, alle sind mir ganz zuwider!

Herr Köhler hat Recht, nahm der Vater das Wort, Du bist nur zu sehr gewöhnt, daß Alles im Hause immer dasselbe bleibt; wenn er fort ist, werden Dir auch andere Männer gefallen.

Niemals, Vater! sagte Nanni so bestimmt, wie man nur noch ganz selten etwas von ihr gehört hatte. Ich sage es Ihnen mit aller Entschiedenheit, entweder heirathe ich Herrn Köhler, oder keinen!

Sey ruhig, Nanni, sagte die Mutter begütigend, geh' in Dein Zimmer; ich will mit dem Vater überlegen, was zu thuen ist.

Nanni hob bittend ihre gefalteten Hände empor und sah ihre Eltern mit einem so durchbringenden Blick an, daß ihnen für die Tochter bangte. Sie ging in ihr Zimmer; dort fand sie Thränen, ihren Schmerz auszuweinen.

Vater, sagte die Frau, ich weiß nicht, warum Du so sehr gegen eine Verbindung mit Köhler bist; einen braveren Mann finden wir nicht für unser Kind.

Das ist wohl wahr, sagte seufzend der Apotheker, aber er ist fremd, aus dem Reiche und ohne alles Vermögen. Was würden Verwandte und Bekannte zu einer solchen Partie sagen?

Ach, Verwandte und Bekannte können unser Kind nicht glücklich machen; Köhler ist uns nicht fremd; fünf Jahre ist er in unserem Hause und auch nicht einen Fehler haben wir an ihm bemerkt, wegen dessen wir etwas für Nanni zu fürchten hätten.

Nein, er ist rein wie Gold, geschickt und fleißig, wie ich noch nie einen Gehilfen hatte.

Und wir behielten dann unser Kind bei uns; welch' ein Glück für unser Alter!

Ich will die Sache noch für mich überlegen, Frau, sagte der Apotheker aufstehend.

Das Nachtessen vereinigte die Familie, allein diese Vereinigung war für alle peinlich. Nanni erschien mit rothgeweinten Augen und von Zeit zu Zeit rann ihr noch eine Thräne über die Wangen. Friedrich sah von seinem Teller nicht auf und wenn er hie und da einen Anlauf zu einem Gespräche nahm, so verstummte er gleich wieder. Bei den Eltern ging es ebenso. Alle waren froh, sobald als möglich auseinander zu gehen. Nanni weinte und betete bis tief in die Nacht hinein; Friedrich dankte Gott, daß er den Anfang glücklich bestanden hatte und bat um neue Kraft, das Werk zu vollenden; der Apotheker überlegte und konnte nicht mit sich einig werden, wie er das Glück seines einzigen Kindes am besten sicher stellen solle; die Mutter weinte wie das Kind und empfahl ihren Kummer der lieben Mutter Gottes. So hatten alle eine traurige Nacht.

Am Morgen rief der Principal Friedrich zu sich und fragte ihn, ob er noch entschlossen sey, sein Haus verlassen, und als dieser es bejahte, so sagte er ihm: Herr Köhler, Sie werden überzeugt seyn, daß ich es gut mit Ihnen meine, sagen Sie mir daher aufrichtig, was Sie dazu bestimmt.

Nach einigen Augenblicken antwortete er hoch erröthend: Ich halte es für meine Pflicht, zu gehen.

Herr Köhler, ich habe Sie bisher wie meinen Sohn behandelt, sagen Sie mir unumwunden, welche Pflicht glauben Sie zu haben, mich zu verlassen?

Nach abermaliger Zögerung antwortete Friedrich entschlossen: Ja, ich will ganz offen mit Ihnen reden, wenn Sie auch das, was ich sage, für Einbildung, für Eitelkeit halten. Ich gehe, weil ich glaube, dem Glücke Ihrer Tochter im Wege zu seyn. Seine Stimme zitterte bei den letzten Worten, er sah schmerzlich zu Boden.

Der Apotheker nahm ihn bei der Hand, indem er sagte: Ich wußte längst, daß Sie ein redlicher Mann sind! Nun noch eine ganz vertrauliche Frage: Lieben Sie meine Tochter?

Erschreckt sah Friedrich einen Augenblick zu ihm auf, um eben so schnell wieder zu Boden zu sehen, das Herz drohte zu springen, er glaubte zu ersticken. Was er sich selbst nicht zu gestehen wagte, das hörte er jetzt ausgesprochen von Demjenigen, vor welchem er es am meisten hätte verbergen mögen.

Mühsam rang er nach Fassung; dann antwortete er mit tonloser Stimme: Dies ist ein Gedanke, den ich vor mir selbst verbergen muß. Fremd und arm kam ich in Ihr Haus, Sie waren voll Güte und Vertrauen; sollte ich mit solchem Undanke lohnen?

6 *

Deßhalb gehe ich, Herr Principal! Vielleicht sollte ich nicht warten bis zur gewöhnlichen Zeit; es würde wohl besser seyn, wenn ich sogleich ginge.

Nein, Herr Köhler, Sie sollen nicht gehen! Sie sollen allzeit bei mir bleiben! Ich mache Sie zum Theilnehmer an meinem Geschäfte. Nanni hat Recht: Ich könnte keinen besseren Schwiegersohn bekommen.

Friedrich starrte den Apotheker an und fuhr sich mit der Hand über die Stirne, als begreife er nicht, was er eben gehört hatte. Er bewegte die Lippen, ohne einen Laut hervorzubringen.

Kommen Sie, wir gehen zur Mutter, rief der Apotheker, Friedrich bei der Hand nehmend. Seine Frau und Nanni waren beisammen, als er mit Friedrich eintrat.

Hier stelle ich Euch Herrn Köhler als meinen Geschäftstheilnehmer vor! sagte er zurücktretend und sich vor Freude über die Ueberraschung, welche sich bei Allen ausdrückte, vergnügt die Hände reibend.

Bleibt Herr Köhler jetzt bei uns? rief endlich Nanni freudig aus.

Ja, aber unter einer Bedingung.

Und welche ist dies?

Daß Du ihn heirathest!

Ach, wenn er nur bei uns bleibt! rief Nanni, mit einem Strome von Thränen dem Vater um den Hals fallend; dann die Mutter umarmend, rief sie: Gott sey Dank, nun bleiben wir doch alle beisammen!

Friedrich küßte den Eltern tiefgerührt die Hände;

er war wie gelähmt und konnte immer noch nicht sein Glück fassen.

Nanni war außer sich vor Vergnügen. Nicht wahr, Herr Köhler, war das erste Wort, was Sie ihm sagte, nun nennen Sie mich auch wieder Nanni und sagen Sie nicht mehr Fräulein!

Liebe, gute Nanni! war Alles, was Friedrich hervorbrachte.

Die Eltern waren voll Freude, ihr Kind so glücklich zu sehen. Der Vater dachte nicht mehr daran, was die Verwandten zu dieser „ungleichen Heirath" sagen würden. Friedrich war den ganzen Tag still in sich gekehrt, immer war es ihm, als träume er und müsse erwachen.

Nanni fand die Sache so natürlich, daß der Eindruck auf sie nicht so überwältigend war; sie hüpfte und sprang den ganzen Tag und sang sogar, was nur selten vorkam.

Die Familie genoß nun ihr stilles Glück. Friedrich und Nanni durften sich nur in Gesellschaft der Eltern sehen und sprechen und waren dabei seelenvergnügt. Das Mädchen blühte auf, wie ein Röschen an der Maisonne; ihre Augen leuchteten mit höherem Glanze; die blassen Wangen färbte ein zartes Roth; sie konnte nun wirklich für hübsch gelten. Friedrich ward vom Vater in die Handelsgeschäfte eingewiesen und Nanni von der Mutter in die Haushaltung; sie mußte die Küche ganz übernehmen; denn wenn auch bestimmt war, daß die jungen Leute im Hause bleiben sollten, das geräumig genug war, so sollte doch Nanni nicht

in den Ehestand treten, ohne fähig zu seyn, eine Haus=
haltung zu führen.

Die einzige Zeit, die den jungen Leuten jnoch zu
ihrer Unterhaltung gegönnt wurde, war, bei schönem
Wetter ein Spaziergang mit der Mutter, wobei je=
desmal Nanni zu deren rechten, Friedrich auf der lin=
ten Seite ging. Wie freuten sie sich des frischen Grü=
nes der Felder, wie es wohl einzig bei Salzburg vor=
kommt. Sie freuten sich der bunten Blätter der herbst=
lichen Bäume, der blauen durchsichtigen Schatten, welche
die Ränder der entfernten Wälder säumten, und selbst
auch der Nebel, die aus den Schluchten zogen und
langsam im weißen Streifen an den Bergen hinkro=
chen. Sie waren glücklich, deßhalb war ihr Herz em=
pfänglicher für die Schönheiten der Natur.

Friedrich hatte seinem Vater in einem Schreiben
sein Glück mitgetheilt. Dieser erschrak zuerst über den
unerwarteten Brief, der ganz außer der gewohnten
Zeit kam. Um so mehr freute er sich seines unver=
hofften Inhaltes. Er schrieb sogleich an den Hofapo=
theker, die von Friedrich erbetene Einwilligung zu der
Verbindung gebend, mit dem aufrichtigen Ausdrucke
seiner Freude über dieses nie geahnte Glück seines
Sohnes.

Es war ihm dieses Glück um so mehr zu gönnen,
als sein zweiter Sohn, Franz, durch seinen zwar gut=
müthigen Leichtsinn und sein dritter, Anton, durch
seine Trägheit ihm fortwährend Sorge machten; doch
schien noch keiner von beiden unverbesserlich.

Friedrichs darauf folgender Neujahrsbrief an den

Vater enthielt zugleich eine Einladung zur Hochzeit, welche auf Nannis Namenstage, den 26. Juli, gefeiert werden sollte. So groß war die Freude des Försters, daß er sich wirklich entschloß, diese in damaliger Zeit und bei den beschränkten Mitteln desselben sehr weite Reise zu unternehmen.

Unvermerkt war der Frühling gekommen; alle in der weiten Landschaft zerstreut liegenden, von Schlöß= chen gekrönten Hügel prangten schon in frischem Grün, während die hohen Berge noch die glänzende Schnee= krone trugen. Wie viele Freuden genoß jetzt die Fa= milie bei ihren Spaziergängen! Mit jedem Tage sa= hen sie neue Stellen, die der Schnee verlassen, neue Fleckchen mit Grün bekleidet, bis nur noch der hohe Thron des „Untersberges" und der „hohe Göhl" den Schnee bewahrten.

Nun eilte Friedrich wieder hinaus in die Berge, aber weniger sein Herbarium zu bereichern, als Nannis Lieblingsblumen zu holen. Oft äußerte sie den Wunsch, einen Brautkranz von Edelweiß zu bekommen; Fried= rich suchte daher jetzt schon die Stellen, wo es am schönsten wuchs.

Diese schöne Pflanze der Hochalpen ist im Salz= burger Gebirge so beliebt, wie in der Schweiz die Al= penrose. Ein feiner weißer Sammet überzieht ihre Stengel und Blätter, wodurch sie fast die Weiße des Schnees erhält; wird sie in die Ebene versetzt, so ver= liert sie den weißen Sammet, wird grün wie andere Pflanzen und stirbt nach wenigen Jahren gänzlich ab.

Diese heimathliche Pflanze scheint uns passender

für den jungfräulichen Brautkranz, als die üppige
Myrthe und die starkduftende Orangenblüthe, da sie
selbst ein Bild reiner Jungfräulichkeit ist. Wie sie
hoch auf den Bergen an der Grenze des Erdenlebens,
den größten Theil des Jahres unter dem Schnee verborgen, auf dürrem Felsengrunde wächst, ihre Nahrung zumeist durch der Sonne belebenden Strahl und
den Thau des Himmels empfangend, so erhält das
jungfräuliche Herz seine schönste Vollendung am sicher-
sten in Zurückgezogenheit vom Gewühle der Welt,
auf der Höhe heiliger Anschauung, wo es von der
Sonne der göttlichen Liebe genährt, vom Thau der
himmlischen Gnade getränkt, sinnliches Begehren nur
zur Nothdurft gestillt wird. Das weiße Gewand der
Sittsamkeit umgibt und schützt es gegen die frechen
Angriffe der Verführung. Wird es in dem Garten welt-
licher Eitelkeit, in das Thal weichlicher Ueppigkeit versetzt, so verliert seine Reinheit den zarten Schmelz
und stirbt allmählig hin, wie das Edelweiß auf nie-
derem Grunde.

Rasch verfloß der Frühsommer bis zum heiligen
Frohnleichnamsfeste. Die Mutter ging mit Nanni und
Friedrich am Morgen in der Klosterkirche auf dem
Nonnberge zur heiligen Communion.

Herrlich von der Sonne beleuchtet, lag die Landschaft vor ihnen, als sie die Kirche verließen und in
frommer Freude stiegen sie den Berg herab. Nach dem
Frühstücke begleiteten sie die große Procession und kamen nicht lange vor Mittag nach Hause. Der Vater,
nun von Friedrich abgelöst, konnte nur noch in eine

heilige Messe kommen. Beim Mittagessen sah Nanni
bleich aus; sie wolle nicht essen, klagte über Kopfweh
und Frost. Friedrich erschrak, die Eltern glaubten, es
sey bloß Ermüdung und hießen sie zu Bette gehen.
Gegen Abend hatte der Frost einer brennenden Hitze
Platz gemacht; der herbeigerufene Arzt glaubte, sie
werde das Scharlachfieber bekommen, welches stark in
der Stadt unter den Kindern herrschte, und das Nanni
noch nicht gehabt hatte. Er fand es, wie im Allge=
meinen, so auch bei ihr leicht auftretend und nicht die
geringste Gefahr. Die Krankheit blieb sich ziemlich
gleich, bis zum dritten Tage, wo der Scharlach an=
fing, sich zu zeigen. Friedrich durfte jeden Tag eine
kurze Zeit zu der Kranken an's Bette kommen. Ob=
wohl er dem Arzte beipflichten mußte, daß bis jetzt
nicht das mindeste Bedenkliche obwaltete, war er doch
in beständiger Angst, die sich indessen bei dem regel=
mäßigen Ausbruche des Scharlachs etwas mäßigte.

An demselben Tage war er noch spät am Abende
in der Apotheke; die Eltern hatten sich eben zu Bette
gelegt; die Straße war still, als er plötzlich den durch=
bringenden Ruf: Feuer hörte. Er riß die Thüe nach
der Straße auf, da fiel ihm ein heller Schein auf
den gegenüberliegenden Häusern in die Augen.

In demselben Augenblicke rief eine Frauenstimme
ängstlich: Hilfe! Hilfe: Mein kranker Mann ver=
brennt!

Friedrich sprang auf die Straße und sah nun,
daß es in dem zweiten Stocke des dicht neben der
Hofapotheke angebauten Hauses brannte, das von dem

Doctor Willau bewohnt war, der, wie er wußte, schon lange krank lag. Er lief zu der Thüre, sie war geschlossen; er riß an der Klingel; die Frau hatte offenbar die Geistesgegenwart verloren, denn statt zu öffnen, lief sie wieder an's Fenster und schrie um Hilfe, während die Flamme aus einem Fenster des ersten Stockes zu ihr hinaufschlug. Oeffnen Sie die Thüre! schrie Friedrich mit aller Kraft und mit vor den Mund gehaltenen Händen rief er die Straße hinab: Feuer! Feuer! Hilfe! Es brennt! Endlich ging die Thüre auf; er stürzte in's Haus, die finsteren Treppen hinauf. Oben war der Rauch zum Ersticken, der Vorplatz finster, und Friedrich zum ersten Male im Hause. Wo sind Sie? rief er; wo ist der Kranke? Da stürzte die Doctorin aus einem Zimmer: Gott sey Dank, daß Hilfe kommt! Der Boden wird schon ganz heiß und ich kann den kranken Mann nicht weiter bringen. Friedrich nahm denselben auf die Schultern und trug ihn der Treppe zu. Der Rauch hatte sich noch vermehrt auf dem Gange. Ich sehe nichts, ich ersticke! ächzte die Frau. Halten Sie sich an meinem Rocke, rief Friedrich zurück und brachte glücklich den Kranken auf die Straße. Jetzt wohin? fragte er; die Frau bezeichnete ihm ein Haus in einer entfernten Straße; dort trug er ihn hin und eilte zurück. Nun war die Straße schon von Menschen bedeckt, daß er Mühe hatte, in die Apotheke zu kommen, wo doch seine Hilfe dem Principale so nöthig war, um die feuergefährlichsten Stoffe zur augenblicklichen Fortschaffung bereit zu machen, wenn dies nöthig werden sollte.

Es kam nicht so weit. Durch die herbeigeeilte Hilfe ward man des Feuers Meister, daß es nicht mehr um sich griff. Um Mitternacht war alle Gefahr vorüber. Friedrich kam mit dem Apotheker aus dem Keller, wo sie die nöthigen Anstalten getroffen hatten, aber wer beschreibt seinen Schrecken, als er im Stüb= chen neben der Apotheke Nanni in ihre Decken einge= wickelt sitzen sah, bleich, eingefallen und von Fieber= frost geschüttelt.

Warum hast Du sie aus dem Bette genommen? fragte der Apotheker seine Frau.

Nannis Zimmer war dicht an des Nachbars Wand und zwei Treppen hoch gelegen; sie hörte die Flam= men prasseln, den Lärm der Löschenden und glaubte schon die Wand an ihrem Bette heiß, dieß versetzte sie in eine solche Unruhe, daß die Mutter glaubte, ihrer bringenden Bitte nachgeben zu müssen, sie wohl ge= gen die Luft verwahrt, in das untere Zimmer zu bringen.

Schnell in's Bette, rief in großer Besorgniß der Vater. Friedrich war bleich wie die Kranke und sprach= los vor Schmerz und Angst.

Nanni verfiel in die heftigste Fieberhitze, der Schar= lach war zurückgetreten. Man rief den Arzt, der die Krankheit nun sehr bedenklich fand.

Mit der Zunahme des Tages steigerte sich das Fieber; sie sprach irre und bald kannte sie die Ihri= gen nicht mehr. Der Schmerz der Mutter war gren= zenlos, denn sie machte sich den Vorwurf, Schuld an der Verschlimmerung zu seyn. Umsonst suchte sie der

Arzt zu trösten, daß die große Aufregung durch den
Schrecken die üble Wirkung hervorgebracht haben
würde, ohne den Wechsel des Zimmers. Sie horchte
auf jeden Athemzug und bewachte jede Regung der
Kranken.

Friedrich und der Vater waren abwechselnd im
Krankenzimmer und in der Apotheke. Es wurde Alles
versucht, was ärztliche Kunst vermochte, umsonst! das
Fieber steigerte sich von Stunde zu Stunde. Herz-
durchschneidend war es für die Umstehenden, wenn
Nanni im Fieberwahne von ihrem weißen Brautkleide,
von ihrem Kranze aus Edelweiß sprach. Hier nannte
Nanni Friedrich zum ersten Male Du; denn bisher
hatten sie sich immer noch wie früher Sie genannt.
So innig sie sich liebten, so wenig hatten sie ihr äuße-
res Verhältniß geändert. Ihn kannte sie noch am
meisten; sie wandte sich öfters an ihn mit der Bitte:
Nicht wahr, Du holst mir das Edelweiß? Aber
ganz rein weißes! Wie schön, o wie schön wird der
Kranz!

Man rief ihren Beichtvater. Der alte Mann, der
sie getauft und unterrichtet hatte, der ihr einziger See-
lenführer gewesen, vergoß Thränen bei ihrem Anblicke.
Sie sah ihn freundlich lächelnd an und schien ihn zu
kennen, allein die heilige Wegzehrung konnte er ihr
doch nicht geben. Er fragte sie: Nanni, willst Du die
heilige Oelung empfangen? Ach ja, gerne! war ihre
Antwort.

Sie blieb ruhig bei dem Empfange des Sacra-
mentes, welches Vervollständigung und Ersatz der

übrigen Sterbesacramente und daher eine Quelle des Trostes ist.

So kam die dritte Nacht nach jenem Brande. Der Arzt besuchte noch spät die Kranke; er fand sie sehr schwach und deutete, daß sie bis zum Morgen aufgelöst seyn werde. Die Eltern, Friedrich und der Geistliche blieben an ihrem Bette. Sie wurde immer ruhiger und schwieg endlich ganz. Man betete abwechselnd vor ihr und sie schien es zu vernehmen; gegen Morgen öffnete sie die Augen und reichte zuerst ihren Eltern, dann Friedrich und dem Geistlichen ihre Hände. Die Fieberröthe war von ihrem Gesichte gewichen, sie ward nun auffallend blasser, die Augen sanken ein, da begann der Priester die letzten Sterbegebete: „Gehe hin christliche Seele aus dieser Welt ec." und als er an die Worte kam: „Herr, nimm Deine Dienerin in die Wohnung der Seligkeit auf," verklärte der erste Sonnenstrahl das bleiche Antlitz der eben Verschiedenen!

Laut weinend klagte die Mutter; der Vater lehnte sich im herben Schmerze auf die Schulter des Priesters, der mit den Eltern weinte und nur die Worte hervorbrachte: Sie ist eine Braut Christi! Stumm, thränenlos blieb Friedrich bei der Leiche sitzen; kein theilnehmender Zuspruch konnte ihn bewegen, sie zu verlassen. Er war sich keines klaren Gedankens bewußt, es schien ihm nur, als habe er Alles verloren. So blieb er den Tag über und blieb auch die Nacht bei der geliebten Todten. Da fiel ihm ihr Wunsch ein, nach dem Edelweißkranz. Bei der ersten Morgendäm-

merung machte er sich auf, die Stellen zu suchen, wo
er das Schönste gesehen.

Er achtete nicht den dichten Nebel; er kannte den
Weg dahin zu genau, um ihn zu verfehlen.

Die wenigen Menschen, die so früh in den Stra-
ßen waren, beurtheilten ihn hart, als sie ihn mit der
Botanisirbüchse dem Berge zugehen sahen. Wie er all-
zeit ein Sonderling war, so ist er es jetzt auch, die
Braut liegt auf der Bahre und der Bräutigam sucht
Pflanzen.

Friedrich bemerkte nichts davon, nichts, was um
ihn vorging. Er fand das Edelweiß und nahm das
Schönste in die Botanisirbüchse, dann setzte er sich ermattet auf einen Stein und starrte hinaus in den
Nebel. Er war hier in völliger Abgeschiedenheit von
aller Welt; kaum drei Schritte konnte er um sich sehen, kein Ton drang durch die schwere Luft zu ihm.
Diese Einsamkeit stimmte ganz mit der Oede seines
Herzens; er hatte den Wunsch, hier bleiben zu können, denn einsam und verlassen fühlte er sich in der
ganzen Welt. Hier that ihm ihr Geräusch nicht wehe.
Plötzlich tauchte lebhaft die Erinnerung in ihm auf,
wie er sich auf den Tag gefreut, wo er das Edelweiß
zu Nannis Brautkranz holen würde, wie er oft Kränze
für sie gewunden, um sich zu üben, da er den Brautkranz selbst winden wollte. Gleich einem schneidenden
Schwerte durchdrang der Gegensatz zwischen jetzt und
sonst sein Herz; aber er fand nun Thränen, und
Thränen lindern immer den herben Schmerz.

Ruhiger, obgleich sehr matt, ging er nach Hause,

wo er erst gegen Mittag ankam. Die Hitze der Sonne
in der Ebene hatte er nicht bemerkt, aber sie hatte ihn
noch mehr ermattet. Er ging in sein Zimmer, den
Kranz zu winden. Mehr als einmal zerriß er ihn wieder, bis er ihn endlich tauglich fand, das geliebte
Haupt zu schmücken. Nun trug er ihn die Treppe hinauf und wollte in das Zimmer der Todten, als der
Barbier des Apothekers herauskam, ein Kistchen im
Arme und die Thüre eilig zuziehend.

Sie können nicht hinein, Herr Köhler, Sie dürfen
den Leichnam nicht mehr sehen. — Warum nicht? fragte
Friedrich überrascht. — Ich kann das nicht sagen, aber
folgen Sie mir; ich meine es ja gut mit Ihnen.

Ich lasse mich durch nichts abhalten, was es auch
sey! damit wollte Friedrich den Barbier auf die Seite
schieben und in das Zimmer gehen; dieser aber drehte
flink den Schlüssel um und steckte ihn zu sich.

Herr Bergmann, was fällt Ihnen ein? Wer gibt
Ihnen das Recht, mich hier auszuschließen? Warum
soll ich nicht in das Zimmer? Sprechen Sie sich deutlich aus, fragte nacheinander Friedrich, in steigernder
Erregung.

Wenn Sie es nicht anders wollen, nun denn,
meinetwegen, ich kann es Ihnen sagen. Ich habe den
Kopf der Fräulein Nanni geholt. Hier in diesem Kistchen . . .

Ungeheuer! schrie außer sich Friedrich. Ist es möglich, eine Leiche zu verstümmeln! Was willst Du mit
dem Kopfe? Hier faßte er den Barbier am Halse,
allein matt, wie er war, konnte er nicht hindern, daß

dieser sich durch eine rasche Bewegung losriß und die Treppe hinabeilte. Friedrich sprang ihm nach, indem er wie außer sich schrie: „Ein Dieb! Ein Mörder! Hilfe!" ehe er hinunter kam, war der Barbier aus dem Hause. Der Apotheker, seine Frau und die Dienstboten waren auf Friedrichs Geschrei zusammen gesprungen und sahen sich erschrocken nach dem Mörder um, Friedrich brachte kaum die Worte heraus: der Barbier! und sank ermattet auf einen Stuhl. Der Apotheker fürchtete einige Augenblicke, der arme Mensch sey durch den Schmerz um seinen Verstand gekommen und sah ihn mit dem innigsten Mitleide an. Derselbe hatte ganz das Ansehen eines Wahnsinnigen; er zitterte heftig, seine Augen glühten und seine Farbe wechselte zwischen Todesblässe und dunkler Röthe. Die Frau wollte schon nach dem Arzte schicken, als Friedrich zu sprechen begann: O, Herr Hofapotheker, es ist zu entsetzlich, was ich vernommen habe, als daß ich es Ihnen mittheilen könnte! Was konnte nur den Menschen zu einer solchen That verleiten?

Fassen Sie sich, Herr Köhler, und sagen Sie mir, was Sie so aufregt. Fürchten Sie nichts für mich, nach dem Tode meines einzigen Kindes gibt es nichts Schreckliches mehr für mich auf der Welt!

Ich will ihm nach, rief Friedrich aufspringend, ich will ihm seine Beute entreißen.

Sie dürfen nicht fort, Herr Köhler, Sie sind zu aufgeregt, sagen Sie mir nur, was Sie meinen.

Ich kann es nicht, es ist zu entsetzlich! — Was er nur damit anfangen will? sagte er vor sich hin.

Ach, ich errathe nun, was Sie so aufregt! Seyen Sie zufrieden, dies ist mit meinem Wissen, auf mein Geheiß geschehen.

Wild sprang Friedrich auf: Das ist nicht möglich! rief er, Sie wissen nicht, daß er . . .

Ich weiß es, ich wollte es, Herr Köhler!

Nun erst starrte Friedrich wie wahnsinnig den Principal an; er wußte selbst nicht, ob er noch bei Verstande sey.

Sie wissen vielleicht nicht, fuhr der Apotheker mit gepreßter Stimme fort, daß es hier Gebrauch ist, die Schädel geliebter Todten aufzubewahren? Sie haben vielleicht nie auf dem Kirchhofe die Todtenkapelle be= sucht, wo die vielen Schädel in Fächern stehen, mit den Namen darüber, die sie im Leben getragen? Fried= rich starrte ihn immer noch an; der Apotheker wußte nicht, ob er ihn verstanden und fuhr fort: wir woll= ten das geliebte Haupt unserer Tochter nicht der Ver= wesung übergeben, es soll nicht unter die Erde kom= men, weßhalb ich Bergmann beauftragt, den Schädel zu bleichen, um ihn dann auch in der Todtenkapelle aufzustellen.

Friedrich hatte Mühe, was er gehört, zu fassen, so tief verletzend war es für sein Gefühl, daß er den Zusammenhang nur mit Anstrengung festhalten konnte. Endlich brach er klagend in die Worte aus: Wie ist es möglich, daß Sie, der Vater, dies liebe, liebe Ant= litz zerfleischen lassen können, um den Schädel aufzu= bewahren? — Wir sind an diese Sitte gewöhnt, sie hat für uns nichts dem Gefühle Widerstrebendes. Es ist doch das Einzige, was wirklich von dem geliebten Todten ist; die Schale, die den Geist umschloß, der sie uns so lieb machte!

Ich kann diesen Gedanken nicht ertragen, Herr Hofapotheker; hier liegt der Brautkranz, zertreten auf dem Boden, ich wollte die todte Braut damit schmücken, und, o Entsetzen! Er hielt die Hände vor's Gesicht, als wollte er sich eines gräßlichen Anblickes erwehren.

Nennen Sie mich nicht undankbar, wenn ich gehe. Ich kann nicht länger hier bleiben. Es wäre mir ein Trost gewesen, Nannis Grab zu besuchen, es mit den Blumen zu schmücken, die sie liebte; jetzt ist es mir nicht möglich! Schaudern müßte ich vor dem Grabe, das den Leichnam ohne das Haupt deckt! Ich kann nicht bei der Beerdigung seyn; ich kann nicht hinter dem Sarge hergehen, in dem das Haupt fehlt; ich kann nicht mehr hier bleiben, wo Alles mich an das Entsetzliche erinnert! Ich weiß es wohl, es ist undankbar, Sie jetzt zu verlassen, allein, was könnte ich für Sie thuen, in meiner Stimmung, die an Wahnsinn grenzt? Ich wäre Ihnen nur eine Last. Lassen Sie mich gehen!

Wo wollen Sie denn hin, Herr Köhler?

Ich weiß es nicht. Es ist mir gleichgiltig; nur fort, weit fort von hier, und zwar gleich, ehe sie beerdigt wird.

Sie sind zu aufgeregt, Herr Köhler, ich darf Sie in diesem Zustande nicht fortlassen, Sie könnten krank werden. ...

Ich kann nicht bleiben.

Nun, warten Sie wenigstens bis morgen. Sie sind zu erschöpft von Kummer und Anstrengung; zwei Nächte sind Sie nicht zu Bette gekommen, und haben jetzt den anstrengenden Gang auf den Berg gemacht; folgen Sie ihrem Freunde, legen Sie sich zu Bette; die Natur fordert ihre Rechte.

Der Apotheker bereitete ihm ein niederschlagendes Mittel, das Friedrich nahm und sich dann zu Bette legte. Wirklich, die Erschöpfung siegte über die Aufregung; er schlief ein und erwachte erst am Abende; die Apothekerin brachte ihm einige Nahrung und bat ihn, liegen zu bleiben, worauf er abermals schlief und erst am frühen Morgen gestärkt erwachte; sein Schmerz war derselbe; sein Entschluß, vor der Beerdigung die Stadt zu verlassen, stand fest.

Es waren schon Alle im Hause aufgestanden, weil der Gedanke an das Begräbniß Niemand im Bette litt.

Friedrich kam bleich, aber ruhig zu den Eltern, die bekümmert beisammen saßen. Die Frau konnte Friedrichs Abreise fast nicht ertragen. Ich dachte, Sie sollten nun unser Trost seyn, unsere Stütze, und Sie verlassen uns! rief sie klagend aus. Sie hatte trotz ihrem tiefen Leide Friedrichs Sachen in Ordnung gebracht, ihm gepackt, was er nöthig hatte, und ihr Mann ihm Empfehlungsbriefe geschrieben an Apotheker in den vorzüglichsten Städten der Lombardei, wohin er Friedrich zu gehen rieth. Er händigte ihm diese und seine Zeugnisse ein, wozu er das Seinige fügte.

7 *

Friedrich war zufrieden, daß ihm Jemand die Richtung angab, wohin er sich wenden sollte; er war völlig willenlos, nur fort von hier! war sein einziger
Gedanke. Kurz und schmerzlich war der Abschied aus
dem Hause, wo er fünf Jahre glücklich war, und sein
Leben glücklich zu vollenden glaubte. Um sieben Uhr
des Morgens saß er im Eilwagen und fuhr Italien zu.

Um neun Uhr wurde Nanni auf den St. Peters-
kirchhof zu Grabe getragen.

Freunde suchten die vereinsamten Eltern zu trösten, doch den stärksten Trost schöpften sie aus ihrem
Glauben an Gottes weise Vaterliebe; ihr Kummer
ging allmählig in ruhige Ergebung über.

Wenden wir nun unsere Aufmerksamkeit einigen Personen zu, die uns bis jetzt nur flüchtig begegnet, welche aber in die Geschichte Friedrichs eng verflochten erscheinen werden.

Bellmann, ein Beamter des erzbischöflichen Consistoriums hatte früh seine Frau verloren, die ihm ein einziges Kind, ein blühendes Mädchen von zwölf Jahren hinterließ. Der Vater war ohne Vermögen und dachte deßhalb um so mehr darauf, dem Kinde eine Erziehung zu geben, die ihm ein selbstständiges Daseyn verbürgen könnte. Um dieses zu erreichen, brachte er Theresia in eine Erziehungsanstalt in München, wenn wir nicht irren, zu englischen Fräulein.

Es war dies für ihn in jeder Beziehung ein großes Opfer, indem er das geliebte Kind schwer vermißte und sein Einkommen nicht hinreichend war, um die Kosten für Theresia's Erziehung bestreiten zu können, ohne sich selbst große Entbehrungen aufzulegen. Er gab deßhalb seine Haushaltung auf, lebte wieder als Junggeselle und suchte der Abwesenheit Schmerz dadurch zu mildern, daß er das Kind alle sechs Monate besuchte, wenn er auch dadurch an anderen Ausgaben sich noch mehr beschränken mußte.

Theresia verdiente des Vaters Liebe und berech=
tigte ihn zu den schönsten Hoffnungen. Sie hatte ein
offenes, allzeit fröhliches Gemüth, einen klaren Ver=
stand, eine schnelle Fassungsgabe, bei einem vortreff=
lichen Gedächtnisse, weßhalb sie mit großer Leichtigkeit
lernte; ihr Körper entwickelte sich zu einer ungewöhn=
lichen Schönheit. So oft Bellmann wieder nach Mün=
chen kam, fand er zu seiner Freude Theresia schöner
aufgeblüht und an Kenntnissen reicher. Dabei gaben
ihr die Lehrerinnen das beste Zeugniß über ihr Wohl=
verhalten. So erfreut der Vater darüber war, so be=
trübt war er gewöhnlich auf dem Rückwege, daß er
diesem geliebten Kinde kein besseres Loos bereiten
konnte, als einst Erzieherin oder Gesellschafterin zu
werden und daß er selbst ganz auf ihre Nähe verzich=
ten müsse. Doch auch er hatte ein heiteres Gemüth,
das sich bei dem Gedanken beruhigte, es könne ein
unverhofftes Glück alle seine Erwartungen übertreffen.

Wie man im Institute mit Theresia zufrieden war,
so vergnügt war sie selbst in ihrer Umgebung. In
ihrem siebenzehnten Jahre dachte sie nur mit Angst
an den Austritt aus demselben. Um diese Zeit wur=
den einige Mädchen in diese Anstalt gebracht, weil
man sie zu Hause nicht mehr zügeln konnte. Sie wa=
ren zu früh in die Welt eingeführt worden und such=
ten nur alle Freuden derselben zu erhaschen. Die El=
tern dachten ihren Fehler gut zu machen, indem sie
dieselben in eine Anstalt schickten, die einen wohlver=
dienten guten Ruf genoß; allein es schien schon zu
spät. Diese Mädchen, älter als die übrigen, und den=

selben durch ihre Bekanntschaft mit der Welt noch mehr überlegen, hatten einen schlimmen Einfluß auf die Zöglinge. Wie sie selbst die Anstalt als ein Zucht= haus und sich als Gefangene betrachteten, so stellten sie auch den übrigen das Leben hier in einen so un= günstigen Gegensatz mit den Vergnügungen in der Welt dar, daß von jetzt an dieselben nichts mehr wünsch= ten, als daraus erlöst zu werden.

Theresias lebhafter Phantasie schwebten nur immer die Freuden vor, die sie in der Welt genießen könnte, und die zwei Jahre, die sie noch in der Anstalt blei= ben sollte, schienen ihr eine zu lange Zeit.

Freilich war ihre Aussicht, Erzieherin zu werden, den ganzen Tag an die Kinder gebunden zu seyn, oder einer launischen Dame Gesellschaft zu leisten, nicht erfreulich, allein die flatterhaften Mädchen trö= steten sie mit der Versicherung, ihre Schönheit werde sehr bald eine glänzende Verbindung herbeiführen und alsdann dürfe sie nur wünschen; einer jungen, schönen Frau geschehe Alles nach ihrem Willen.

Die Zeit rückte näher, wo Theresia das Institut verlassen sollte. Zum letzten Male bereitete sich ihr Vater, sie zu besuchen, in der Hoffnung, während der folgenden sechs Monate eine Stelle in einer Familie zu finden, welcher er sein Kind anvertrauen könne.

Am Tage vor seiner Abreise begegnete er zufällig seinem Arzte und Hausfreunde, dem Doctor Willau, dem er zurief: Wollen Sie morgen mit mir nach München? ich besuche meine Theresia.

Ich könnte mitgehen, sagte der Doctor nach eini=

gen Augenblicken der Ueberlegung; ich habe eben keine Patienten, die mich abhielten, und benütze gern Ihre Gesellschaft, um München zu sehen!

Sie reisten also zusammen. Dem Freunde zu Gefallen begleitete der Doctor Bellmann in die Erziehungsanstalt.

Die Herren wurden in den Garten gewiesen, wo alle Zöglinge während der Erholungsstunde beisammen waren. Willau sah gleichgiltig über die lebhafte Menge hin, während Bellmann sehnsüchtig nach seiner Tochter spähte. Mit einem Male sprang Theresia aus dem Knäuel der jungen Mädchen heraus und mit lautem Freudenrufe ihrem Vater an den Hals. Immer wieder umarmte sie ihn, der tief bewegt sich seines Kindes freute.

Der Doctor stand unterdessen überrascht und gefesselt von Theresias Schönheit und besann sich vergebens, ob diese blühende Jungfrau das Kind seyn könne, das er früher so oft gesehen.

Obgleich sie schon damals alle Anlagen zu ihrer jetzigen Schönheit zeigte, so hatten sich dieselben doch so vollkommen entwickelt, daß die Jungfrau für Denjenigen, der sie in der Zwischenzeit nicht gesehen, eine ganz andere zu seyn schien. Theresia war vollkommen erwachsen, von starker Mittelgröße und im vollendetsten Ebenmaße gebaut. Goldblonde Löckchen umrahmten ein Gesicht von schönster Modellirung und dem feinsten Teint, den nie ein Sonnenstrahl gesengt. Dazu große, blaue Augen, von langen schwarzen Wimpern beschattet, und fein gezogene Brauen, von eben so

dunkler Farbe, die als Gegensatz zu den blonden Locken,
ihrer Schönheit noch mehr Reiz verliehen.

Als der erste Ausbruch der Freude vorüber war,
bemerkte Theresia den Doctor, doch ohne ihn zu erkennen.
Nachdem ihr der Vater seinen Namen genannt, reichte
sie ihm fröhlich ihre schöne Hand, als einem alten
Bekannten. Sie sah so heiter und blühend aus, aber
dennoch schien durch alle ihre Reden der heiße Wunsch,
die Anstalt zu verlassen und bei dem Vater zu bleiben. Bellmann stellte ihr die Unmöglichkeit des letzte-
ren vor und versprach ihr, sich alle Mühe zu geben,
um bald eine recht gute Stelle für sie zu finden, wovon jetzt nur noch einzig ihr Austritt abhänge.

Dem Doctor, der zuvor den Besuch in dem Institute als ein Opfer betrachtete, das er seinem Freunde
bringe, eilte es nun gar nicht, es zu verlassen, im
Gegentheile sprach er Bellmann öfters zu, sich ja nicht
zu übereilen, er unterhalte sich vortrefflich. So erstaunt er war über Theresias vollendete Schönheit,
so sehr überraschte ihn ihre Gewandtheit in der Unterhaltung, welche wissenschaftliche, wie gesellige Bildung in einem Maße verrieth, das er nie in einem
Institute erwartet hätte.

Die Vorsteherin der Anstalt wiederholte dem Vater nur die guten Zeugnisse, welche sie ihm früher
über seine Tochter gegeben, doch fügte sie bei, daß
man an ihr den Drang bemerkte, die große Welt zu
betreten.

Endlich mußten die Freunde das Institut verlassen.
Theilnahmlos sah der Doctor die Merkwürdigkeiten

Münchens, welches damals zwar noch nicht das „deutsche Athen," aber doch immerhin eine bedeutende Stadt war.

Am anderen Morgen verlangte er, Bellmann noch einmal in die Anstalt zu begleiten und wieder mußte der Vater zum Aufbruche mahnen.

Auf der Rückreise wurde der Doctor nicht müde, von Theresias reizender Erscheinung zu sprechen. Bellmann lachte das Herz dabei. Dann und wann schwieg er und saß in sich gekehrt, ohne Theilnahme für seine Umgebung. Endlich sagte er seufzend: Ach, Bellmann, wenn ich doch nur zehen Jahre jünger wäre! — Aber Doctor, Sie sind noch jung, antwortete dieser, da lassen Sie mich reden, ich bin wenigstens fünf Jahre älter, als Sie. — Der Doctor seufzte abermals. Später sagte er: Wenn ich nur fünf Jahre jünger wäre, so würde ich es wagen! — Was haben Sie denn vor, Doctor? fragte der Andere mit Lachen. Der Doctor schaute hinaus in die Gegend, ohne den schönen Chiemsee zu bemerken, in dem die Sonne ihr Bild in langem Feuerstreifen wiederspiegelte.

Endlich, als man schon die hohe Salzburg von ferne sah, nahm der Doctor Bellmanns Hand und sagte weich, fast ängstlich: Wir sind alte Freunde, lieber Bellmann, ich vertraue mich Ihnen an, ohne Furcht, verlacht zu werden. Glauben Sie, daß ich nicht zu alt bin für Ihre Tochter? Lieber Doctor, antwortete dieser, mir wären Sie der liebste Schwiegersohn, den ich mir nur wünschen könnte und ich hoffe, meine Theresia würde ebenfalls ein solches Glück zu schätzen wissen. Indessen, ich glaube, Ihr Entschluß kommt zu schnell; Ihre Theilnahme für das Mädchen, das Sie als Kind gekannt und nun zu Ihrer Ueberraschung erwachsen gefunden haben, reißt Sie hin; warten wir noch einige Zeit, ob Sie bei Ihrer raschen Entschließung bleiben.

Der Doctor war froh, daß der Anfang so gut abgelaufen und fand sich gern darein, noch zu warten; Bellmann schätzte sich glücklich, schon eine so gute Aussicht für seine Tochter zu haben, ehe sie nur das Institut verlassen.

Willau war der Sohn eines reichen Kaufherrn aus Salzburg, der seine Handelsverbindungen weit über Oesterreich und Italien erstreckte und nicht blos in seiner heimathlichen Stadt ein großes Waarenlager hielt, sondern auch noch in mehreren Städten Oberitaliens Niederlagen hatte. Nach des Vaters Tod übernahm der ältere Bruder die Handlung, weßhalb er theils in Salzburg, theils in Italien lebte, während der jüngere als Arzt in seiner Vaterstadt blieb und sich niederließ, wo er bald durch Geschicklichkeit, Leutseligkeit und Rechtschaffenheit sich ein großes Vertrauen erwarb. Sein ansehnliches ererbtes Vermögen vermehrte sich rasch durch eine einträgliche Praxis, obgleich er höchst wohlthätig gegen alle Nothleidende war, die in seinen Kreis kamen. Willau war achtunddreißig Jahre alt und noch ledigen Standes, obgleich die ersten Familien Salzburgs ihm mit Freuden eine ihrer Töchter zur Gattin gegeben haben würden. Er hatte auch Eigenschaften genug, die einem Mädchen

gefallen konnten, ein hübsches Aeußere, eine gute
Unterhaltungsgabe, sanftes, gefälliges Benehmen; allein
sey es, daß er in seinem Wirkungskreise, der so sehr
geeignet ist, weibliche Tugend und weibliche Schwäche
kennen zu lernen, Erfahrungen gemacht hatte, die ihn
abhielten, den ernsten Schritt in die Ehe zu thuen;
sey es, daß er, wie so manche Andere, in täglich fort=
laufenden Geschäften seine Befriedigung fand und alt
wurde, ohne es zu bemerken, kurz: er hatte sich noch
nie um eine Frau beworben.

Man hält gewöhnlich die Jugend für die Zeit der
Leidenschaften, man kann jedoch die Bemerkung ma=
chen, daß Personen beiderlei Geschlechtes in reiferen
Jahren, wenn sie eine Leidenschaft erfaßt, heftiger da=
von ergriffen werden, als die Jugend. Dies beweisen
die vielen Thorheiten, die in einem Alter begangen
werden, wo das Urtheil gereift seyn könnte. Auch den
Doctor erfaßte die Leidenschaft für Theresia mit aller
Gewalt, so daß er kaum einige Tage vorübergehen
ließ, ehe er wieder zu Bellmann kam und ihm die
Stetigkeit seines Entschlusses anzeigte, mit der Bitte,
Theresia zu fragen, ob sie sich entschließen könne, seine
Gattin zu werden. Reden Sie ihr indessen nicht zu,
fügte er bei, ich möchte nur, daß ihr freier Wille bei=
stimmte, nicht daß sie sich durch das Wort des Va=
ters verleiten ließe. Schreiben Sie ihr auch, daß ich
den Vierzigern ganz nahe stehe; denn ich liebe sie zu
sehr, als daß ich sie betrügen möchte.

Theresia war außer sich vor Freude, als sie den
Brief ihres Vaters erhielt. Sie konnte die Nachricht

nicht schnell genug ihren Freundinnen mittheilen, die sie um ihr Glück beneideten. Der Doctor war immer noch ein hübscher Mann, durch blonde Haare und blühende Gesichtsfarbe jünger scheinend, als er war, vom besten Rufe und dabei mit einem Einkommen, wie es Theresia sich nur wünschen konnte, ein Mann, der sie aus Liebe heirathete: wie viel Vergnügen würde er ihr zu machen suchen! Wie würden alle ihre Wünsche erfüllt werden! Diese Betrachtungen, worin sie sich wiegte, waren der Hauptgrund ihrer Freude. Sie würde augenblicklich ihrem Vater ihre Zustimmung mitgetheilt haben, wenn nicht jene Mädchen ihr vorgestellt hätten, sie dürfe sich nicht so erfreut zeigen, sie müsse ein wenig spröde thun, damit der künftige Gatte um so gefälliger würde. Sie gaben Theresia noch mehr derartige Lehren, so daß es ein Glück für dieselbe war, daß sie nur noch kurze Zeit in der Anstalt blieb.

Der Doctor kannte genau die beschränkten Verhältnisse Bellmanns, weßhalb er sich jede Ausgabe für Theresia verbat, durch die freundliche Erklärung, es mache ihm zu viel Vergnügen, die häusliche Einrichtung und die Aussteuer der geliebten Braut zu besorgen, als daß er daran irgend Jemanden, sey es selbst der Vater, theilnehmen lassen könne. Er richtete nun sein Haus vollständig neu ein, mit einem Aufwande, der sowohl seinem Vermögen, als seinem Wunsche, Theresia dadurch zu erfreuen, gleichkam. Nach demselben Maßstabe sorgte er auch für alle zum Anzuge erforderlichen Gegenstände. Wie freute er sich, Theresias

Ueberraschung zu sehen, wenn sie einen Schrank, ein Kistchen, ein Tischchen nach dem andern öffnen und seinen Inhalt mustern würde.

Da Bellmann in seiner Junggesellen-Häuslichkeit seine Tochter nicht bei sich aufnehmen konnte, wurde beschlossen, dieselbe unmittelbar aus dem Institute zum Altare zu führen. Nach der Trauung wollte der Doctor eine Reise mit ihr nach Oberitalien machen, und sie dabei seinem Bruder in Padua vorstellen.

Sobald die Einrichtung des Hauses zu Willaus Zufriedenheit fertig war, wurde der Tag der Vermählung bestimmt. Es war nach des Doctors Geschmack, dieselbe so still als möglich zu feiern. Er reiste daher mit Bellmann allein nach München. Theresia empfing beide mit unendlicher Freude, als die Verkünder ihres neuen, glücklichen Lebens. Der Vater wie der Bräutigam bemerkten, daß sie zu noch vollkommenerer Schönheit aufgeblüht war.

Den Brautschmuck hatte Willau ebenfalls besorgt und bei jedem Stücke desselben sich gedacht, wie Theresia damit aussehen werde; dennoch war er überrascht, geblendet, als die schöne Braut erschien, um sich zum Altare der Hauskapelle führen zu lassen. Im weißen Atlaskleide, den Myrthenkranz in den schönen, vollen Haaren, eine goldene Kette um den schlanken, weißen Hals, war Theresia einfach und doch reich geschmückt.

Willau fühlte sich unendlich glücklich in ihrem Besitze, und sie sah froh bewegt all den Freuden entgegen, von welchen sie seit drei Monaten schlafend und wachend geträumt hatte. Bellmann war glücklich durch seine Ueberzeugung von dem besiegelten Glücke seiner geliebten Tochter.

Der Vater schied von den Neuvermählten, um wieder nach Salzburg zurückzukehren. Willau führte Theresia durch Tyrol nach Oberitalien. Wie jubelte sie, als sie sich wieder in Mitte hoher Gebirge sah, die sie, wie alle Gebirgsbewohner, so sehr liebte und so lange hatte entbehren müssen. Ihr für alles Schöne empfängliches Gemüth ergötzte sich an den lieblichen Ufern des Comer- und des Garbasees, und dankbar schlug ihr Herz für ihren Gatten, der ihr all diese Freuden bereitete. Die Neuvermählten besuchten die Hauptstädte der Lombardei, überall verweilend, wo Kunst oder schöne Natur sie fesselte. In den Städten mischte sich in Theresias bisher reine Freude, jene der Eitelkeit, denn überall erregte ihre blühende Schönheit Bewunderung. So kamen sie nach Padua, wo Willaus älterer Bruder ein großes Waarenlager hatte und seit einigen Monaten anwesend war. Wie sehr freute sich Willau, seine schöne Frau dem Bruder vorzustellen. Auch hier fand Theresia ungetheilten Beifall; ihre natürliche Anmuth, verbunden mit steter Heiterkeit, ihr ungekünsteltes, von ängstlicher Schüchternheit, wie von unweiblicher Keckheit gleichweit entferntes Benehmen gewann ihr die Herzen Derer, welche ihre Schönheit zur Bewunderung aufforderte. Willaus Bruder war ganz einverstanden mit des Doctors Wahl und freute sich um so mehr über das Glück desselben als er nach traurigen Erfahrungen ledig geblieben war.

Am meisten Bewunderung zollte Theresien ein
Geschäftstheilnehmer ihres Schwagers, ein Italiener,
Namens Zerano, der sie täglich im Hause des Kauf=
herrn traf. Er war viel gereist, ein Mensch ohne Glau=
ben und von sehr zweifelhaften Sitten, schien aber dem
Kaufherrn im Geschäfte unentbehrlich. Theresias erstes
Erscheinen machte sogleich den tiefsten Eindruck auf
ihn und er war nicht gewöhnt, die bösen Regungen
seines Herzens zu unterdrücken; für ihn waren die=
selben vielmehr die Freuden des Lebens.

In Theresia erregte er keine andere Empfindung,
als jeder andere Bewunderer ihrer Schönheit, die
Freude befriedigter Eitelkeit.

Männer reiferen Alters, welche schöne junge Frauen
heirathen, sind gewöhnlich entweder mißtrauisch und
eifersüchtig, bewahren ihren Schatz wie der Geizhals
seine Goldkiste und bringen dadurch ihre Gattinnen
um alle Freuden ihrer Jugend, oder sie lieben ihre
Frauen so sehr, daß sie ihrer Tugend und Treue
vollkommen vertrauen, ihre eigene Eitelkeit ganz auf
die geliebte Gattin übertragen und sich durch dieselbe
um so glücklicher schätzen, im Besitze so vieler
Vorzüge, die an ihren Frauen erkannt und bewundert
werden. Zu dieser letzten Classe gehörte Willau. Jedes
Lob, jede Auszeichnung, die Theresia zu Theil wurde,
nahm er auf, als würde sie ihm dargebracht, im
Gefühle der innigsten Freude, ohne eine Spur von
Eifersucht.

Der Aufenthalt der Neuvermählten in Padua war
zu kurz, als daß Zerano Theresias Tugend gefährlich

werden konnte, wenn nicht jede Befriedigung der Ei=
telkeit schon Gefahr für die Tugend wäre.

Willau führte nun seine junge Frau nach Salz=
burg in sein schön geschmücktes Haus, über welches
sie herrschen sollte. Wie freute sie sich der reichen
Ausstattung desselben, sie, die in so beschränkten Ver=
hältnissen aufgewachsen war. Jeden Wunsch sah sie
hier schon im Voraus erfüllt. Immer von Neuem
durchsuchte sie die Fächer der schönen Hausgeräthe
und immer wieder erfreute sie eine neue Entdeckung.
Sie freute sich herzlich, ihrem Vater nun nahe zu
seyn, und sein Vergnügen, das geliebte Kind täglich
und in so glücklichen Verhältnissen zu sehen, vermehrte
noch das Ihrige. So oft er kam, zeigte sie ihm etwas
neu Aufgefundenes, das sie entweder sich schon lange
gewünscht oder an das sie noch gar nicht gedacht hatte.
So brachte sie mehrere Tage hin, ohne Zeit für Be=
suche zu finden. Bei jeder Heimkehr Willau's, der
seinem Berufe wieder folgen mußte, fiel sie ihm dank=
bar um den Hals und betheuerte ihm, daß sie durch
ihn glücklicher sey, als sie es sich hätte denken können.
Und Willau war glücklich durch ihre Zufriedenheit.

Die Besuche, welche nun gemacht werden mußten,
gewährten Theresien neue Freuden. Ihre früheren
Gespielinnen nach langer Zeit wieder zu sehen, überall
sowohl sich selbst als ihr Glück preisen zu hören, ver=
mehrte dasselbe. Die heimathlichen Berge wieder zu
besteigen, die schöne Gegend mit dem geliebten Manne
zu durchstreifen, die Lustorte der Umgebung Salzburgs
zu besuchen, wo sie allzeit Gesellschaft fand und Be=

wunberung erntete, waren neue Erregungen ihrer
Freude. Dann kamen die vielen Besuche, die ihr Haus
und seine geschmackvolle Einrichtung bewunderten; es
kamen Einladungen zu Gesellschaften, die ihretwegen
gegeben wurden, und eben so viele Freude gewährte
es ihr, Andere bei sich zu bewirthen. Willau, der all=
zeit ein stilles Leben vorgezogen hatte, beschränkte in
nichts Theresias Wünsche; so viel es sein Beruf zu=
ließ, begleitete er sie überall in Gesellschaften. Er
strengte sich oft über seine Kräfte an, um Zeit für
Theresias Vergnügungen zu gewinnen. Fortwährend war
er bemüht, ihr Freude zu machen, jeden Wunsch, den
er errathen konnte, erfüllte er, ehe sie ihn äußerte
und war befriedigt durch ihre Freude, durch den
Dank, den sie ihm so herzlich darbrachte und die Liebe,
welche sie ihm bezeigte.

Theresia hatte von Natur einen großen Hang zum
Vergnügen, der durch eine gute, religiöse Erziehung
im Institute ziemlich unterdrückt worden war. Die
leichtsinnigen Zöglinge, welche in den letzten Jahren
vor Theresias Austritt eintraten, weckten denselben in
ihr wieder durch die lebhaften Schilderungen, welche
sie von den Vergnügungen der Welt machten, wie
durch ihre Klagen über die Einförmigkeit des Lebens
in der Anstalt. Bei dem Wunsche Willaus, seine
Frau nur immer vergnügt zu sehen, gewann jener
Hang in ihr neue Stärke und ging allmälig in Ver=
gnügungssucht über. Ihre Grundsätze waren gut, ihr
Herz rein und unverdorben, aber bei ihrem leichtsin=
nigen Haschen nach Vergnügungen blieb ihr keine

Ruhe, über jene nachzudenken und ihr Gemüth wen=
dete sich nach und nach ab von ernsten Anregungen,
wie ihr Geist jede Anstrengung floh. Religiöse
Uebungen beschränkte sie auf die strenge Pflicht;
sie konnten ihre flatterhaften Gedanken nicht fesseln.
Willau war ebenfalls eine gute religiöse Erziehung
zu Theil geworden, aber während seiner medicinischen
Studien hatte er die religiösen Uebungen gänzlich
vernachlässigt. Ungesucht hörte und las er fortwährend
Angriffe gegen die Religion und suchte nichts auf,
was ihn über ihre Vertheidigung belehrt hätte; so
kam es bei ihm, wie bei so vielen Männern, daß er
von seinen Berufsgeschäften sich ganz in Anspruch
nehmen ließ und das religiöse Wissen und Ueben
durchaus vernachlässigte. Da er wohl ein religiöses
Gemüth hatte, aber die Zweifel, welche in ihm auf=
stiegen oder von Außen angeregt wurden, nicht lösen
konnte, kam er dahin, den Glauben ganz bei Seite
zu lassen, und war nur bestrebt, seiner angeborenen,
wie angewöhnten rechtlichen Gesinnung zu folgen.
Theresia konnte daher an ihm keine religiöse Stütze
finden, er war von ihrer Tugend überzeugt, sah auch,
daß sie von religiösen Uebungen das mitmachte, was die
meisten ihres Geschlechtes thaten, und dies genügte ihm
vollkommen, obgleich er sie nicht gehindert haben würde,
wenn sie eifrig sich der Religion hingegeben hätte.
An ihrem Gatten hing sie mit inniger Liebe; aber
es war nicht sowohl die uneigennützige Liebe einer
Gattin, als vielmehr die selbstsüchtige eines ver=
wöhnten Kindes. Sie liebte in Willau die Quelle

ihrer Vergnügungen, den Schöpfer ihres aus denselben entspringenden Glückes.

Erinnern wir uns an den Italiener Zerano, auf welchen Theresias Erscheinen in Pabua so großen Eindruck gemacht hatte. Die Unmöglichkeit, seine Wünsche erfüllt zu sehen, fachte dieselben in seinem ungebändigten Herzen zur Leidenschaft an. Er suchte nur nach der Möglichkeit in Theresias Nähe zu kommen und diese ergab sich endlich nach langem Harren.

Die Zeit nahte, in welcher der Kaufmann Willau nach Salzburg zurückzukehren pflegte, um die Handlung in Pabua seinem Associé auf ein Jahr allein zu überlassen. Da seit einiger Zeit seine Gesundheit etwas schwankend war, so drang Zerano mit scheinbarer Theilnahme in ihn, das wärmere Klima Pabuas nicht mit dem wechselvollen der Gegend Salzburgs zu vertauschen; er wolle, sagte er, statt seiner dies Jahr in Deutschland zubringen, wohin es ihn ohnehin schon lange gezogen, um sich mehr in der Landessprache zu vervollkommnen.

Endlich gab Willau seinen fortwährenden Vorstellungen nach, und eines Tages, etwa ein Jahr nach Theresias Vermählung, trat Zerano mit Empfehlungsbriefen von ihrem Schwager bei ihr ein. Sie empfing ihn, in Erinnerung ihres vergnügten Aufenthaltes in Italien, mit aufrichtiger Freude, wie ihr Gatte in ihm den Theilhaber und Freund seines Bruders in ihm ehrte und ihn einlud, sein Haus, so oft es ihm gefalle, zu besuchen.

Zerano war gänzlich hingerissen bei Theresias An=

blick, sie war im Gefühle ihres Glückes noch heiterer, sicherer, als früher, übersprubelnb in fröhlicher Laune; dabei waren ihre Körperformen zur vollkommensten Schönheit entwickelt. Ihr Teint hatte zwar etwas von seiner blenbenben Weiße verloren, war aber dagegen frischer, durchsichtiger geworden und ihr schönes, großes Auge strahlte im lebhaftesten Glanze Zerano hatte barauf gerechnet, daß Theresia, deren Hang zum Vergnügen er wohl bemerkt hatte, balb gleichgiltig gegen ben älteren Gatten werben würbe; mit Verbruß sah er nun, baß sie zwar noch eben so genußsüchtig, Willaus Bestreben, ihr Vergnügen zu machen, aber auch noch eben so stark, ihre Zuneigung zu ihm noch bieselbe war. Er zog Erkunbigungen bei Bekannten ber Gatten ein, überall hörte er, baß ihr eheliches Verhältniß musterhaft unb ein sehr glückliches sey. Da er nicht gesonnen war, seinem Herzen einen Zügel anzulegen, so blieb ihm nur Gebuld übrig unb ein geschicktes Betragen, welches jede Gelegenheit erfaßte, wo er etwas in Theresias Augen gewinnen könnte. Hatte er boch jetzt einmal so viel erreicht, baß er bie schöne Gestalt sehen, ihre liebliche Stimme hören unb ihre so lang ersehnte Unterhaltung genießen burfte.

Zerano besaß jenes Aeußere, welches leichtfertige Frauen so sehr einnimmt, eine schöne männliche Gestalt, schwarze, wellenförmige Haare, bie auf bem Scheitel begannen etwas lichter zu werben, ein bunkles, glühendes Auge in einem regelmäßigen blassen Gesichte, bei einer weichen, klangvollen Stimme unb

einem Benehmen, das gewandt sich jeder Zeit nach
seiner Umgebung richtete.

Theresias Herz war noch unverdorben; Zeranos
brennende Blicke verletzten sie, seine Gegenwart war
ihr nicht angenehm. Er mußte sich jedoch geschickt zu
mäßigen. Seine Besuche waren nicht häufig und schienen dem Gatten zu gelten, obgleich er jede Gelegenheit benützte, sich Theresia von seiner vortheilhaften
Seite zu zeigen. Der Doctor fand großen Gefallen
an der Unterhaltung des geistvollen, vielgereisten
Mannes, während Theresia sich allmälig an ihn gewöhnte. Bald war er der tägliche Gesellschafter bei
Willau.

Der Doctor fühlte sich hie und da ermüdet, selbst
unwohl, durch angestrengte Berufsthätigkeit, allein er
war weit entfernt, Theresias Hang, Gesellschaften zu
besuchen und zu geben, hindernd entgegenzutreten; er bat
sie, ohne ihn zu gehen und erschien bei derartigen Gelegenheiten im eigenen Hause nur auf kurze Zeit.
Dafür traf sie überall Zerano.

Da Willaus Ermüdung immer mehr in Unpäß-
lichkeit überging, veranstaltete Zerano Landpartien und
Gesellschaften, um sich Theresia, als den Grund ihrer
Vergnügungen, unentbehrlich zu machen.

Anfänglich wollte der Doctor durchaus, daß seine
Frau ihrem Vergnügen folgte, auch wenn er unwohl
war; nach und nach aber, da er fühlte und als Arzt
erkannte, daß sein Leiden bedenklicher werde, kränkte
ihn Theresias Leichtsinn, die, weil sie nie krank gewesen, des Gatten Klagen für Einbildung hielt, da

er immer noch seine Patienten besuchte und seinen
Beruf erfüllte. Sie hörte nicht seinen leisen Husten,
sah nicht die abgegrenzte Röthe auf seinen hohler wer-
denden Wangen, nicht den vorgeneigten Gang, noch
die abmagernde Gestalt.

Zerano bestärkte sie in ihrem Wahne, daß ihr
Gatte sich nur einbilde, krank zu seyn, während
andere Freunde es nicht über sich gewinnen konnten, die sorglose Frau auf die Gefahr aufmerksam zu
machen.

Willaus kranker Zustand brachte es mit sich, daß
er öfters ungeduldig und mürrisch war und der Gedanke, daß sein bisheriges Glück im Besitze Theresias
ein sehr kurzes seyn werde, verstimmte ihn noch mehr.
Er hatte in sich kein Gegengewicht dem andringenden
Leiden entgegen zu setzen.

Theresia nur gewöhnt, sich selbst zu leben, von
Andern, namentlich von ihrem Gatten, nur mit immer
neuen Vergnügungen überschüttet zu werden, ohne je eine
Selbstverleugnung zu üben oder Anderen ein Opfer
zu bringen, — waren doch Alle stets glücklich, wenn
sie dankbar und froh ihre Gaben hinnahm, — sie
konnte sich gar nicht finden in die mit Willau vorge-
gangene Veränderung. Seine aufgeregte Stimmung
machte sich hie und da Luft durch ein Wort des Vor-
wurfes, wenn Theresia nicht einen Abend allein bei
ihm zu Hause bleiben konnte; sie fühlte sich verletzt
durch solche Vorwürfe und meinte, ihr Mann solle ihr
wenigstens ein Vergnügen gönnen, wenn er auch keinen
Geschmack mehr daran finde.

Zerano benützte geschickt die Stimmungen der
Gatten, die er genau beobachtete. Je mehr Willau sich
nach Ruhe in Gesellschaft Theresias sehnte, desto mehr
forderte er sie zu Vergnügungen auf, und obgleich sie
noch nicht bei ihm über ihren Gatten eine Klage aus=
sprach, so las er sie doch in ihrem Herzen und kam
denselben zuvor, indem er zu verstehen gab, daß für
das Opfer, das eine junge schöne Frau einem ältern
Manne bringe, derselbe sie durch jede Art von Ver=
gnügen zu entschädigen suchen müsse; daß es grausam
wäre, sie zu zwingen, seinen Launen zu Gefallen sich
von so unschuldigen Erholungen zurückzuziehen, wie
sie Theresia liebte. Schon hörte sie lieber auf die
Worte des Verführers, als auf die Bitten ihres
Gatten; schon ging ihr manchmal der Gedanke durch
den Kopf, das Opfer, das sie dem älteren Manne ge=
bracht, sey zu groß, er wisse es nicht zu schätzen;
schon stand hie und da das Bild des Verführers neben
der zerfallenden Gestalt des Gatten im Vortheil in
ihrem Herzen; allein sie erschrak noch, wenn sie sich
auf solchen Gedanken ertappte und wandte sich seuf=
zend davon ab.

Mit der Zunahme von Willaus Kränklichkeit ver=
mehrte sich seine Reizbarkeit; es kam manchmal zu
unangenehmen Erörterungen zwischen ihm und seiner
Frau; dann weinte sie und klagte, wie unglücklich sie
sey. In ruhiger Stimmung machte sich Willau Vor=
würfe über seine Heftigkeit und suchte Theresia durch
die Erfüllung eines Wunsches oder durch eine Ueber=
raschung zu entschädigen, so daß ihr Verhältniß nicht

zu beklagen gewesen wäre, und Theresia vielleicht sich allmälig an ein ruhigeres Leben gewöhnt hätte, wäre nicht Zerano gewesen, der allzeit mit Vergnügen ihre rothgeweinten Augen bemerkte und ihre Stimmung benützte, um die Liebe zu ihrem Gatten aus ihrem Herzen zu verdrängen und sich dafür darin fest= zusetzen.

Willaus Brustleiden war von der Art, daß er bei großer Schonung und möglichster Gemüthsruhe sein Leben immerhin auf ein höheres Alter hätte bringen können, allein sein Beruf, dem er sich nach wie vor hingab und der Kummer über seine Krankheit, gegen welche er keinen Trost fand, Angst, aus dem Leben scheiden zu müssen, an dem er, seit er Theresia be= saß, mit allen seinen Wünschen hing, und die Wahr= nehmung, daß er seiner geliebten Frau nicht mehr alle Wünsche erfüllen konnte, wie auch hinwieder der Verdruß, wenn er sah, wie sie rücksichtslos nur ihrem Vergnügen nachjagte, und die daraus entstehenden öfteren Mißhelligkeiten zwischen ihnen raubten ihm die so nothwendige innere und äußere Ruhe, wodurch der Verlauf seiner Krankheit beschleunigt wurde.

Im Frühjahre warf ihn eine Lungenentzündung auf's Krankenlager. Zum ersten Male sah Theresia Ge= fahr für ihren Gatten und war um so mehr untröst= lich, als sie sich Vorwürfe machen mußte über ihr Betragen gegen ihn. Sie war nun die liebevollste, treueste Pflegerin, und so wohlthuend wirkte ihre auf= opfernde Liebe auf Willaus Gemüth, daß er glücklich die nächste Gefahr überstand. Theresia athmete neu

auf, als sie ihn gerettet glaubte und würde sich jetzt
am leichtesten gewöhnt haben, die Abende bei ihm
allein zuzubringen, wäre nicht ihres Gatten Krankheit
für Zerano ein Vorwand gewesen, täglich auf immer
längere Zeit in's Haus zu kommen. Er unterstützte
mit der scheinbar größten Aufopferung Theresia in
der Krankenpflege, und Willaus dankbares Gemüth
fühlte sich so zu ihm hingezogen, daß er die Stunden
zählte bis zu seinem Besuche. Theresia, abgezogen von
den Zerstreuungen der Welt und nicht mehr durch
Willaus Krankheit beängstigt, war nun Zeranos Ein=
fluß gänzlich hingegeben.

So standen die Sachen, als jener für Friedrich so
verhängnißvolle Brand in ihrem Hause ausbrach, durch
welchen Willaus Genesung auf lange Zeit unterbro=
chen wurde. Theresia dankte Gott und flehte um Se=
gen für den ihr unbekannten Retter aus der Feuers=
noth. Erschreckt durch die noch glücklich abgewendete
Gefahr, machte Theresia die besten Vorsätze für ihr
künftiges Verhalten gegen ihren Gatten; allein schon
hatte der Funken leidenschaftlicher Liebe zu Zerano
·ihr Herz entzündet, und ohne daß sie sich es gestehen
wollte, war sie die Sklavin derselben. Alle Vorwürfe
ihres Gewissens suchte sie zu betäuben durch die Vor=
stellung, ihr Gefühl für den Hausfreund sey Dank=
barkeit, Anerkennung seiner liebenswürdigen Eigen=
schaften; seine Besuche seyen ihrem Manne so lieb
und bei der ihm gebotenen Einsamkeit so nothwendig.
Sie suchte darin Beruhigung, daß sie nun ganz der
Pflege ihres Mannes lebe, das Haus nur in unum=

gänglich nothwendigen Fällen verlasse, und Willau
war glücklich, von ihr so viele Beweise der Liebe zu
erhalten, da sie ganz für ihn zu leben schien. Aber
der Tag war für Theresia drückend lang, nur der
Abend hatte Werth für sie, wo sie sicher auf Zeranos
Besuch rechnen konnte. Bisweilen war Willau zu erschöpft, um den Freund zu sprechen. Theresia empfing
denselben im Nebenzimmer, und dieses waren dann
die gefährlichsten Stunden für sie. Mit Sehnsucht erwartete sie diese Zeit, denn obwohl sie nie den Willen
hatte, die Heiligkeit der Ehe zu verletzen, so schien es
ihr doch immer, als könne sie Zeranos reizende Unterhaltung besser genießen, wenn sie dieselbe mit Niemandem theilen müßte. Ihr Gewissen warnte sie, aber
der Vorwand, sie könne den treuen Freund des lei-
denden Gatten nicht zurückweisen, sollte es beschwichtigen, wie der Gedanke, daß sie nichts Unerlaubtes
wolle; dabei nahm sie sich vor, recht zurückhaltend zu
seyn und ihr Herz zu bewachen.

In solchen Stunden suchte Zerano ihre Grundsätze
zu lockern. Scheinbar von einer entfernten Thatsache
ausgehend, sagte er ihr unter Anderem: Es kann
nicht des Schöpfers Wille seyn, daß eines seiner Geschöpfe unglücklich sey! Der Zufall bindet uns oft an
einen Beruf, an eine Person, die uns später zur
drückenden Fessel werden; der Thor trägt sie knir-
schend, der Blödsinnige mit stumpfer Thatlosigkeit, der
starke Geist zerbricht sie und der kluge schlüpft aus
ihnen, wenn sie zu stark für seine Kräfte sind. Theresia zitterte anfänglich vor diesen Lehren, sie wandte

ein, daß es doch Pflichten gebe, denen wir uns nicht
entziehen dürfen, und daß es etwas Erhabenes sey,
sich der Pflicht zum Opfer zu bringen.

Allerdings gibt es Pflichten, antwortete der Ver=
führer, allein die erste Pflicht haben wir für uns selbst.
Wie könnten wir auch Andere glücklich machen, wenn
wir selbst unglücklich wären? Von uns muß das Glück
überströmen auf unsere Umgebung.

Konnte sich Theresia noch nicht mit diesen Grund=
sätzen befreunden, so dachte sie um so mehr daran,
den geliebten Freund von seinem Irrthume zu heilen,
und machte dieß zu einem neuen Vorwande, sich un=
gestört mit ihm zu unterhalten. Dabei machte die Lei=
denschaft immer größere Fortschritte in ihrem Herzen,
das jetzt erst das Gefühl derselben empfand. Ohne
daß es zur Erklärung gekommen wäre, die sie viel=
leicht zurückgeschreckt hätte, war sie von Zeranos Liebe
überzeugt und fühlte sich in seiner Nähe durch dieselbe
unendlich beglückt. Gegen dieses lodernde Feuer schien
ihr ihre Liebe zu Willau in der glücklichsten Zeit ihrer
Ehe ein mattes Flämmchen, ohne Wärme, und oft
überraschte sie sich bei dem Gedanken, sie habe sich
eine drückende Fessel angelegt, in einer Zeit, wo sie
noch keiner Wahl fähig gewesen. Zeranos brennende
Blicke schreckten sie nicht mehr; der Wunsch, mit ihm
vereint ihr Leben hinzubringen, tauchte erst flüchtig,
dann bestimmter in ihr auf. Sie erschrak vor der
Strafbarkeit desselben und kämpfte dagegen, sie rief
Gott um Beistand an, aber sie mied den Verführer
nicht und in seiner Nähe schwiegen die Gewissensbisse.

Theresia fühlte sich sehr unglücklich. Sie hatte kein
Verlangen mehr nach Gesellschaften, denn nichts machte
ihr Vergnügen, als Zeranos Nähe und auch seine Ge=
genwart brachte manchmal Pein, denn ihre Grund=
sätze waren zwar erschüttert, aber nicht gebrochen; sie
wollte ihnen nicht untreu werden, sondern ihrem Her=
zen nur so viel gestatten, als sie sich einredete, ihm
erlauben zu dürfen, weßhalb sie in einem unaufhör=
lichen Kampfe lebte, der ihre Gesundheit angriff, so
daß ihre Wangen bleicher wurden und die Fülle ihres
Körpers schwand. Willau schrieb die Abnahme ihres
blühenden Aussehens ihrer Pflege und der Theil=
nahme zu, die sie ihm widmete, und je mehr er in
seiner Genesung fortschritt, je mehr seine Gemüths=
ruhe zurückkehrte, um so mehr suchte er ihr Freude
zu machen und sie zu bereden, wieder Gesellschaften
zu besuchen. Seine Liebe folterte Theresia, indem sie
ihr zum Vorwurfe ward, dem sie nicht entfliehen
konnte; ihrem, zwar verirrten, aber noch nicht ver=
dorbenen Herzen ward es unendlich schwer, die Heuche=
lei zu tragen, von ihrem Manne geliebt und gelobt
zu werden wegen einer Sache, deren Grund sie in seinen
Augen hätte verächtlich erscheinen lassen müssen.

In dieser Zeit kam eines Tages eine jüngere
Freundin zu ihr, Namens Gisela Rasteiner, eines rei=
chen Kaufmannes Tochter. Weinend stürzte sie The=
resia an den Hals und bat sie in den leidenschaftlich=
sten Ausdrücken, ihre vielvermögende Fürsprache bei
ihrem Vater einzulegen. Es währte lange, bis There=
sia den Grund ihres Kummers erfuhr, Gisela war so

aufgeregt, daß sie nur immer wieder bat, sie möge doch ihren Vater zur Einwilligung bewegen. Betroffen über diese große Aufregung, fragte die Freundin, wer denn der Geliebte sey. Gisela stockte; eine dunkle Röthe überzog ihr schönes Gesicht; schämte sie sich des Geliebten, oder fürchtete sie, sich Theresia zur Gegnerin zu machen, wenn sie ihn nannte?

Aber Gisela, ich kann Deinen Vater nicht bereden, Dich einem Manne zu geben, den Du Dich scheuest, mir zu nennen.

Bergmann, sagte Gisela kaum hörbar.

Welchen Bergmann, Freundin? Ich kenne nur den Barbier dieses Namens, der meinen Mann bedient.

Zitternd, ohne zu antworten, sah Gisela zu Boden.

Ist es dieser? fragte Theresia wieder.

Gisela neigte schweigend ihr Haupt; auch Theresia schwieg betroffen. So unpassend sie das Verhältniß fand, so mußte sie sich doch sagen, daß kein höheres Gesetz ihm entgegenstand, wie bei dem ihrigen, und die Leidenschaft der Freundin nach der Stärke der ihrigen beurtheilend, fühlte sie das innigste Mitleid mit ihr. Sie verschmähte es, ihr Vorstellungen zu machen, Gisela antwortete mit Leidenschaft, daß sie Alles überlegt habe, daß sie zum Aeußersten entschlossen sey, wenn ihr Vater seine Einwilligung nicht gebe. Der reiche Rasteiner hatte in seiner Jugend viele Reisen gemacht und dabei in lockeren Gesellschaften nach leichtfertigen Grundsätzen gelebt; er kannte daher die Menschen fast bloß von der schlechten Seite. Eine Ausnahme machte für ihn nur seine vortreffliche Gattin,

die durch ihren sanften religiösen Sinn so vortheilhaft
auf ihn wirkte, daß sie ihn vielleicht gänzlich umge-
stimmt hätte, wäre sie nicht nach einigen Jahren schon
ihm durch den Tod entrissen worden. Rasteiner war
untröstlich; er grollte mit Gott und den Menschen.
Alle seine Liebe wandte er nun seinen beiden kleinen
Töchterchen zu, die er nicht von seiner Seite ließ.
Eine Erzieherin sollte sie unter seinen Augen bilden.
Leider war dieselbe mehr darauf bedacht, sich ihren
Zöglingen unentbehrlich zu machen, als denselben ihre
Fehler abzugewöhnen und sie zum Guten anzuhalten.
Auch der Vater gab ihren Launen und Einfällen zu
viel nach, theils weil er mit blinder Liebe an ihnen
hing, theils weil er sie entschädigen wollte für die
Entbehrung jeglicher Gesellschaft ihres Alters. So
wuchsen sie auf, gewöhnt, ihren Neigungen zu folgen,
ihre Wünsche zu befriedigen, ihren Willen durchzusetzen.

Gisela, die ältere, stand nun in der Blüthe der
Jugend, aber immer noch hielt sie der Vater fern
von allen und jeden Gesellschaften, von allen öffentli-
chen Vergnügungsorten und allen Lustbarkeiten der
Jugend. Er fürchtete, ihre blühende Gestalt wie ihr
Reichthum möge Freier anziehen und sie zu Verbindungen verleiten, die ihm nicht angenehm wären, denn
er hatte beschlossen, seine Schwiegersöhne selbst zu wählen, da die Wahl seiner Eltern für ihn so gut ausgefallen. Bisher waren die Mädchen zufrieden, daß
der Vater sie auf die Berge führte, sie Hunde, Vögel und andere Thiere nach Belieben halten ließ

und ihnen innerhalb der von ihm gezogenen Grenzen
die Herrschaft so ziemlich abgetreten hatte. Nun sollte
Gisela, um sich zur Hausfrau vorzubereiten, in die
Küche gehen und zwar in die eigene, und nicht in ein
Gasthaus, wohin andere Mädchen geschickt wurden,
weil er mit Recht fürchtete, dies könne Veranlassung
zu Gefahren für ihr Herz geben; daß aber diese Gefahr auch im eigenen Hause lauere für ein Herz, das
weder durch religiöse Grundsätze gestärkt, noch zur
Selbstbeherrschung gewöhnt war, daran dachte er
nicht.

Täglich kam der Barbier in Rasteiners Küche, um
Wasser für den Herrn zu holen. Bergmann war ein
hübscher junger Mann, in seinem dunklen Krauskopf
blitzten zwei freundliche schwarze Augen, sein kleiner,
wohl geformter Mund zeigte gern die schönsten weißen
Zähne, sein Auftreten war gefällig und gewandt, seine
Unterhaltung lebhaft, munter und manchmal witzig.
Er hatte mehr Geistesbildung als man sonst in seinem
Stande findet, denn er hatte das Gymnasium absolvirt und wollte eben die Universität beziehen, um Medicin zu studiren, als sein Vater, ein geschickter Thier-
arzt, fast plötzlich starb, ohne Vermögen zu hinterlassen. Mit schwerem Herzen entsagte der Sohn der
gewählten Laufbahn und widmete sich der niederen
Wundarzneikunst. Der Gedanke an seinen verfehlten
Beruf war das Einzige, was seinen Frohsinn trübte,
doch trug er immer die unbestimmte und sich auf nichts
stützende Hoffnung, noch sein Ziel zu erreichen. Zweimal schon ist derselbe uns im Verlaufe dieser Erzähl-

ung begegnet und zwar zuerst auf Friedrichs Reise
von Linz nach Salzburg, dann vor dem Todtenzimmer
Rannis, wo er mit Friedrich auf eine so traurige
Weise zusammentraf.

Gisela sah den jungen Mann täglich, der keineswegs zu schüchtern war, die schöne Tochter des reichen Kaufherrn anzureden. Er liebte, wie sie, die Berge,
und täglich gaben die Partien, welche Beide schon gemacht, Stoff zu Gesprächen. Bald waren die Berge
nicht mehr nöthig zur Unterhaltung, sie fand sich von
selbst und die dafür verwendete Zeit ward beiden zu
kurz, so sehr sie dieselbe auch ausdehnten. Die Köchin
achtete nicht darauf, daß Gisela darüber die Braten
verbrennen ließ; für die Erzieherin war, wie für viele
Frauenzimmer ihrer Art, ein Liebesverhältniß etwas
zu Reizendes, als daß sie es hätte stören mögen, welches auch nicht mit ihrem Bestreben zusammengetrof-
fen wäre, sich stets in der Gunst der Zöglinge sicher
zu erhalten; auch sie ließ das junge Paar gewähren.

'Bergmann wußte sich mehr im Hause zu thun zu
machen und seine Besuche allmählig zu verlängern,
bis endlich einmal Rasteiner der ungeahnte Zeuge
einer Unterhaltung wurde, deren Gegenstand nicht die
Berge, sondern Hochzeit und Ehe waren.

Gisela war auf's Höchste empört, als der Vater
dem Geliebten mit den verständlichsten Worten die
Thüre wies und gegen sie selbst mit einer donnernden
Rede seinen Zorn ausgoß. Es war dieß etwas ganz
Neues für das verwöhnte Kind und weit entfernt,
nachzugeben, betheuerte sie dem Vater, sie werde Berg-

manns Gattin werden, oder ihrem Leben selbst ein
Ziel setzen.

Nasteiner empfahl der Erzieherin geschärfte Wachsam-
keit, indem sich ein Theil des Verdrusses auch auf sie
entlud; allein hier that er eben so wenig Wirkung
als bei Gisela; die Erzieherin hatte zu viel Mitleid
für das unglückliche Liebespaar, als daß sie sich nicht
beeilt hätte, ihren Zögling mit der Hoffnung zu trösten, der Vater werde schon einwilligen.

Sie gab dabei zu verstehen, die Liebenden könnten
sich doch hie und da bei einem Spaziergange sehen,
da die Ausgänge der Tochter so ziemlich in der Will-
kür der Gouvernante standen.

Bergmanns leichtes Blut ließ auch seine Hoffnung
nicht sinken; er dachte, der Vater ist reich genug, um
mich studiren zu lassen; als Doctor darf ich kühn um
die Hand der Tochter des Kaufmannes werben, und
Giselas Festigkeit wird den Vater schon zur Nachgiebigkeit bewegen. Dieß ging jedoch nicht so leicht, wie
sich die jungen Leute schmeichelten; Herr Nasteiner
blieb dabei, ein Mann, der ihm den Bart abgenom-
men, könne sein Schwiegersohn nie werden, und als
Gisela fortfuhr, mit ihren Betheuerungen, daß sie
dennoch seine Gattin werden würde, drohte er zu bewirken, daß man den Barbier aus der Stadt weise.

In dieser Noth kam Gisela zu Theresia. Beider
Väter waren Freunde und deßhalb sahen die Kinder
sich von jeher zuweilen, so wenig Nasteiner die Seinigen auch Besuche machen ließ. Die schöne junge Frau
galt viel bei dem alten Hausfreunde, der für weib-

liche Schönheit immer noch begeistert war. Theresia
machte all ihren Einfluß bei Giselas Vater geltend,
anfänglich ganz ohne Erfolg. Es ging ihr ein Stich
durch das Herz, als Rasteiner ihre eigene Ehe als
einen Beweis anführte, daß die nach dem Willen der
Eltern geschlossenen Verbindungen glücklicher seyen,
als jene, welche auf zufällige Bekanntschaften folgten.
Sie bat noch bringender den Vater, doch weniger hart
zu seyn, sie stellte ihm das leidenschaftliche Temperament Giselas vor, das bis jetzt noch auf keinen Widerspruch gestoßen und machte ihn für die Folgen ver-
antwortlich.

Um so mehr muß ich darauf bringen, antwortete
er ihr, daß der Mensch aus der Stadt kömmt; sieht
und hört das Mädchen nichts mehr von ihm, so wird
sie ihn schon vergessen. Unterdessen will ich für einen
passenden Gatten sorgen.

Betrübt, nichts für ihre Freundin erwirken zu
können und geärgert, daß der Vater sich nicht von
ihr überreden ließ, ging Theresia von ihm, ohne jedoch die Sache ganz aufzugeben. Bergmann bediente
auch den Doctor; das nächste Mal, da er in's Haus
kam, ließ ihn Theresia zu sich rufen. Er war höchst
niedergeschlagen, denn sein Principal hatte ihm auf
Rasteiners Verlangen gekündigt und nach dem Her-
kommen durfte er vor Ablauf eines Vierteljahres bei
keinem andern in der Stadt eintreten.

Das ist mein ganzes Verbrechen, daß ich nicht so
viel habe, um studiren zu können, rief er bitter aus.
Wäre mein Vater am Leben geblieben, so wäre ich

9 *

nun in nächster Zeit Doctor und Herr Rasteiner würde
sich meiner nicht schämen.

Theresia kam in ihrer Theilnahme für die Lieben=
den der Gedanke, ihr Mann habe noch nie eine Aus=
gabe gescheut, wenn es sich darum handelte, ihr einen
Wunsch zu erfüllen, sie könne ja Bergmann studiren
lassen. Der Doctor schätzte den Barbier, welchen er
immer bedauert hatte, daß er nicht seine Talente aus=
bilden konnte, als daher Theresia ihm die Lage des=
selben vorstellte und ihren Wunsch, ihn studiren zu
lassen, dringend äußerte, gab er gern seine Zustimm=
ung, obgleich er sich nicht für überzeugt hielt, daß Ra=
steiner ihm seine Tochter dann geben werde, wenn
aus dem Barbier ein Doctor geworden wäre, vielmehr
dachte er, die Entfernung würde die Neigung in den
jungen Herzen verwischen. Nochmals versuchte There=
sia ihre Beredsamkeit, Herrn Rasteiner zur Nachgiebig=
keit zu stimmen, umsonst: er blieb dabei, der Mensch
müsse aus der Stadt und dürfe nie wiederkommen.

Und wenn er als Doctor wiederkommt, wenn er
sich ein selbstständiges Auskommen sichert, wie dann?
Geben Sie ihm dann Gisela, wenn sie ihn dann noch
will?

Das kann ich wohl versprechen, meinte Rasteiner;
er kann nicht studiren und Gisela vergißt ihn. Aus
den Augen, aus dem Sinn!

Die Hand darauf, Herr Rasteiner, rief Theresia
triumphirend, wenn er als Arzt hier ein anständiges
Einkommen hat, geben Sie ihm Gisela, vorausgesetzt,
daß sie ihn will!

Damit Sie sehen, daß ich einer schönen Frau nichts abschlage, was irgend möglich ist, hier meine Hand! antwortete er mit Artigkeit.

Theresia benachrichtigte sogleich Gisela von dem Erfolge ihrer Bemühungen. Stürmisch fiel diese ihr um den Hals und bedeckte sie mit ihren Küssen, für ihre Großmuth und Liebe, während sie einen Strom von Thränen vergoß, daß sie Bergmann so lange ver= missen solle. An seiner Treue zweifelte sie so wenig, wie an der Beständigkeit ihrer Liebe und den Erfolg seiner Studien hielt sie für sicher. Gerührt vernahm Bergmann Theresias großmüthiges Anerbieten, mit dem sogleich alle seine Hoffnungen wieder auflebten. Die Erzieherin vermittelte einen Abschied der Lieben= den unter ihrer Obhut; eine Adresse wurde dabei ver= abredet, unter welcher Bergmann an Gisela schrei= ben könne, und sie trennten sich, um erst nach dem erlangten Doctorat Bergmanns sich wieder sehen zu wollen.

Innsbruck war nun Bergmanns Ziel, wo er seine medicinischen Studien mit dem Eifer begann, den ihm Liebe, Ehrgeiz und Neigung einflößte.

Traurig saß Theresia am Abende nach seiner Ab= reise in ihrem Zimmer; so wohl es ihr that, das Glück zweier Personen fördern zu können, so betrübt war sie über ihr eigenes Loos. Die Liebe ihres Gatten, die sie eben erst wieder erprobt hatte, indem er sogleich in ihren Wunsch für Bergmanns Unterstützung ein= stimmte, machte ihr Vorwürfe; ihr Herz seufzte nach Zerano. Wie glücklich ist Gisela, dachte sie, die ohne

Gewissensbiße lieben darf! Wäre das Ziel auch noch weiter hinausgesteckt, als das ihrige, ich wollte mich glücklich schätzen, wenn ich nur ohne Gewissensbiße einem Erfolge entgegensehen dürfte. Da fiel ihr die Krankheit ihres Mannes ein und die Möglichkeit seines baldigen Todes. Sie zuckte zusammen. Flieh, schrecklicher Gedanke, sprach sie zu sich selbst, indem sie ihr Gesicht mit beiden Händen bedeckte, flieh, mein Gewissen ist schon genug belastet! Sie nahm sich auf's Neue vor, Zerano weniger zu sehen. Aber er ist meinem Manne so nöthig als mir, antwortete die Stimme der Verführung in ihr.

Noch in diesen Kampf verwickelt, hörte sie seine Tritte auf der Treppe; ihr Herz schlug laut, sie war beinahe ohne Fassung, als er eintrat. Augenblicklich bemerkte er ihre Verwirrung und suchte sie zu benützen. Er setzte sich zu ihr und erkundigte sich mit der größten Theilnahme nach der Ursache ihres Kummers. Theresia zitterte und konnte nicht antworten. Da ergriff er ihre Hand und preßte sie leidenschaftlich an seine Lippen. Die junge Frau, ihrer Gefühle nicht mehr mächtig, ließ es geschehen, indem sie mit der anderen Hand sich die Augen bedeckte. Ihre Verwirrung für Einwilligung haltend, rief er mit Leidenschaft aus: „Theresia, hören Sie auf die Stimme Ihres Herzens und streifen Sie endlich die Bande ab, die es unwürdig fesseln!" Da mit Einemmale stand der Abgrund klar vor ihren Augen, an dem sie seither gewandelt und in den sie der Verführer hinabziehen wollte. Sie erhob sich rasch und im tiefsten Schmerzgefühle der Erniedrigung, der sie sich preisgegeben, rief sie aus: „Was habe ich gethan, das Sie zu solcher That ermunterte? Mein Gott, bin ich so tief gesunken, daß man mir solches zutrauen darf!"

Sie wandte sich, das Zimmer zu verlassen, da stand ihr Gatte unter der Thüre, bleich und starr; einem Marmorbilde ähnlich. Mit einem Schrei stürzte sie an seine Brust, wie um dort Schutz zu suchen. Zerano entwich bestürzt durch eine andere Thüre.

Willau drohte zu sinken, mühsam führte ihn die zitternde Gattin zu einem Lehnstuhle; da entquoll ein Blutstrom seiner gepreßten Brust; er schloß die Augen. Theresia, in Todesangst, glaubte ihn erlöschen zu sehen; sie riß an der Klingel, schickte nach dem Arzte und versuchte, ihn zu beleben, wie es ihre Angst zuließ, bis er endlich die Augen wieder aufschlug. Wie wenn ihr das Leben wiedergeschenkt wäre, athmete sie auf und dankte Gott inbrünstig für diese Gnade. Aber der ankommende Arzt zeigte sich bedenklich und empfahl die größte Vorsicht. Theresia saß Tag und Nacht an ihres Gatten Bette, in der qualvollsten Angst. Es wäre ihr Erleichterung gewesen, ihm ihr ganzes Unrecht zu gestehen, ihn um seine Verzeihung anzuflehen; selbst seine gerechten Vorwürfe zu ertragen; aber dieses vom Arzte gebotene Schweigen, die Nothwendigkeit, die Last ihres Gewissens allein zu tragen, brachte sie fast zur Verzweiflung. Sie schlief nicht, sie aß und trank nicht; sie überwachte jeden Athemzug des Kranken und flehte nur zu Gott, daß er ihn nicht sterben lasse, ehe sie ihr Vergehen bekannt und seine Verzeih=

ung erhalten habe. Vergebens erinnerte sie der Arzt,
für ihre eigene Gesundheit zu sorgen; es war wie
brennendes Wachs, das auf ihr Herz fiel, wenn er
von zu großer Aufopferung sprach; sie hatte einen
solchen Abscheu vor sich selbst, daß es ihr tröstlich
schien zu leiden und die körperlichen Leiden ihr zur
Linderung ihrer Seelenschmerzen dienten.

In den einsamen Nächten, die sie am Krankenbette
zubrachte, trat ihr ganzes verflossenes Leben vor ihre
Augen; sie fand nur Selbstsucht in ihm und jene verbrecherische Liebe. Tausend Mal dankte sie Gott, daß
er sie nicht ganz hatte in's Verderben sinken lassen.
Sie faßte die festesten Vorsätze für die Zukunft, sie
wollte nun ganz für ihren Mann leben, ihm seine
Liebe zu vergelten suchen, die ihm zugefügte Schmach
auf jede Weise abbüßen; aber nichts konnte sie beruhigen; immer kehrte der Vorwurf zurück, daß ihre
Verblendung ihren Gatten auf das Todtenbett geworfen und wenn er sterbe, sie die Mörderin sey.

Endlich nach langen, in den bittersten Seelenleiden
zugebrachten Tagen hörte Theresia von dem Arzte,
daß für jetzt die Gefahr vorüber sey. Willau durfte
wieder sprechen. Theresia, sagte er, nachdem der Doctor ihn verlassen, ich habe unterdessen meine Vergangenheit an mir vorübergehen lassen. Seine Frau stürzte
im Gefühle der Schuld vor seinem Bette auf die Knie
und bat mit flehender Stimme: Willau, kannst Du
mir verzeihen? Ich erkenne Alles, was ich gegen Dich
verbrochen habe und die Reue bricht mir fast das
Herz; es ist mir eine Erleichterung, Dir meine Schuld

bekennen zu dürfen; aber wirst Du mir verzeihen kön=
nen, wenn Du Alles weißt?

Sey ruhig, Theresia, sagte er, ihre Hand fassend,
Deine Fehler habe ich mir zum Vorwurfe zu machen.
Staunend sah ihn seine Gattin an; er fuhr fort: Ich
habe Deine und seine letzten Worte gehört und kann
darnach den Standpunkt beurtheilen, den Ihr gegen
einander eingenommen.

Nein, nein, rief Theresia im tiefsten Schmerze,
Du weißt nicht, daß eine verbrecherische Liebe in mei=
nem Herzen loberte!

Ich mußte dieß errathen aus Deinem Benehmen
gegen ihn, den ich nicht mehr nennen will. Theresia,
ich liebte Dich mit abgöttischer Liebe, dieß war meine
Schuld. Ich nährte Deinen Hang zum Vergnügen;
ich wollte Dich nur befriedigen, Deine Liebe mir
sichern, indem ich allen Deinen Wünschen zuvorzukom=
men suchte . . .

Und wie habe ich Deine Liebe vergolten! unter=
brach ihn Theresia.

Ich habe Dich behandelt, als lebten wir nur dieses
eine, arme Erdenleben, das so schnell verfliegt! Statt
Dir den Weg zum Himmel zu zeigen, wollte ich Dich
hier glücklich machen; statt Deine unerfahrene Jugend
zu bewachen, überließ ich Dich Deinen Gelüsten; statt
Dich zu beschützen, überlieferte ich Dich dem treulosen
Freunde, dieß war meine zweite Schuld!

Weil Dein argloses Herz der Gattin und dem
Freunde traute, rief Theresia, ihr Gesicht in seinen
Kissen verbergend, wurdest Du schändlich betrogen!

Weil ich menschlicher Tugend zu viel vertraute,
nicht bedenkend, daß die Gefahr überall auf sie lauert
und daß sie ohne höheren Beistand in derselben unter=
geht! Theresia, wir haben Beide versäumt, uns der
Gnadenmittel zu bedienen, die unsere heilige Religion
bietet; ich schon lange Zeit, Du, seitdem mein Bei=
spiel Dir zum Vorwande diente. Dieß ist meine dritte
Schuld! Ich sehe, das menschliche Leben schwindet wie
Rauch dahin und nichts von Allem, was wir hier lie=
ben, können wir mit hinüber nehmen in die Ewigkeit.
Aus den Erinnerungen meiner Jugend leben die Wahr=
heiten unserer Religion wieder in mir auf und ich er=
kenne sie nun, als wohl begründet. Das Leben mit
seinen Freuden, seinen Qualen, seiner Liebe und seinen
Hoffnungen hat nur Werth, wenn es uns Vorbereit=
ung ist für das jenseitige, ewige! Meine Tage sind
gezählt, Theresia . . .

Du wirst wieder gesund werden, rief sie dazwischen,
der Doctor sagte ja eben, die Gefahr sey vorüber.
Gott wird Erbarmen haben und mich einigermaßen
gut machen lassen, was ich gegen Dich gesündigt!

Willau schüttelte ruhig das Haupt und fuhr fort:
Benützen wir die Zeit, die uns noch gegeben ist, um
gut zu machen, was wir beide gefehlt haben. Schicke
nach einem Geistlichen, ich will ein Bekenntniß ablegen
von den Fehlern meines Lebens, will mich mit Gott
versöhnen; er wird mir auch Gnade geben, Jenem zu
verzeihen!

Vergibst Du mir, Willau, verzeih'st Du mir meine
Schuld?

Ich liebe Dich so stark, wie ich Dich am Tage
unserer Vermählung liebte; aber es scheint mir, daß
ich Dich jetzt mit einem besseren Gefühle liebe; es ist
jetzt Deine unsterbliche Seele, die mein Herz umfaßt.
Deine Wangen sind bleich, Theresia, Deine Augen
roth, geschwollen und eingesunken, die Fülle Deiner
Formen ist geschwunden; damals hätte mich ein sol=
cher Anblick nicht hingerissen; jetzt bist Du mir theuer
und wärest Du zur Mumie eingeschrumpft!

Es ward ein Priester gerufen; die Gatten hatten
eine lange Unterredung mit ihm; er kam wieder und
bestimmte mit ihnen den Tag, an welchem sie die
Sünden ihrer Vergangenheit in seine verschwiegene
Brust ausgießen sollten.

Ein schwerer Stein fiel von Theresias Herzen, als
sie mit ihrem Gatten das Himmelsbrod, das Pfand
der Versöhnung, empfing; seit langer Zeit trat nun
wieder der Friede in ihr Herz zurück. Heiße Dankge=
bete entströmten beiden Gatten, welche die festesten
Vorsätze faßten, von nun an Gott über Alles zu lie=
ben und einander behülflich zu seyn im Hinansteigen
auf der steilen Tugendbahn. Zu beider Beruhigung
erfuhren sie, daß Zerano von Salzburg abgereist war,
seine Geschäfte einem Andern überlassend. Theresia
hatte sich bis dahin immer vor einer Begegnung mit
ihm gefürchtet; nun athmete sie freier auf.

Willau erholte sich denn soweit, daß er während
des Sommers die freie Luft bei kurzen Spaziergängen
genießen konnte. Theresia begleitete ihn. Treu ihrem
Vorsatze hatte sie jeden Besuch von Gesellschaften auf=

gegeben, dagegen eilte sie täglich, wenn es die Pflege ihres Gatten zuließ, in eine Kirche, Gott zu danken für die gefundene Ruhe und ihn zu bitten um Kraft, ihre Vorsätze zu halten. Sie flehete mit heißen Thränen um das Leben ihres Gatten, allein sie sah es selbst, daß keine vollständige Genesung erfolgte und bat um Ergebung in den göttlichen Willen. Gerne ertrug sie es, wenn Willau, überwältigt von der Reizbarkeit des kranken Körpers, manchmal ihrer treuen Pflege Ungeduld entgegensetzte, es war ihr tröstlich, durch Geduld ihre Fehler gut zu machen, und schnell sah der Kranke sein Unrecht ein und bat sie, es ihm nicht zu verargen; er wolle künftig geduldiger seyn.

Im Spätsommer vermehrten sich Willaus Leiden; er mußte das Zimmer gänzlich hüten. Er selbst sagte voraus, daß, wenn die Blätter fallen, auch die Hülle seiner Seele fallen werde. Er schöpfte Kraft und Stärke aus frommen Büchern, die ihm Theresia zu ihrem eigenen Troste vorlas, und von Zeit zu Zeit empfingen sie gemeinschaftlich den besten Trost in diesem Erdenleben, die heilige Communion.

Mehr und mehr nahte Willaus Auflösung, getröstet sah er ihr entgegen mit heißem Danke gegen Gott, der ihm Zeit und Gnade gegeben, sich darauf vorzubereiten. Am Feste Allerheiligen entschlief er sanft unter des Priesters und Theresias Gebeten.

Der Schmerz zerwühlte um so mehr Theresias Brust, als durch den Tod des Kranken, dem sie in den letzten Monaten ihre Zeit ganz gewidmet hatte, eine Lücke entstand, die jeden Augenblick sie an ihren

Verlust erinnerte. Auf's Neue marterte sie der Vor=
wurf, daß sie die Ursache des frühen Todes ihres
Gatten sey, obwohl er ihr oft versichert hatte, daß er
lange vor jener Entdeckung die Unheilbarkeit seines
Uebels gekannt habe. Auf den Rath ihres Gewissens=
beistandes nahm sie sich vor, die Qual dieses Vor=
wurfes mit dem Schmerze über ihren Verlust ver=
einigt, Gott darzubringen zur Abbüßung ihrer Ver=
schuldung und hierin fand sie am meisten Beruhigung.

Willau hatte seiner Gattin sein ganzes großes
Vermögen hinterlassen; sie lebte dessen ungeachtet in
der größten Zurückgezogenheit. Auf ihre Bitte war
ihr Vater zu ihr in's Haus gezogen, dem sie nun den
Abend seines Lebens angenehm zu machen suchte. Von
ihrem reichen Einkommen unterstützte sie freigebig
Nothleidende, die überall sich finden. Bergmann sicherte
sie die Fortdauer ihrer Unterstützung für seine
Studien zu.

Friedrich war nach seiner Abreise von Salzburg gleichgiltig durch Tyrol gezogen und in der ersten italienischen Stadt geblieben, für welche er Empfehlungen hatte, die ihm alsbald eine Stelle verschafften. Theilnahmlos für Mailands Größe und Merkwürdigkeiten, lebte er nur seinem Berufe. Lange konnte er sich nicht entschließen, seinem Vater die Trauerbotschaft mitzutheilen, erst als er dachte, derselbe rüste sich zur Reise für die Hochzeit, meldete er in möglichster Kürze seinen Verlust.

Anfänglich besuchte er in Mailand nur den herrlichen Dom, wo er Trost und allmählig Beruhigung fand. Nach und nach gewann ihm die große lebhafte Stadt einige Theilnahme ab; er sah und bewunderte ihre Kunstwerke. Als die Außenwelt ihn wieder mehr anzog, beschloß er, die merkwürdigsten Städte Oberitaliens der Reihe nach zum vorübergehenden Aufenthalte zu wählen, indem er alle Halbjahre seine Stelle wechselte.

Ueberall gewann er sich die Zufriedenheit seiner Principale; die übrigen Hausgenossen fanden ihn jedoch zu ernst und einsilbig. Venedig mit den Resten seiner untergegangenen Größe zog Friedrich besonders an. Die stille Trauer, welche über die Dogenstadt ausgebreitet scheint, war im Einklange mit seinen Gefühlen des eigenen untergegangen Glückes. Hier fuhr er oft allein hinaus in die Lagunen und ließ die Gondel vom Luftzuge treiben, während er seine Blicke bald auf dem Meere, bald auf der vor ihm liegenden Stadt ruhen ließ. Hier dachte er zurück an die stillen Wellen des Maines, an Alles, was er geliebt hatte und das nun schon für ihn untergegangen war. Vielleicht durch diese Erinnerung angeregt, erwachte in ihm die Sehnsucht nach den Bergen wieder, die er seit zwei Jahren verlassen hatte. Ebenso lebte in ihm die Liebe zur Botanik wieder auf, welche in der Wasserstadt so wenig Nahrung fand. Seine Trauer um die verlorene Braut war in friebliche Ruhe übergegangen; er konnte jetzt sich wieder der Gegend seines verlorenen Glückes nähern. So ging er nach Innsbruck. Heimisch begrüßte ihn hier die erhabene Alpenwelt, und bald machte er wieder mit der Botanisirbüchse seine Ausflüge in die Berge.

Bei einem solchen Gange hörte er einmal mit Staunen sich beim Namen rufen, er sah sich um und erblickte über sich auf einem Felsen Bergmann, der sich freute, einen Salzburger Bekannten zu sehen. Friedrich erschrak, denn jene Scene stand augenblicklich vor seinem Geiste, die ihn so plötzlich aus dem Hause des Hofapothekers getrieben. Bergmann stieg zu ihm herunter und reichte ihm freundlich die Hand, in welche Friedrich nur mit Widerstreben einschlug, in Erinnerung, daß sie den Leichnam seiner Braut

verstümmelt hatte. Endlich faßte er sich so weit, um
fragen zu können, seit wann und wie Bergmann in
Innsbruck sey. Fröhlich antwortete ihm dieser: Ich
stubire hier schon im dritten Semester Medicin. Den=
ken Sie sich mein Glück! Nun gehen wir zusammen
botanisiren! ich kenne die hiesigen Berge so genau,
wie die in Salzburg. Friedrich konnte sich nicht recht
mit diesem Gedanken befreunden; doch wollte er den
gutmüthigen Menschen nicht zurückstoßen; so ließ er
es denn geschehen, daß derselbe sich erbot, ihn recht
oft dazu abzuholen.

Auch hier erwarb er sich die Zufriedenheit seines
Principales, dessen Frau, eine muntere Tyrolerin in
gesetztem Alter, sich alle Mühe gab, den einsilbigen
ernsten Gehilfen etwas geselliger zu machen, da sie
ihn eben so schätzte, wie ihr Mann. So ungern Fried=
rich seiner Neigung in dieser Beziehung entsagte, so
konnte er doch längerem Zureden nicht widerstehen,
da ihm dieses noch unerträglicher war, als die For=
derung, welche man an ihn machte. Auf diese Weise
ging er denn öfters mit in öffentliche Gärten und kam
zuweilen zu den Kaffeegesellschaften der Frau Apothe=
kerin, die er, einmal im Zuge, sehr gut zu unterhal=
ten wußte. Dadurch verlor er viel von seiner frühe=
ren Schüchternheit. Auch der Umgang mit dem lebens=
lustigen, allezeit fröhlichen Bergmann wirkte ermun=
ternd auf Friedrich, obgleich ihre Lebensansichten weit
auseinander gingen und Friedrich öfters auf dem
Punkte stand, sich von ihm zurückzuziehen; Berg=

manns gutes Herz besiegte immer wieder Friedrichs
Unwillen.

Herr Köhler, sagte Bergmann enblich einmal zu
ihm, Sie sind doch einmal ein gescheibter Mann und
auch ziemlich in der Welt herum gekommen, wie ist
es möglich, daß Sie noch Alles glauben, was
man die Kinder von der Religion in den Schulen
lehrt?

Weil ich die Ueberzeugung habe, daß dieß allein
das Wahre ist.

Ich begreife Sie nicht! antwortete; Jener Ihr
Glaube vergällt ja jeden frohen Lebensgenuß. Schauen
Sie sich um, diese schönen Berge, die Sonne, die sie
so herrlich beleuchtet, die Pflanzen, welche sie schmücken,
das Alles ladet uns ein, diese Welt zu genießen, auf
der ich ewig bleiben möchte. Sie wollen, man solle
hier sein Leben lang gleichsam in der Schule sitzen
und sich vorbereiten auf ein Jenseits, von dem noch
Keiner zurück gekommen ist, um uns zu sagen, ob es
wirklich existirt.

Genieße ich denn die schöne Natur nicht? antwortete Köhler; Sie wissen doch, daß ich jede freie Stunde
ihr widme.

Ach, was ist das für ein Genuß! Immer daran
benken, daß Alles vorüber gehe, daß hier nicht unsere
Heimath sey, jede Freude auf den Himmel versparen,
wie die Kinder das ganze Jahr brav seyn müssen,
damit das Christkindchen kommt!

Sie mißverstehen mich, lieber Bergmann! Ich freue
mich der Schönheiten der Natur weit inniger und ge-

nieße sie viel mehr, indem sie mich zu ihrem Schöpfer hinleiten, als wenn ich sie abgetrennt von ihm betrachtete. Ihre Vergänglichkeit müßte mich betrüben, so aber sehe ich im Bau des kleinsten Mooses, wie in dem der herrlichen Eiche die weise Sorgfalt eines gütigen Schöpfers, der noch mehr Sorge für mich tragen wird, da ich nicht, wie jene, blos für diese Erde, sondern für die ganze Ewigkeit geschaffen bin. Gerade das macht mir die Pflanzen, die Thiere, die Steine so lieb, weil überall aus ihnen die Herrlichkeit Gottes schimmert, die freilich sich uns erst jenseits ganz enthüllen wird. Die Welt wäre für mich todt, ohne Hinblick auf ihren Schöpfer und das fortwährende Zerstören ihrer schönsten Erzeugnisse würde mir Grausen erregen, dächte ich nicht, daß einst eine andere Welt uns aufnehmen wird, mit unwandelbarer Seligkeit.

Armer Köhler, sagte Bergmann, mitleidig Friedrichs Hand fassend, ich begreife wohl, daß Sie Ihr Glück erst in der andern Welt erwarten, Sie haben noch wenig Freude in dieser erlebt! Zu Hause wurden Sie nach alter Art strenge erzogen, in den Lehrjahren ist ohnehin keine Freude zu finden, in Salzburg — nun in der Hofapotheke ging es langweilig genug zu, das ist mir ja bekannt — aber dort lächelte Ihnen doch ihr einziges Glück, und leider hat es sich so schnell wieder von Ihnen gewendet! Das ist eben das Traurige, daß nicht alle Menschen glücklich sind; aber viel ist die Erziehung dabei Schuld; würde man darauf eingeschult, des Lebens Glück verständig aus=

zubeuten, statt auf ein jenseitiges zu hoffen, über Ver=
luste sich nicht zu grämen, sondern sich nach anderen
Genüssen umzusehen, so könnten wir Alle hier glücklich
seyn. Freilich müßten Staat und Kirche erst nach dieser
Anschauung umgebildet werden! Deßhalb nehmen Sie
mir nicht übel, wenn ich nicht nach Ihrem Himmel
verlange, ich bin stets munter und froh; wenn ich auch
in meiner früheren Laufbahn nicht meine Befriedigung
fand, so tröstete mich doch immer die Hoffnung, daß
ich noch mein Ziel erreichen werde. Und wie herrlich
hat sich nun mein Loos gestaltet! Sie wissen mein
Glück noch lange nicht ganz; aber Sie sollen der
Erste seyn, dem ich davon Kunde gebe, sobald ich es
nur darf!

Gebe Gott, daß es nicht von Ihnen weiche und
daß es Sie nicht um das ewige bringe!

So führten die beiden jungen Leute oft Gespräche
mit einander auf ihren Wanderungen, ohne daß einer
den anderen überzeugen konnte. Eines Sonntages kam
Bergmann in aller Frühe zu Friedrich, ihn zu einem
weiten Ausfluge abzuholen, da er wußte, daß derselbe
heute seinen Ausgang hatte.

Es ist Sonntag, entgegnete Friedrich, wir dürfen
den Gottesdienst nicht versäumen?

Sind wir denn Kinder, die Strafe bekommen,
wenn sie die Schule versäumen?

Unsere Strafe würde um so schärfer ausfallen, da
wir keine Kinder mehr sind. Inzwischen, nicht blos
aus Furcht vor der Strafe gehe ich in die Kirche; ich
denke, wenn man die ganze Woche in irdischen Ge=

schäften zugebracht hat, so sollte man Gott und der eigenen Seele zu Liebe, am Sonntage sich mit geisti= gen Dingen beschäftigen.

Als ob man dazu in eine dumpfe, finstere Kirche zu gehen brauchte! Fühlen wir nicht allzeit bei unse= ren Wanderungen in der herrlichen Natur unsere Herzen höher schlagen? Meine besten Vorsätze, ein edler Mensch zu werden, habe ich auf Berghöhen gefaßt.

Und wer gibt Ihnen die Kraft, sie auszuführen? Unsere Vorsätze zerstäuben vor dem ersten Hindernisse, das sich ihnen entgegenstellt, wenn wir nicht von oben gestärkt werden. Diese Gnade können wir nur hoffen, wenn wir unsere Pflichten gegen Gott treu erfüllen, die uns ja zu unserem eigenen Heile auferlegt sind. Woraus könnten wir mehr Kraft schöpfen, die Woche gut zuzubringen, als wenn wir am Sonntage durch Anwohnung der heiligen Messe Gnade schöpfen aus den Verdiensten des Gottmenschen?

Dies geht mir zu viel in die Theologie, weßhalb ich es dem Priester zu ermitteln überlassen will, er= widerte leichtsinnig Bergmann. Es ist nun einmal heute so schön und mein Herz hängt an diesen Aus= flügen. Doch, thuen Sie, was Sie müssen und lassen Sie mich thuen, was ich nicht lassen kann! So eilte er davon.

Friedrich machte am Nachmittage einen einsamen Spaziergang auf den Iselberg. Es war wirklich wun= derschön. Während die Luft im Thale noch heiß auf den Wanderer drückte, säuselte hier ein erfrischendes

Lüftchen in den Zweigen. Friedrich stieg im Schatten
des Berges empor, alle Pflanzen erhoben frisch ihre
Blüthen, die sie im Thale matt hängen ließen, gewürz=
hafte Kräuter dufteten unter seinen Tritten und ein=
zelne Vögel stimmten ihr Abendlied an. Friedrich setzte
sich in glücklicher Stimmung auf einen breiten, be=
mosten Felsen. Neben ihm gähnte ein Abgrund, aus
dessen Tiefe die Gipfel hoher Tannen bis zu ihm
heraufragten; ein beginnendes Bächlein hörte man
unten über Steine der Ebene zurauschen, ohne es zu
sehen. Ueber die ganze vor ihm liegende Gegend war
die Ruhe des Sonntages ausgebreitet. Kräuselnd be=
gann der Rauch aus den einzelnen Wohnungen unten
am Berge, wie in der Ebene in die stille Luft zu stei=
gen. Die Sennen und Landleute bereiteten ihr frühes
Abendbrod. Mit Wonne saugte Friedrich das Glück
dieses Augenblickes ein, mit Dank gegen den gütigen
Schöpfer, der sowohl dies Schöne gegeben, als die
Fähigkeit, es aufzufassen und zu empfinden.

Diese Empfindung wurde plötzlich gestört durch
einen schmerzlichen Ruf, der Friedrich aus der Schlucht
zu kommen schien. Er eilte so weit als möglich vor,
um hinabzuschauen, allein durch das verwachsene Ge=
strüppe, welches an den Felsen wurzelte, konnte der
Blick nicht dringen. Nun aber hörte er deutlich den
Ruf: Hilfe! Er schrie aus voller Brust hinunter:
Ist Jemand hinabgestürzt? Ja! klang matt die Ant=
wort herauf. Ich komme! rief Friedrich wieder hin=
unter. Die Schlucht war auf dieser Seite unzugäng=
lich; glücklicherweise aber war Friedrich die Stelle be=

kannt, von welcher aus es möglich war, hinabzukom=
men. Er eilte so viel er konnte, indem er von Zeit
zu Zeit schrie, um durch die Antwort des Verunglück=
ten die Stelle, wo er lag, leichter finden zu können,
was ihm denn auch bald gelang. Mit Schrecken und
Schmerz fand er Bergmann, der auf dem Rückwege
von seinem Ausfluge hier einen Fehltritt gethan und
hinabgestürzt war, wo er zuerst besinnungslos liegen
geblieben und dann, so viel ihm der Schmerz erlaubte,
gerufen hatte. Er klagte über große Schmerzen am gan=
zen Körper, der an mehreren Stellen blutete. Friedrich
tauchte sein Taschentuch in das vorbeisprudelnde Was=
ser und wusch das Blut weg. Die Wunden schienen
weder tief noch gefährlich; als er aber an das rechte
Bein kam, da zuckte Bergmann schmerzhaft zusammen;
hier fühlte er den größten Schmerz, der durch die
kleinste Bewegung auf's Höchste stieg. Es war offen=
bar hier ein Knochenbruch, der durch die schon einge=
tretene Geschwulst nicht genau gefühlt werden konnte.
Friedrich lud den schmerzlich Stöhnenden auf seinen
Rücken und brachte ihn mit der größten Anstrengung
aus der Schlucht. Hier legte er ihn auf eine mit
Moos bewachsene Stelle und lief nach der nächsten
Sennhütte, um dort Hilfe zu holen. Eine starke, stäm=
mige Sennerin brachte ein großes breites Brett, das
ihr zum Aufstellen der Käse diente, legte ihren Stroh=
sack darauf, nahm einige Stricke mit und verfügte sich
mit Friedrich zu der Stelle, wo der Leidende lag. Sie
erquickte ihn etwas mit Enziangeist, den sie ihm zu
trinken reichte, dann wurde er auf die einfache Trag=

bahre gelegt, mit den Stricken befestigt und vorsichtig
den Berg hinabgetragen.

In der ersten Wohnung im Thale fanden sich
Männer, die ihn auf einem bequemeren Lager in die
Stadt zum Spital trugen, wo ihm sogleich wundärzt=
liche Hilfe zu Theil ward. Die Geschwulst hatte in=
dessen so zugenommen, daß das Bein weder untersucht
noch der wahrscheinliche Knochenbruch eingerichtet wer=
den konnte. Friedrich verließ ihn die Nacht über nicht
und besorgte auf's Pünktlichste die Eisüberschläge. Er
konnte ihn in den nächsten Tagen nur auf Augen=
blicke besuchen, wo er ihn allzeit voll Dank gegen ihn,
aber in Verzweiflung über seinen Zustand fand.

Endlich konnte das Bein untersucht werden. Das
Ergebniß war ein sehr trauriges: beide Röhren wa=
ren gebrochen, das Schienbein sogar zweimal und der
Knochen zwischen beiden Brüchen gesplittert. Die Aerzte
konnten sich nicht entscheiden, ob eine Amputation
nothwendig sey; sie beschränkten sich darauf, die Heil=
kraft der Natur zu beobachten, um darnach später ihre
Maßregeln zu nehmen. Bergmann wußte zwar nicht
ganz das Gefährliche seiner Lage, aber dessen unge=
achtet war sein Seelenzustand noch schlimmer als sein
körperlicher. Seine Studienzeit war über die Hälfte
verflossen. Er hatte sie in der Hoffnung auf Giselas
Besitz mit einem Eifer und einem Fleiße benützt, der
sonst in solcher Ausdauer seiner lebenslustigen Natur
nicht eigen war.

Giselas ihm heimlich geschriebene Briefe hatten
ihn fortwährend ermuntert. Bei seinen ausgezeichneten

Talenten durfte er hoffen, etwa in einem Jahre ein gutes Examen zu machen; er glaubte sich daher seinem Ziele nahe. Nun auf einmal dieser Zwischenfall, dessen Gefahr er nur vermuthete, wenn man sie ihm auch nicht verrieth. Er war untröstlich und steigerte dadurch das Wundfieber, das ihn zu keiner ruhigen Ueberlegung kommen ließ, bis zur gefährlichsten Raserei. Friedrich hatte das innigste Mitleid mit ihm; jede freie Zeit brachte er bei ihm zu; er wachte bei ihm und suchte ihn in ruhigen Augenblicken zu trösten, allein dieß war vergeblich.

Sie können mein Unglück nur dann bemessen, sagte er ihm einmal in einer stillen Nacht, wenn Sie mein seitheriges Glück ganz kennen. Haben Sie je Gisela, die Tochter des reichen Rasteiner, gesehen? Friedrich verneinte es.

O, dann können Sie sich meinen Schmerz nicht vorstellen, wenn ich Ihnen auch Alles erzähle! Sie ist das schönste, das unschuldigste, reinste Mädchen, sie findet nirgends ihres Gleichen!

Friedrich lächelte in wehmüthiger Erinnerung an Nannis kindliche Unschuld.

Sie, die zu hoch stand für meine Wünsche, fuhr Bergmann fort, hat sich zu mir herabgeneigt, hat dem Zorne ihres Vaters widerstanden und ihm das Versprechen abgerungen, daß er sie mir nicht versagen wolle, wenn ich mir selbst ein anständiges Daseyn sicherte. Und nun ich mich dem Ziele nahe glaubte, schleudert mich mein Schicksal erbarmungslos zurück!

Was schadet's, Bergmann, sagte ihm tröstend Friedrich, wenn Sie auch ein Semester länger hier bleiben müssen, das ist doch nicht zum Verzweifeln!

Ich verstehe schon genug von der Wundarzneikunst, um einzusehen, daß, wenn es nicht bald sich mit meinem Beine bessert, eine Amputation das einzige Mittel bleibt, mein Leben zu retten; aber ich bin fest entschlossen, das Mittel nicht anwenden zu lassen. Was soll mir das Leben als Krüppel? Nie würde Rasteiner seine Tochter einem Verstümmelten geben, und ich selbst könnte nicht zugeben, daß Gisela, vollkommen in jeder Beziehung, sich an einen Krüppel bände.

Lieber Bergmann, denken Sie doch nicht das Schlimmste; stellen Sie sich lieber vor, daß in der Welt Alles wechselt, auf Freude folgt Leid; nun sind Sie in der Trübsal und sie kann eben so leicht in Glück und Freude verwandelt werden. Es ist nun einmal nichts beständig in der Welt, deßhalb müssen wir unser wahres Glück erst jenseits erwarten.

Bergmann seufzte tief auf: Ach, wenn ich mich noch zu Ihrer Lehre bekennen müßte! Aber nein, nein! ich will hier glücklich werden, oder sterben!

Friedrichs Unwille über Bergmanns irrige Ansichten ging auf in dem innigsten Mitleide, das ihm der Zustand desselben einflößte; doch hoffte er, dieß schwere, jedenfalls langwährende Leiden werde besseren Grundsätzen den Weg zu seinem Herzen bahnen. Innigst flehte er Gott für ihn an, um die Heilung seines Körpers, aber mehr noch für die Genesung seiner Seele. Er hatte auch hier wieder ein stilles Plätzchen

für seine Andacht gefunden; es war dieß in der St.
Jakobspfarrkirche vor dem berühmten Bilde „Maria
Hilf."

Dort flüchtete er hin in allen Angelegenheiten, und
so auch jetzt, oft, um für Bergmann zu beten.

Der Zustand desselben besserte sich, insofern man
hoffen durfte, sein Leben ohne Amputation zu retten,
ob jedoch das Bein geheilt werde ohne bleibenden
Nachtheil, war noch nicht vorauszusehen. Jedenfalls
war die Kur eine langwierige. Bergmann war nun
ruhiger geworden; er hatte selbst Gisela seinen Unfall
geschrieben und erhielt nun einen leidenschaftlichen
Brief von ihr mit der Versicherung, sie wolle kommen,
ihn zu pflegen, heimlich, ohne Wissen ihres Vaters;
sie scheue nichts, was es auch sey; er möge sie nur
wissen lassen, ob er es wolle. Sie betheuerte ihm,
nichts werde im Stande seyn, sie von ihm zu trennen,
weder der Wille ihres Vaters, noch seine Verkrüppel=
ung, die sie in ihrer Aufregung schon im Geiste vor
sich sah, obgleich Bergmann sein Uebel so leicht als
möglich geschildert hatte. Er war erfreut über ihre
treue Liebe, für welche er ihr in den feurigsten Aus=
brücken dankte, sie aber zugleich auf Friedrichs Rath
von jedem unbedachten Schritte abmahnend.

Friedrich benützte Bergmanns ruhigere Stimmung
und die Einsamkeit, zu welcher derselbe verurtheilt
war, um ihn durch seinen Unfall hinzuweisen auf die
Vergänglichkeit alles Irdischen und die Nothwendigkeit,
sich dem Ewigen zuzuwenden. Da die Heilung sehr
langsam vorschritt, indem immer neue Splitter aus

dem verwundeten Beine genommen werden mußten,
so war Bergmann oft tief niedergedrückt und daher
der Wahrheit, daß wir hier kein dauerndes Glück er=
warten können, viel zugänglicher, als früher. Friedrich
brachte ihm religiöse Bücher, die er anfänglich ungern
annahm und sie nur las, um der Langweile zu ent=
gehen, die ihm aber nach und nach lieb wurden. Es
ergriff ihn wunderbar, als er in der Lebensbeschreib=
ung des heiligen Ignatius las, daß derselbe als Offi=
zier, gleich ihm am Beine verwundet, darniederlag,
und um einer Entstellung zu entgehen, sich einer neuen
schmerzhaften Operation unterwerfen wollte, jedoch
durch das Lesen frommer Bücher, welches Ignatius
wie Bergmann nur aus Mangel an Unterhaltung
vornahm, so ernste Gedanken bekam, daß er den Kriegs=
dienst aufgab, um sich Gott ungetheilt zu widmen,
worauf er der Stifter der „Gesellschaft Jesu" wurde.
Bergmann nahm sich nun ernstlich vor, die christliche
Religion gründlich zu studiren, und wenn er früher
unwillig war, daß Friedrich ihm blos religiöse Bücher
brachte, so bat er ihn jetzt darum. Friedrich war hoch
erfreut über die Umwandlung Bergmann's, den er
nun im vollsten Sinne des Wortes seinen Freund
nannte, und Bergmann hing mit dankbarer Liebe an
seinem Pfleger. Je ruhiger sein Gemüth wurde, um
so glücklicher schritt die Heilung seines Beines weiter;
die Aerzte hofften nun, es ohne auffallenden bleiben=
den Nachtheil herstellen zu können.

Bergmanns Briefe an Gisela waren nun, ihrem
Inhalte nach, sehr verändert gegen seine früheren.

Wenn er ihr auch noch immer von seiner Liebe sprach
und von einer Hoffnung auf eine glückliche Zukunft
an ihrer Seite, so wies er doch dabei hin auf das
allein sichere Glück in der Ewigkeit, dessen wir uns
hier würdig machen, wie auf die unendliche Vollkom=
menheit Gottes, den wir über Alles lieben müssen,
wenn wir uns nicht unserer hohen Erschaffung nach
seinem Ebenbilde unwürdig und zu unserer Bestimm=
ung, in seinem Anschauen ewig selig zu seyn, unfähig
machen wollen.

Gisela's höchst dürftige Religionskenntnisse waren
durch den Umgang mit ihrer, ganz der Welt angehö=
renden Erzieherin völlig verflacht, sie verstand Berg=
mann's veränderte Sprache nicht und glaubte, seine
Liebe sey erkaltet, in welcher Meinung sie die Gou=
vernante unterstützte. Leidenschaftlich und nicht in Selbst=
beherrschung geübt, gab sie sich dem wildesten Schmerze
hin. Wieder kam ihr der Gedanke, nach Innsbruck zu
gehen und sich selbst von des Geliebten Stimmung zu
überzeugen, als ihr noch glücklicherweise einfiel, die
Frau Doctorin Willau um Rath zu fragen, die ihr
ja so hilfreich bei dem Vater beigestanden.

Theresia lebte seit dem Tode ihres Gatten mit
ihrem Vater zusammen, gänzlich von der Welt zurück=
gezogen, beschäftigt mit der Führung ihres Hauswe=
sens und der Verwaltung ihres großen Vermögens,
bemüht ihre religiösen Kenntnisse immer mehr zu er=
weitern und denselben gemäß ihr Leben einzurichten.
Sie sah mit innigem Vergnügen aus Bergmanns
Briefen, die ihr Gisela, unterbrochen von Thränen und

Schluchzen, vorlas, dessen glückliche Umwandlung. Sie bemühte sich, das leidenschaftliche Mädchen zu trösten, indem sie ihr sagte, sie finde Bergmanns Liebe zu ihr nur reiner und geistiger und daher von höherem Werthe, als früher, was sie jedoch nur einigermaßen beruhigte.

Theresia versuchte ihr begreiflich zu machen, daß es ja für jeden Menschen Pflicht sey, Gott vor Allem und über Alles zu lieben, allein zu dieser Anschauung konnte Gisela sich nicht erheben. Sie hatte zu wenig bis jetzt an Gott gedacht, um selbst ihn zu lieben und über sich nichts Höheres erkannt, um zuzugeben, daß ihr Geliebter etwas, und sey es Gott, mehr liebe, als sie. Heftig rief sie aus: Nein, wenn er mich liebt, wie ich ihn liebe, so denkt er an nichts Anderes, so findet er nichts Höheres, so besteht nichts für ihn über mir.

Traurig hörte Theresia diese Ergüsse an, deren Quelle sie vorderhand nicht verstopfen konnte. Sie sah die Mitwirkung zu Gisela's Geistesverirrung in dem Einflusse der oberflächlichen Erzieherin und des glaubenslosen Vaters, Einflüsse, die zu beseitigen nicht in ihrer Macht stand. Sie beschränkte sich nun darauf, Gisela zu versichern, daß sie von Bergmann's Liebe überzeugt sey, und sie zu bitten, sich immer an sie zu wenden und sie oft zu besuchen, in der Hoffnung, mit der Zeit eine größere Einwirkung auf sie zu erlangen, wenn sie nur ihr das Vertrauen bewahrte.

Bergmanns Heilung nahm den besten Fortgang, so daß er mit dem Beginne des Wintersemesters die

Collegien wieder besuchen konnte. Er widmete sich sei=
nen Studien mit um so größerem Eifer, als er wünschte
die durch seine Krankheit versäumte Zeit einzuringen
Zugleich suchte er in der Kenntniß seiner Religion
immer weiter zu kommen und fand, je mehr er sich
darein vertiefte, immer größere Theilnahme dafür. Es
schien ihm nun unerklärlich, wie er so lange ohne
Gott habe leben können, denn nun erst schien ihm sein
Leben von Werth, und die Bedeutung desselben, im
Einklange mit der ganzen Schöpfung. Nun fühlte er
selbst, was Friedrich ihm schon früher gesagt hatte,
daß alle Geschöpfe in einem viel höheren Grade unsere
Theilnahme erregen, wenn wir sie in Beziehung auf
ihren Urheber betrachten, von dessen Herrlichkeit sie
ein schwacher Wiederschein sind. In seine Liebe zu
Gisela mischte sich tiefe Wehmuth, da er in ihren
Briefen noch immer den gänzlichen Mangel religiöser
Anschauung zu beklagen hatte, um so mehr eilte er,
fertig zu werden mit seinen Studien, indem er hoffte,
einmal mit ihr vereinigt, sie zu besserer Erkenntniß
zu bringen.

So verfloß die Zeit seiner Studien. Die innigste
Freundschaft für Friedrich machte ihm den Abschied
von demselben schwer; doch hoffte er, von dessen treuer
Liebe überzeugt, ihn wieder nach Salzburg ziehen zu
können. Der Hofapotheker, mit welchem Friedrich stets
in brieflichem, wenn auch schwachem Verkehre geblie=
ben, hatte denselben schon mehrmals gebeten, zu ihm
zurückzukehren und in der Führung der Apotheke ihn
zu unterstützen, da er ihn immer noch als seinen Theil=

haber anfehe, und das Alter ihm die Geschäfte schwer mache. Friedrich hatte sich noch nicht dazu entschließen können. Durch Bergmanns Ansiedelung in Salzburg war er mit diesem Gedanken vertrauter geworden, denn obgleich der Unterschied ihres Alters nicht bedeutend war, so hatte die Sorge um ihn und der Erfolg seiner Bemühungen gleichsam die Gefühle eines Vaters für seinen Sohn in ihm erweckt. Je schwerer er sich an Jemanden anschloß, um so fester war das Band, das ihn einmal mit einem Anderen umschlungen.

Bergmann machte ein ausgezeichnetes Examen. Seine Schützerin, Theresia, die den lebhaftesten Antheil an ihm nahm, trat aus ihrer Zurückgezogenheit hervor, so weit es nöthig war, ihn bei ihren ehemaligen Freunden zu empfehlen, und das Wort der schönen, hochgeachteten Wittwe fand leichten Eingang.

Bergmann sah den Erfolg in einer schnell erlangten Praxis. Sein erstes Zusammentreffen mit Gisela war bei Theresia, an welche sich dieselbe indessen fest angeschlossen hatte, zum Theile in der richtigen Ahnung, daß ihr Vater nicht so leicht seine Einwilligung zu ihrer Verbindung mit dem jungen Doctor geben und Theresia's Fürsprache jetzt so nöthig seyn dürfte, wie das erstemal.

Gisela's Gefühle brachen stürmisch hervor, bei diesem ersten Wiedersehen des Geliebten. Sie lachte und weinte und sprach unzusammenhängende Worte; es war, als fürchte sie, er werde ihr wieder entrissen.

Bergmann war freudig überrascht von ihrer nun voll=
endeten Schönheit und tief gerührt von der Stärke
ihrer Liebe, wenn er sich auch nicht verhehlen konnte,
daß diese ungebändigte Natur sowohl ihm als ihr
selbst manchen Kampf bereiten werde. O, komme nun
schnell zu meinem Vater, rief sie, er muß Dich lieben,
er kann nicht anders als „Ja" sagen, wenn er Dich
sieht, wenn er sich überzeugt, daß nur Du allein im
Stande bist, mich glücklich zu machen!

Doch Bergmann zagte; er bat Theresia, der
er schon zu so vielem Danke verpflichtet war, die Ver=
mittelung zu übernehmen bei Herrn Rasteiner.

Theresia that es, es war ein Glück für die Lie=
benden, daß sie diese Vermittlerin gewählt hatten.
Der reiche Herr wollte sich durchaus nicht an sein
Wort gebunden glauben, das er nur in der sicheren
Ueberzeugung gegeben, daß Bergmann unmöglich stu=
diren könne.

Theresia wies diese Ausrede strenge zurück, sie bat
ihn, sich von Bergmanns Würdigkeit, sein Schwieger=
sohn zu werden, zu überzeugen, sie drohte, ihn der
Wortbrüchigkeit vor der ganzen Stadt zu bezüchtigen,
sie versuchte Alles und erlangte endlich so viel, daß
er einwilligte, seinen ehemaligen Barbier zu sehen.

Bergmanns Bein war so gut geheilt, daß man
an seinem Gange nichts bemerkte, wenn er nicht er=
müdet war; von dieser Seite hatte er den Besuch bei
Rasteiner nicht zu fürchten; im Uebrigen war aber
ihm bange genug und mit hochklopfendem Herzen trat
er ihn an. Der alte Herr war sichtlich überrascht von

der Umwandlung des leichtfüßigen Barbieres in einen
gesetzten und dabei eleganten Mann, der sich in den
feinen Formen der guten Gesellschaft bewegte und ob=
wohl etwas befangen, doch ohne alle Niedrigkeit ihm
gegenüberstand.

Die barsche Anrede, mit welcher er den Ankömm=
ling in seinen Kreis zurückweisen wollte, blieb ihm in
der Kehle, und der Weltmann brauchte einige Minu=
ten, um sich in die veränderte Stellung seines Besu=
ches zu finden. Er begegnete ihm nun wenigstens höf=
lich; Bergmann sprach von Innsbruck und dessen Um=
gebung, und wußte das Interesse Rasteiners zu erre=
gen; dann ging er auf seine Studien über, zeigte end=
lich seine glänzenden Zeugnisse und da dieß Alles ohne
Beziehung auf etwas Anderes geschah, so schien sich
der alte Herr so weit zu vergessen, daß er mit großer
Lebhaftigkeit die Unterhaltung fortsetzte, bis Bergmann
glaubte, sich empfehlen zu müssen.

Er wagte noch, den Herrn Rasteiner um seine Em=
pfehlung in der Stadt zu bitten und die Frage, ob
er seinen Besuch wiederholen dürfe. Rasteiner schien
ganz vergessen zu haben, weßhalb sich Bergmann ihm
vorgestellt hatte; geschmeichelt durch die Bitte um seinen
Schutz, versprach er, ihn bestens zu empfehlen, und er=
laubte ihm, wieder zu kommen, mit der Artigkeit eines
feinen Mannes.

Bergmann und Theresia waren zufrieden mit die=
sem ersten Empfange; nicht so Gisela, welche meinte,
es hätte gleich des Vaters Einwilligung erwirkt wer=
den sollen.

Das Vertrauen, welches sich der junge Arzt all=
mählig erwarb, heilte Rasteiner nach und nach von
seinem Vorurtheile gegen ihn, und da er überall mit
Achtung von ihm sprechen hörte, versöhnte er sich im=
mer mehr mit den oft wiederholten Bitten Gisela's,
ihn als Schwiegersohn anzunehmen. Freilich dauerte
die Probe viel zu lange für deren Geduld; oft hatte
Theresia eine wahre Plage an ihr. wenn sie nicht
bloß über ihren Vater sich leidenschaftlich äußerte,
sondern sich auch über Bergmanns Kälte beklagte, der
nicht so ruhig warten würde, wenn seine Liebe so
stark wäre, als die ihrige. Bergmann sah mit Betrüb=
niß ihre ungestüme Heftigkeit; sein großer Trost war
ihr Vertrauen zu Theresia, zu der sie immer flüchtete,
wenn sie eine Klage hatte. Er hoffte durch den Um=
gang mit der von ihm hochverehrten Frau würden
sich ihre Ansichten ändern und ihre Gewohnheiten
bessern.

Friedrich konnte den Bitten des Hofapothekers,
mit welchen Bergmann die seinigen vereinigte, nicht
länger widerstehen. Er mußte sich Undank vorwerfen,
wenn er noch zögerte, den Mann in seinem Alter zu
unterstützen, der so großmüthig an ihm gehandelt
hatte. Mit entgegengesetzten, tief aufgeregten Gefühlen
betrat er Salzburg und das Haus, das ihm seinen
Verlust auf's Neue frisch in's Gedächtniß rief. Die
beiden guten Eheleute hatten sehr gealtert und waren
tief ergriffen beim Eintritte Friedrichs, der auch für
sie vergangene Zeiten in die Gegenwart zu versetzen
schien. Eifrig widmete er sich dem Geschäfte, um den

Hofapotheker, der mehr der Ruhe bedurfte, als Fried=
rich geahnt hatte, zu schonen; nach und nach übernahm
er die ganze Führung der Apotheke, dem alten Herrn
nur das überlassend, was derselbe zu seiner Unterhalt=
ung thun wollte. Seine freie Zeit brachte er wieder
auf den Bergen zu, und fast wäre er wieder in seine
frühere Scheu vor jeder Gesellschaft zurückgefallen,
hätte nicht Bergmann, den Beruf und Neigung mit
der Welt verbanden, ihn öfters aus seiner Einsamkeit
gerissen. Ein besonderer Wunsch Bergmanns war, sei=
nen Freund mit Theresia bekannt zu machen, da er
glaubte, beide, so gleich in ihren Ansichten, so unter=
richtet in Allem, was dem Leben Werth gibt, würden
einander eben so hoch schätzen, wie er sie verehrte;
allein Friedrich war nicht zu bewegen, die Frau Doc=
torin zu besuchen. Das sähe aus, sagte er, als wolle
ich nur noch nachträglich ihren Dank holen, für mei=
nen Antheil an der Rettung ihres Mannes, bei dem
Brande. Theresia dagegen empfand den lebhaftesten
Wunsch, dem Retter ihres Mannes dankbar zu seyn
und ihn vor Allem wenigstens kennen zu lernen, da
er gleich nach jenem Ereignisse Salzburg verlassen
hatte und sie sich nicht erinnerte, ihn früher gesehen
zu haben. Bergmann erzählte ihr fortwährend so viel
Gutes von ihm, daß dieser Wunsch immer stärker in
ihr wurde. Da traf Bergmann sie eines Tages, als
sie ein kostbares Herbarium ausländischer Pflanzen
durchsah, auf welches der verstorbene Doctor großen
Werth gesetzt hatte. Ah, Frau Doctorin, sagte Berg=
mann, das gäbe ein artiges Geschenk für Köhler, dem

11*

Sie gern dankbar seyn möchten. — Wenn Sie glauben, daß es ihm Freude macht, so wäre es ein großes Vergnügen für mich, wenn er es annähme, er-
erwiderte sie.

Friedrich empfing das Herbarium als ein kostbares Geschenk, das er durchaus nicht verdient habe und
nicht zu erwidern wisse, weßhalb es ihn sehr in Verlegenheit setzte, das ihm aber zugleich eine unendliche
Freude machte. Er wurde nicht müde, es durchzusehen,
und immer fand er etwas Neues zu bewundern. Bergmann glaubte nun, er werde der Doctorin persönlich
dafür danken, allein alle seine Gründe dafür konnten
ihn nicht dazu bewegen; er begnügte sich, ihr mit
großer Bescheidenheit seine Ueberraschung und seinen
Dank schriftlich kund zu geben. Theresia, die ebenfalls
erwartet hatte, daß er sie besuche, ward es schwer,
eine kleine Unzufriedenheit zu unterdrücken.

Unterdessen hatte sich Rasteiners Widerstand gegen
die Wahl seiner Tochter durch die Achtung, welche
sich Bergmann schon allgemein erworben hatte, wie
durch Theresia's Bemühung allmählig überwinden lassen, er gab endlich seine Einwilligung. Gisela jauchzte
vor Freude und bald ward die Hochzeit des jungen
Paares gefeiert. Auf Bergmanns Wunsch ward Friedrich Zeuge, und bei dieser Gelegenheit sahen er und
Theresia sich zum ersten Male. Die junge Wittwe war in
den letzten Jahren, die sie in ruhiger Herzensstimm-
ung verlebte, frisch aufgeblüht wie eine Rose, die
nach dem Welken in der heißen Mittagssonne, vom
Thaue erfrischt, in neuer Schönheit prangt. Friedrich,

der in seiner Jugend aus Schüchternheit und Furcht
seine Augen nicht auf Frauen ruhen ließ, seit Nanni's
Tod aber gleichgültig gegen alle übrigen war, sah hier im
Grunde zum erstenmale weibliche Schönheit, und war da=
von überrascht und betroffen. Theresia fand Bergmanns
Aussagen vollkommen bestätigt. Mit Vergnügen unterhielt
sie sich, als seine Tischnachbarin, mit dem gebildeten,
bescheidenen jungen Manne, aus dessen klaren Augen
und ruhigen Zügen, die Offenheit eines reinen Her=
zens sprach. Bei dem neuvermählten Paare sahen sie
einander nun öfters, und Bergmann hoffte mit großer
Freude auf die Erfüllung seines längst gehegten Wun=
sches, beide als ein Paar vereinigt zu sehen.

Nach kurzer Krankheit starb der Hofapotheker. Er
hatte so väterlich für Friedrich gesorgt, daß derselbe
nach des Verstorbenen Wunsch und Willen, die Apo=
theke übernehmen konnte. Die Wittwe bezog den obe=
ren Stock des Hauses, wo Nanni gestorben war, den
Friedrich seitdem nie betreten hatte. Die alte Frau,
die ihn immer wie einen Sohn liebte, drang nun in
ihn, sich zu verheirathen, da sie der Haushaltung nicht
mehr vorstehen könne und eine Hausfrau in einem
Geschäfte durchaus nothwendig sey. Friedrich erröthete
und sein Herz klopfte; er stimmte der sorgsamen Frau
bei, aber er fürchtete, die Wahl, die er tief in seinem
Innern getroffen, sey eine unbescheidene. Da half ihm
Bergmann, der ihm geradezu Theresia als Gattin
empfahl. Auf Friedrichs Zweifel, ob er seine Augen
bis zu ihr erheben dürfe, die bisher jede angebotene
Heirath beständig ausgeschlagen, lächelte Bergmann.

Laß mich das besorgen, Köhler, sagte er fröhlich, gib
mir nur Vollmacht, ihr Deine Hand anzubieten, ich
bin sicher, daß ich keinen Korb erhalte!

Nach wenigen Wochen schrieb Friedrich seinem
Vater, abermals zu ungewöhnlicher Zeit, und bat ihn
um seine Einwilligung zu seiner Vermählung mit der
schönen und reichen Wittwe. Gerne ertheilte sie der
Vater, doch nicht ohne Bangen, ob sein Sohn diesmal
glücklicher seyn werde, als das erste Mal. Er war alt
geworden, und statt zu versprechen, daß er zur Hoch=
zeit kommen wolle, lud er Friedrich ein, die Neuver=
mählte in das Vaterhaus zu bringen, das derselbe so
viele lange Jahre nicht gesehen hatte.

Der fröhliche Lärm der Kinder herrschte nicht mehr
im Försterhause. Anton, der dem Vater die Geschäfte
besorgte, in Erwartung, den Dienst zu erhalten, und
die jüngste Tochter, welche die Haushaltung führte,
waren die einzigen, die noch zu Hause waren. Die
beiden älteren Töchter hatten sich zur Zufriedenheit
des Vaters in der Nähe verheirathet; Franz, der bei
der Domkapelle in Würzburg eine Anstellung hatte,
war als junger Mann der Liebling der Frauenwelt
seines Kreises gewesen, wie gutmuthige Leichtfüße seiner
Art oft dieses zweifelhafte Glück haben. Er gewann
die Neigung eines wohlhabenden Mädchens, das eben
Waise geworden war. Bald nach den Flitterwochen
gewahrte die junge Frau des Gatten Hang zu un=
nöthigem Aufwande und war verständig genug, die
Zügel des Hauswesens in ihrer Hand festzuhalten;
ohne dadurch den Gemahl zu erzürnen, der sie herz=

lich liebte und sich zu seinem Glücke von ihr leiten ließ.

Nach einigen Monaten stand Friedrich mit Theresia vor dem Traualtare, beide glücklich in der Uebereinstimmung ihrer Gesinnungen und ihrer Herzen, die sie mit fester, starker Liebe verbanden; ihre Freude war jedoch mit wehmüthigem Ernste gemischt durch die Erinnerung an die Hingeschiedenen, mit welchen sie früher verbunden waren; Friedrich, getröstet durch das Bewußtseyn, Nanni's kindliche Liebe aus ganzem Herzen erwidert zu haben; Theresia mit Dank gegen Gott, der sie zur Erkenntniß ihrer Fehler und zur Reue über dieselben geführt, und ihr nun ein neues, unverdientes Glück bereitete. Beide gelobten Gott über Alles, und in ihm und nach seinem Willen, einander mit ewiger, unverbrüchlicher Treue zu lieben.

Bergmann war Friedrichs Zeuge, wie dieser es ihm gewesen; Gisela war unter den Gästen bei der Trauung anwesend; beide sahen mit der Wehmuth das glückliche Brautpaar vor dem Altare, welche bei solchen Festen Gatten beschleicht, die schon die Flüchtigkeit des Glückes, die Täuschung irdischer Liebe empfunden, welche Empfindung um so schmerzlicher ist, je leidenschaftlicher sie sich dem täuschenden Glücke hingegeben hatten.

Gisela's ungestümer Charakter hatte schon manchen Kampf in ihrer jungen Ehe hervorgerufen; der feste Grund des Christenthumes, auf welchem Bergmann stand, gab allein seinem weichen Gemüthe die Kraft, unerschütterlich den launenhaften Einfällen der Gattin

zu widerstehen, wie sein heiterer Sinn und sein gutes
Herz auch immer wieder das Einverständniß zwischen
ihnen herbeiführte, worauf Gisela eben so leidenschaft=
lich ihren Fehler bereute, als sie vorher ihre Forder=
ungen durchzusetzen bestrebt war. Allmälig gelang es
Bergmanns liebevoller Geduld, im Vereine mit Fried=
richs und Theresia's unmerklicher, aber fortschreitender
Einwirkung der jungen Frau Interesse für höhere
Vorstellungen abzugewinnen und mit ihrem Eingehen
in die Lehren der Religion wandelte sich ihr Charakter
zum Bessern um; doch hatte sie fortwährende Kämpfe
zu bestehen mit ihrer heftigen, in der Kindheit nicht
bezähmten Natur.

Friedrich und Theresia lebten glücklich in stetem
Streben nach immer höherer Vollkommenheit, wozu
sie die Uebung christlicher Barmherzigkeit eifrig be=
nützten.

Der Stiefsohn.

Eine Hochzeit! Eine Hochzeit! riefen die Straßen-
jungen einander zu, als sie an der St. Martinskirche
einer süddeutschen Stadt mehrere Wagen anfahren
sahen. Eine Hochzeit, riefen auch Erwachsene und eilten
nach der Kirche.

Eine Hochzeit des Mittelstandes war kein alltäg-
liches Ereigniß: deßhalb war die Vorhalle der Kirche
mit Schaulustigen besetzt, welche neugierig die aus den
Wagen Steigenden musterten.

In der Kirche selbst waren alle Plätze, von welchen
aus der Brautzug gesehen werden konnte, schon zuvor
eingenommen und die Geduld der Neugierigen bestand
eine ihrer Proben.

Endlich öffnete sich das große Portal. Zwischen
zwei jugendlichen Brautführern schritt die jugendliche
Braut, in einfaches Weiß gekleidet, ernst in sich gekehrt durch das Schiff der Kirche zum Altare. Hinter
ihr kam der Bräutigam, von zwei munteren Mädchen
geführt, die auf ihren bauschigen Anzug sicher mehr
Sorgfalt verwendet hatten, als die Braut auf den
ihrigen.

Trotz der Heiligkeit der Stätte hörte man eifriges
Geflüster unter den Neugierigen. Wie jung ist die

Braut! Ach und so blaß! Das ist keine lustige Braut;
man meint ja, sie gehe zum Todtentanz! Aber auch
einen so alten Mann zu heirathen! was denkt sie auch
nur! Solch' ein alter Mann ist eine gute Versorgung
für ein armes Mädchen, meinte eine Mutter vieler
Töchter. Da ist sein Sohn, der paßte besser als
Bräutigam für die junge Braut, flüsterte ein
Mädchen.

Der Brautzug war zu Ende, die Blicke wandten
sich zum Altare. Der Priester legte die Pflichten des
Ehestandes dem Brautpaare an's Herz und that die
entscheidende Frage. Laut und bestimmt antwortete
der Bräutigam, fast unhörbar die Braut; dann sprach
der Priester die Bestätigung ihres Bundes, gab ihnen
den Segen der Kirche, und das unauflösliche Band
war geknüpft.

Der Regierungsrath Werner war ein Actenmann,
der pünktlich seine Geschäfte besorgte, und auch in
seinem übrigen Leben regelmäßig war, wie eine gute
Uhr. Der Tod seiner Frau störte gewaltsam seine Ge=
wohnheiten, dessen ungeachtet ließ er sechs Jahre ver=
fließen, bis er sich wieder verheirathete, denn eine
Braut suchen, eine neue Frau in's Haus bekommen,
war etwas noch Außerordentlicheres, als ohne Frau
zu leben, zumal der Regierungsrath sich nach und
nach an den Wittwenstand gewöhnt hatte. Otto, sein
einziges Kind, sollte in einem Jahre die Universität
beziehen; er hatte also keine Verpflichtung, eine Mutter
für unerzogene Kinder zu suchen; aber als der gute
Regierungsrath am wenigsten daran dachte, spielte

ihm sein Herz einen Streich und bewährte den Spruch: Das Herz wird nie alt!

Seit vielen, vielen Jahren ging er täglich regel= mäßig vier Mal durch seine Straße, an dem Hause des Stadtorganisten vorbei, nach und von seinem Bureau, ohne daß er dieses Haus mehr als die anderen beachtet hätte, bis er in einem gefährlichen Augenblicke am Fenster ebener Erde ein, wie ihm schien, wunder= schönes Mädchen sah. Bei all ihrer Schönheit sah sie so anspruchslos, so sittig und einfach aus, daß der Regierungsrath trotz seinen sechsundvierzig Jahren nun statt vier, fünf auch wohl sechsmal an dem Hause vorüberging und alle gute Laune einbüßte, wenn diese Gänge ihm nicht zum Anblicke seiner Schönen verhalfen.

Er erkundigte sich nach dem Mädchen und nach deren Familie; er hörte nur Gutes von ihnen; aber freilich, die Tochter eines Stadtorganisten paßte nicht ganz für einen Regierungsrath, der alles Auffallende, Ungewöhnliche haßte und nach Kräften vermied. Doch,

„Er war zu jung, um nicht zu fühlen,
Und war zu alt, um noch zu spielen!"

Er faßte daher einen festen Entschluß, ging eines Tages zu dem Organisten und bat um die Hand seiner Tochter.

Der gute Mann, der den Regierungsrath gar wohl kannte, wußte anfänglich nicht, ob es Scherz oder Ernst mit der Werbung sey; da er aber nicht annehmen konnte, der Herr Regierungsrath komme, um mit ihm zu scherzen, so fragte er ganz erfreut über ein solches Glück, das seinem Hause erblühen sollte, welche von seinen Töchtern der Herr Regierungsrath ausersehen hätte.

Wie sie heißt, weiß ich nicht, antwortete dieser.

Ich will sie alle drei rufen, erwiderte der Organist; es wird jede sich über das Glück freuen, das einer von ihnen zu Theil werden soll.

Alsbald rief er zur Thüre hinaus: Karoline! Ricke! Luise!

Sogleich kamen zwei, kaum der Schule entwachsene Mädchen schäkernd in's Zimmer, wo der Anblick des vornehmen Herrn ihr Lachen augenblicklich in ehrerbietigen Ernst verwandelte.

Das sind nicht die Rechten, sagte Werner, und nachdem sie sich auf einen Wink des Vaters entfernt hatten, murrte er: Glauben Sie denn, ich wolle ein Kind heirathen, daß Sie mir diese vorstellen? Ich weiß doch, daß Sie noch eine Tochter haben.

Karoline, schnell! herrschte der Vater durch die Thüre.

Das ist sie! rief erfreut der Regierungsrath, als ein schlankes, blondes Mädchen mit einem sanften Gesichtchen schüchtern eintrat.

Karoline, sagte der Vater, der Herr Regierungsrath begehrt Dich zur Frau.

Alle Farbe entwich aus dem Gesichte der Tochter, es ward ihr dunkel vor den Augen, dann besann sie sich, ob sie recht gehört habe.

Du wirst einsehen, daß dies ein ganz unerwartetes Glück nicht nur für Dich, sondern für uns Alle

ist, fuhr der Organist fort, und sich an den Regier=
ungsrath wendend, sagte er entschuldigend: Es kommt
ihr zu überraschend, sie kann sich nicht fassen; nehmen
Sie es ihr nicht übel. Obgleich sie schon neunzehn
Jahre alt ist, bin ich doch fest überzeugt, daß sie noch
nicht an's Heirathen gedacht hat.

Nun, ich will sie auch nicht überrumpeln, erwiderte
freundlich der Werber; überlegen Sie die Sache mit
einander; ich frage wieder nach.

Karoline gefiel ihm in ihrer Verwirrung ungemein
wohl; so sehr er darauf rechnete, daß seine Werbung
auch bei ihr günstig aufgenommen werde, so wäre es
ihm doch leid gewesen, wenn die Tochter so schnell
bereit gewesen wäre, wie der Vater. Zufrieden verließ
er daher das Haus.

Vater, warum sollte ich Sie verlassen? nahm
Karoline das Wort, nachdem Werner sich entfernt
hatte. Meine Schwestern sind noch zu jung, um der
Haushaltung vorzustehen, ja gerade sie hätten jetzt
eine Leitung und Aufsicht recht nöthig.

Ich weiß das wohl, Karoline, aber bedenke nur,
das Glück, das Du machst, geht auch auf Deine
Schwestern über, und ein solches Glück findet sich
nicht noch einmal. Nun, überlege es nur, Du wirst
schon selbst einsehen, welche Vortheile uns allen da=
durch zufließen.

Mit schwerem Herzen suchte sich Karoline ein ein=
sames Plätzchen, wo sie sich zuerst recht ausweinte,
um dann mit sich zu Rathe zu gehen. Sie ging auf

den Kirchhof; am Grabe ihrer Mutter flehte sie zu
Gott, daß er sie bei ihrem Entschlusse leiten möge.

Der Vater hielt ihre Zögerung bloß für mädchen-
hafte Ziererei; er konnte sich gar nicht denken, daß
Karoline, von deren Verstande er eine sehr hohe Meinung hatte, nicht einsehen sollte, wie die Werbung des
Regierungsrathes weit alle Wünsche und Hoffnungen
des Vaters überstieg. Er hörte auf keine Einwendung,
ihrem Wunsche in's Kloster zu gehen, setzte er die
Unmöglichkeit entgegen, da sie ganz mittellos sey;
kurz, das arme Mädchen konnte ihm gegenüber keinen
Grund für ihre Weigerung aufbringen, den er nicht
widerlegte, und als nach drei Tagen der Regierungsrath die Antwort holte, gab der Vater statt der Tochter die Einwilligung.

Herr Organist, sagte darauf Werner, ich liebe die
Stadtgespräche nicht; um dieselben möglichst abzukürzen,
wollen wir in vier Wochen die Hochzeit feiern. Sie
haben nicht nöthig, Ihrer Tochter irgend etwas
anzuschaffen, meine Haushaltung ist vollkommen eingerichtet; dieser oftmalige Grund einer langen Brautschaft fällt also weg. In vier Wochen ist die
Hochzeit!

Vergnügt ging er nach Hause. Unter der Thüre
begegnete ihm Otto. Wenn es nur der schon wüßte!
dachte er und trommelte nachdenklich an den Fensterscheiben.

Der wußte es aber schon; wie denn nichts schneller umher läuft, als die Nachricht einer Brautschaft,

und besonders einer solchen, die in mehr als einer Hinsicht zu den außergewöhnlichen zählte.

Weißt Du, daß Dein Vater wieder heirathet, daß Du eine Stiefmutter bekömmst? hatten Otto seine Mitschüler neckend gefragt. Er war überrascht und bestürzt. In den sechs Jahren nach dem Tode seiner Mutter hatte er es im Hause zu einer ziemlichen Selbstständigkeit gebracht. Hatte auch der Vater, der jede Unregelmäßigkeit verabscheute, die Grenzen des Verhaltens seines Sohnes streng gezogen, so kümmerte er sich doch nicht sonderlich darum, wie sich derselbe innerhalb dieser Grenzen herumtrieb. Die Nachricht, daß er eine Stiefmutter bekomme, war ihm daher höchst unangenehm, da er glaubte, nun auch den Tag über, während der Vater in seinem Bureau war, beaufsichtigt und in seiner Freiheit beeinträchtigt zu werden. Du bist ja so verblüfft, daß Du gar nicht fragst, wer Deine Stiefmutter wird, neckten seine Kameraden weiter.

Das kann mir ziemlich gleichgültig seyn, antwortete Otto mit verstellter Ruhe; ein Jahr wird es bei jeder auszuhalten seyn, im nächsten Herbste gehe ich auf die Universität und brauche dann gar nicht mehr nach Hause zu kommen, wenn es mir nicht gefällt. Inzwischen, wenn Ihr's wißt, so sagt, wer sie ist.

Die schöne Karoline, des Organisten Tochter, welcher zu Gefallen wir so oft Deine Straße gegangen sind, und von der wir dessenungeachtet nicht wissen, ob sie blaue oder braune Augen hat; das schöne Burgfräulein, das nie aufsieht, man mag singend oder

schweigend, zusammen oder einzeln ihr Fensterparade
machen.

Norbert, Otto's bester oder vielmehr einziger Freund,
hatte wie jener gespannt zugehört, wer die Stiefmut=
ter werden sollte; als sie genannt wurde, ward er
bleich bis auf die Lippen, aber Niemand bemerkte es.
Auch er war der schönen Karoline zu Liebe oftmals
die Straße gegangen, aber allein, ohne die Anderen,
und obgleich er nicht glücklicher war als diese, so
keimte doch in seinem stillen Gemüthe eine tiefe innige
Liebe zu dem sittigen Mädchen. Seine rege Phantasie
träumte sich in ein geistiges Verhältniß zu ihr hin=
ein und sein Herz hoffte wider alle Hoffnung sie ein=
stens als Braut die Seinige zu nennen. Von seiner
armen verwittweten Mutter während seiner Studien
nothdürftig unterstützt, mußte er es sich sehr sauer wer=
den lassen, das Lyceum durchzumachen und die Aus=
sicht auf die Universität, für jeden Studenten eine
freudige, zeigte ihm nur noch größere Entbehrungen.
Seinen Trost, seine Stärkung schöpfte er aus seiner
stillen Liebe zu Karolinen; wußte er doch, daß nur
rastloses Studium ihm ein Daseyn verschaffen konnte,
das er mit einem geliebten Wesen theilen durfte. Und
nun mit Einem Worte war all seine Hoffnung zer=
stört! Unbeachtet entfernte er sich von den Uebrigen,
um Fassung zu gewinnen, sich in das Unvermeidliche
zu fügen.

Otto war selbst zu sehr von der Nachricht in An=
spruch genommen, um die Gemüthsbewegung des
Freundes zu bemerken; doch traf ihn die Wahl des

Vaters nicht so unangenehm, als dessen Entschluß, sich wieder zu verheirathen, ihn an sich berührte. Die schöne, sanfte Karoline konnte keine böse Stiefmutter seyn, das stand bei ihm fest und versöhnte ihn fast mit der Sache selbst.

Obgleich Vater und Sohn in gutem Vernehmen mit einander standen, so war ihr Verhältniß doch kein herzliches, kein vertrauliches. Dazu waren ihre Charaktere, ihre Gesinnungen, wie ihre Geistesbildung und ihre Anforderungen an das Leben zu verschieden.

Der Vater hielt in seiner kühlen Alltäglichkeit des Sohnes Eifer für alles Schöne für Schwärmerei und wenn er gleich den Ehrgeiz des Jünglings nach Auszeichnung vor seinen Mitschülern stets anspornte, so geschah dies nicht aus Liebe zu den Wissenschaften, sondern einzig, damit der junge Mann mehr Ansprüche auf eine gute Stelle bekäme. Dessen Vergnügen an Poesie, an Musik, überhaupt an den Künsten, fand er nur in soweit vernünftig, als die Uebung derselben zum Empfehlungsbrief dienen mag, in Gesellschaften, die vortheilhaft für die Zukunft werden können; was darüber hinausging, nannte er überspannt; jugendliche Begeisterung verglich er mit einem Champagnerräuschchen, das wohl erheitern möge, aber bald wieder dem nüchternen Bewußtseyn Platz machen müsse.

Otto fügte sich mit Widerwillen in die Fesseln, die mehr des Vaters Gewohnheiten, als Vernunftgründe ihm anlegten, Werner nahm es sehr übel, wenn sein Sohn einige Minuten zu spät zur Mahl-

12*

zeit kam, während es ihn nicht kümmerte, welche Bücher derselbe las, mit welchen Kameraden er verkehrte.
Und gerade hierin wünschte Otto Freiheit. Wenn er
einen weiteren Spaziergang in die Berge machte, wäre
er so gerne immer weiter gegangen, bloß sich leiten
lassend von dem Vergnügen an der schönen Natur,
allein er mußte genau berechnen, wie viel Zeit er zum
Rückwege brauchte.

Wünschte er in ein Concert, in's Theater zu gehen, so schlug es der Vater zwar nicht ab, aber er
fand ihn, wenn sie Abends noch zusammentrafen, un-
gehalten, daß er nicht beim Nachtessen zugegen war,
und wollte Otto, aufgeregt von der Musik oder dem
Schauspiele, dem Vater seine Gefühle oder auch nur
seine Urtheile mittheilen, so wehrte derselbe, mit der
Bemerkung, es sey nur noch gerade Zeit, daß Otto
sein Nachtessen nehme, um dann zu Bette zu gehen.
Mißmuthig mußte er sein wallendes Gefühl nieder-
kämpfen.

Bei dieser Erziehung lernte zwar der Jüngling sich
fügen, wo er mußte, aber da sein Wille nicht dabei
war, so handelte er nach dem Grundsatze: „Leide, was
Du mußt und genieße, was Du kannst." Otto war
von der Natur reich begabt und Ehrgeiz und Wissens-
drang trieben ihn gleichmäßig an, seine Talente auszubilden. Ein feiner Sinn für alles Schöne bewahrte
ihn vor grobsinnlichen Genüssen, weßhalb er auch von
allen seinen Mitschülern nur Norbert zum Freunde
erkor, weil die übrigen sich mehr oder minder an Ge-
meinheiten ergötzen konnten. Norberts edles Gemüth

war durch die fromme Erziehung seiner zwar nur ein=
fach gebildeten Mutter für alles wahrhaft Gute und
Schöne begeistert und verabscheute Laster und sittliche
Verdorbenheit. Mit bewundernswürdiger Geduld trug
er die Entbehrungen, welche seine Armuth ihm auf=
erlegte, und wenn Otto ihm seine Leiden klagte, wenn
Otto ihm von Entbehrung sprach und von seinem
Verlangen nach der akademischen Freiheit, so begriff
der arme Norbert nicht, wie man mitten im Ueber=
flusse noch klagen, was man sich noch wünschen
könne.

Von seiner geheimen Liebe zu Karolinen hatte er
mit Niemanden gesprochen, weder mit seiner guten
Mutter, noch mit seinem Freunde; dies war ihm jetzt
ein Trost; er hoffte mit seinem Herzen allein leichter
fertig zu werden; die Flamme, die er still in sich ge=
hegt, sollte nun in ihm erlöschen, ohne daß Andere
sie gewahrten. Schmerzlich war es ihm zwar, daß er
nun Otto's Haus meiden müsse, ohne dem Freunde
den Grund zu offenbaren, doch machte sich dieser
Schmerz weniger fühlbar, im Vergleiche mit dem her=
beren, das Schooßkind seiner Phantasieliebe ersticken
zu müssen.

———————

Die Hochzeit war vorüber. Der Regierungsrath führte seine junge Frau einige Tage nach Baden-Baden, denn eine längere Reise würde zu tief in seine Gewohnheiten eingeschnitten haben.

Die arme Karoline, von ihrem Gatten Lina genannt, konnte sich noch gar nicht in ihr Glück finden und das Du wollte für den Herrn Regierungsrath durchaus nicht über ihre Lippen. Werner ließ es sich gerne gefallen, daß seine junge Frau zu ihm hinaufsah, als stehe er hoch über ihr; sie entzückte ihn durch ihre Aufmerksamkeit auf alle seine Wünsche, durch ihre Sorge für alle seine Bequemlichkeiten, die sie nun ihm zu Theil werden ließ, wie sie sie früher für ihren Vater gehabt hatte.

Gewohnt sich zu fügen, fand sie sich leicht in die Launen ihres Gatten, ohne darin Lästigkeit zu fühlen; denn das Beispiel ihrer Mutter, die ihrem Manne allzeit unterwürfig gewesen, hatte sich ihr fest eingeprägt.

Lina, welche ihre Vaterstadt nie verlassen hatte, freute sich der herrlichen Gegend von Baden-Baden. Sie zeigte ihrem Manne so aufrichtig ihre Dankbarkeit für das Vergnügen, das er ihr bereitete, daß er

troß seiner Bequemlichkeiten sich bemühte, sie mit den
schönsten Punkten der Umgebung der berühmten Quellen=
stadt bekannt zu machen. Er ließ sich durch Lina's
dankbare Freude selbst hinreißen, diese und jene Aus=
sicht zu bewundern, obgleich innerlich sich freuend auf
die Rückkehr in sein Haus und zu seinen Gewohn=
heiten.

Lina betrat mit Bangigkeit das Haus, in dem sie
nun als neues Mitglied einer ihr bisher fremden
Familie walten sollte. Hatte sie sich in den wenigen
Tagen ihrer Ehe nothdürftig an ihren Mann gewöhnt,
so war ihr doch der Sohn noch ganz fremd und wie
sie zuerst nicht wagte, den Gatten Du zu nennen, so
ging es ihr nun mit dem Sohne.

Auch Otto fühlte sich fremd in der Familie und
das Wort Mutter kam nicht über seine Lippen. Lina's
sanfte Anspruchslosigkeit, ihr Bestreben, ihren Eintritt
in die Familie Vater und Sohn nur durch erhöhte
Annehmlichkeit bemerkbar zu machen; ihre Theilnahme
für beider Neigungen und Beschäftigungen führte bald
Zutraulichkeit unter ihnen ein.

Als nach einigen Tagen Lina sich mit der neuen
Haushaltung etwas bekannt gemacht hatte, erlaubte
sie sich, den Flügel zu öffnen. Seit dem Tode ihrer
Mutter ward ihr selten die Freude, sich an Musik zu
laben, da die Besorgung des Haushaltes ihr allein
oblag und fast alle ihre Zeit in Anspruch nahm. Sie
hatte es im Klavierspiele beßhalb nicht zu der Finger=
fertigkeit gebracht, die jetzt oft das einzige Verdienst
der Spieler ist; allein ihr Spiel zeigte ein so tiefes

Verständniß des Componisten, es lag so viel Seele
darin, daß wahre Kenner ihr die Meisterschaft zu=
sprechen mußten. Ueberdieß hatte sie den reinsten Ge=
schmack, den nur die gediegene Musik der besten Meister
befriedigen konnte.

Mit Staunen hörte Otto in seinem Zimmer ihr
Spiel. Auch er hatte viel musikalisches Talent; auch
er liebte leidenschaftlich die Musik und übte sie in
jeder freien Stunde; aber in seiner neuen Mutter
mußte er seine Meisterin erkennen. Leise trat er in's
Zimmer und stellte sich hinter Lina, bis die Mozart'sche
Sonate zu Ende war.

So kann ich sie freilich nicht spielen, sagte er vor=
tretend. Ich habe diese Sonate zu vier Händen; dürfte
ich bitten, sie mit mir zu spielen? — Es wird mich
sehr freuen; ich spiele so gern vierhändig. — Otto
spielte vielleicht mit mehr Fertigkeit und Kraft als
Lina, aber seinem Spiele fehlte die Zartheit, die feine
Nuancirung, das vollkommene Verständniß des Ton=
dichters.

Lina machte ihm für das erste Mal keine Bemerk=
ung über seine Art zu spielen; sie freute sich, ihm
gefällig seyn zu können und glaubte, auch der Vater
werde sich freuen, durch die Musik eine vollkommene
Harmonie zwischen Mutter und Sohn entstehen zu
sehen.

Wir wollen diese Sonate dem Vater vorspielen,
wenn er von seiner Arbeit nach Hause kommt, es
wird ihn gewiß erheitern, sagte sie zu Otto.

Ich will es recht gerne, erwiderte dieser, aber der

Vater liebt große Musikstücke nicht sehr; er mag lieber
Walzer und Märsche.

Als Werner nach Hause kam, ward er mit Musik
überrascht. Er ließ sich diese Aufmerksamkeit gerne ge=
fallen, allein die Sonate war doch gar lang und nahm
seine Geduld sehr in Anspruch. Froh, als sie zu
Ende war, klatschte er dankbar in die Hände und ver=
langte darauf zu seiner Entschädigung einen Strauß=
schen Walzer.

Lina war zwar etwas erstaunt über den Geschmack
des Gemahles, aber sie willfahrte ihm augenblicklich,
und stimmte dadurch den Regierungsrath sehr heiter.

Lina hatte in den wenigen Tagen ihres Umgan=
ges mit Werner und Otto schon bemerkt,, wie man=
gelhaft ihre Schulkenntnisse waren, da sie blos die
Volksschule besucht und ungeachtet ihres Verlangens
nach erweiterter Geistesbildung keine Gelegenheit dazu
gefunden hatte. Sie klagte dies ihrem Manne und
bat ihn um Bücher, woraus sie diesen Mangel etwas
ergänzen könne. Werner hatte selbst nie ein Bedürfniß
in sich gefühlt nach allseitiger Bildung, er war mit
den Kenntnissen, die er zu seinem Brodstudium nöthig
hatte, vollkommen zufrieden und durch dieselben seiner
Frau allerdings überlegen; er verlangte aber auch
von seiner Frau kein anderes Wissen, als was ihr zur
Führung des Hauswesens nöthig war, weßhalb er et=
was erstaunt ihre Bitte anhörte.

Liebes Kind, Du weißt genug für meine Wünsche;
ich verlange durchaus nicht mit einer gelehrten Frau
zu glänzen; aber weil ich so wenig zu Hause seyn

kann, wirst Du freilich manchmal Langeweile haben,
da wäre ein unterhaltendes Buch schon recht; allein,
fügte er lächelnd bei, mein Corpus juris, meine In=
stitutionen, Codex und Novellen taugen nicht für Dich.
Otto soll Dir Bücher holen aus der Museumsbiblio=
thek; ich glaube, er hat den größten Theil davon ge=
lesen und weiß, was Dich unterhalten wird.

Lina spielte nun täglich mit Otto Klavier oder
ließ sich von ihm mit der Violine begleiten; sie machte
ihn aufmerksam auf die Fehler seines Spieles und
führte ihn ein in das tiefere Verständniß der großen
Meister.

Otto war hingerissen, wie von ihrem seelenvollen
Spiele, so von ihrem Eingehen in die leisesten Ge=
danken des Tondichtens. Sie erst schien ihm den
Sinn für die wahren Schönheiten der Musik zu er=
schließen.

Nach einer solchen schönen musikalischen Stunde
sagte Otto innig zu Lina: Mutter, darf ich Du sa=
gen, wie ich zu meinem Vater sage?

Es kann mich ja nichts mehr freuen, als, worin
es auch sey, mich mit dem Vater auf gleiche Linie ge=
stellt zu sehen, erwiderte sie herzlich. Beide hatten bis=
her sowohl vermieden, Mutter und Sohn zu sagen,
wie sie auch weder Du noch Sie gegen einander ge=
braucht hatten.

Tausend Dank, liebe Mutter! rief Otto; aber na=
türlich mußt Du auch Deinen Sohn Du nennen.

Lina erröthete; ich will es gerne, antwortete sie,

aber es ist mir noch so neu; ich muß mich erst daran gewöhnen.

Sie äußerte ihm nun ihren Wunsch nach einem geistbildenden Buche, da es ihr bisher peinlich war, dem Sohne ihre Unwissenheit zu bekennen. Nach einigen Fragen fand derselbe, daß sie der schönen Literatur ganz fremd geblieben, besaß jedoch Zartgefühl genug, ihr kein Staunen darüber zu zeigen. Ein wechselseitiger Unterricht fand von nun an zwischen Mutter und Sohn statt, bei welchem jeder Theil in dem anderen seinen Meister erkannte und ehrte. Otto las mit der Mutter die besten Werke alter und neuer Dichter, erklärte sie und gab alle zu ihrer Verständniß nöthigen Belehrungen, wie er sie selbst erst in den Classen erhalten hatte, welche Lina mit stets reger Begierde anhörte.

Der Regierungsrath hatte während fast vierzehn Tagen nach der Heimführung seiner jungen Frau die Abende zu Hause zugebracht. Die Stammgäste, ohne deren Gesellschaft er früher den Tag nicht zu beschließen mußte, glaubten ihn schon fast für sie verloren, allein die Liebe zur langjährigen Gewohnheit erwachte bald wieder. Zuerst wollte er nur ein= bis zweimal in der Woche zu seiner alten Gesellschaft gehen, bald gab er einen Tag um den andern zu, bis endlich alle Wochentage dort zugebracht wurden. Die anspruchslose junge Frau dachte nicht daran, es ihm zu verübeln; wenn sie ihn nur zufrieden sah, so war sie es auch; und zufrieden war Werner, wie noch nie in seinem Leben. Seine Frau richtete ganz das Haus=

wefen nach feinen Wünfchen ein; noch nie hatte er
feine Lieblingsfpeifen fo gut zubereitet erhalten wie
jetzt; noch nie war fo für feine Kleidung geforgt
worden, wie es Lina that, noch nie war Alles fo
pünktlich nach der Uhr feiner Gewohnheiten gegangen
wie nun; ja felbft Otto war noch nie fo aufmerkfam
auf die Wünfche feines Vaters, noch nie fo fügfam
und zugleich fo heiter und unterhaltend gewefen, wie
jetzt, wo er, durch das Beifpiel feiner Stiefmutter hin=
geriffen, fich beftrebte, ihr nachzufolgen, indem feine
hohe Verehrung für fie ihm nicht erlaubt haben würde,
fich vor ihr in einem unvortheilhaften Lichte zu zeigen.
Nebftdem ftreute Lina in ihren Unterhaltungen mit
Otto fo viel guten, religiöfen Samen unbemerkt in
fein Herz, welcher bereitwillig Alles aufnahm, was
von ihr kam, daß er eine weit richtigere Lebensan=
fchauung gewann, als er zuvor hatte. Wie er
durch feine Belehrungen der Mutter Blick in das
Reich des Schönen erweiterte, fo führte fie ihn
ein in das Reich des Guten. In dem Maße,
wie es ihm, mehr noch durch ihr Beifpiel als
durch ihre Belehrungen, klar wurde, daß wir nicht
bloß für uns felbft leben dürfen, daß wir unfere
Freude daran finden müffen, Anderen Freude zu be=
reiten, Anderen Kummer und Schmerz zu erfparen,
oder ihn doch zu lindern; daß wir nicht unfer Glück
in Befriedigung unferer finnlichen Neigungen fuchen
dürfen, fondern unfere Begierden nach Höherem richten
müffen, um unfer Herz immer mehr zu veredeln und
wir all Diefes nicht thuen dürfen, um unfere Eigen=

liebe zu befriedigen, und unsere geistige Schönheit zu
bewundern, sondern daß Alles, was wir erstreben,
einzig das Ziel haben muß, den Willen Dessen zu erfüllen, der uns nach seinem Ebenbilde erschaffen, uns
seinen Willen durch seinen Sohn verkündet hat und
in seiner Religion uns die Mittel darbietet, ihm ähnlich zu werden — in dem Maße war er ernstlich bestrebt, diesem hohen Berufe zu folgen.

Die Werner'sche Familie war jetzt wohl die glück-
lichste in der Stadt. Der Tag verlief jedem Gliede
derselben in seiner Berufsarbeit; die Mahlzeit vereinigte sie zu heiterem Austausche ihrer Erlebnisse und
am Abende ging der Vater heiter zu seiner Gesellschaft, während Mutter und Sohn entweder musicirten
oder lasen, oder, was zuletzt immer häufiger geschah,
ihre Ansichten austauschten, über Alles, was sich gerade ihrem Geiste darbot. In seiner glücklichen Stimmung hatte Otto kaum bemerkt, daß Norbert ihn nicht
mehr besuchte; es wäre ihm der Freund selbst störend
gewesen; nichts konnte ihm die Zeit ersetzen, die ihm
von dem Umgange mit seiner Mutter geraubt wurde.
Norbert mußte es auch so einzurichten, daß sein Weg-
bleiben nicht auffallend war. Indessen hatte er mit
sich selbst die bittersten Kämpfe zu bestehen. Alle Entbehrungen, alle Mühen, die ihn seine Studien gekostet,
schienen ihm nun vergebens, alle Freude an dem gewählten Berufe war nun erloschen. Mühsam machte
er zwar mit aller Anstrengung seine Aufgaben, weil
sein Geist zu verwirrt, sein Wille zu schwach war,
etwas Anderes zu ergreifen und nur die angestrengteste

Beschäftigung seine Leiden einigermaßen unterdrückte.
Es zerschnitt ihm das Herz, wenn Otto ihm erzählte,
wie glücklich ihn der Umgang mit seiner Mutter mache;
wenn er rühmte, mit welchem Eifer sie für alles
Wissenschaftliche sich interessire, mit welcher Leichtigkeit
sie es auffasse und wie sie dabei so gut, so einfach,
ohne alle Eitelkeit sey; wenn er ihm sagte, daß er
jetzt erst einsehe, daß Norbert Recht gehabt, wenn er
ihn erinnert habe, Theil zu nehmen, an den Uebungen
der Religion, da er an seiner Mutter den Erfolg sehe.
Lautlos hörte Norbert zu; so hatte er sie sich ja in
seinen Träumereien gedacht! nur einmal wagte er die
Frage, ob sie heiter, ob sie wohl glücklich sey? O,
gewiß, gewiß! antwortete Otto, ihre Heiterkeit theilt
sich sogar meinem Vater mit, der noch nie so zufrie=
den war, wie jetzt.

Eine Regung von Eifersucht erstickte Norbert in
einem unhörbaren „Gott sey Dank, daß sie glück=
lich ist!"

Nach und nach erkämpfte er sich seine Ruhe wie=
der, wenn auch noch lange ein wunder Fleck in seinem
Herzen blieb. Die Liebe zu seiner Mutter trat stärker
hervor; für sie waren nun seine Studien, die er
wieder mit Eifer und Freude betrieb. Er hatte, wie
Otto, die Medicin erwählt, war aber ein Jahr hinter
ihm zurück, weil seine arme Mutter ihn nicht früh
genug auf das Lyceum bringen konnte.

Ein Jahr war seit der Werner'schen Hochzeit schnell
verflossen, fast ohne daß es die Familie bemerkte; aber
nun nahte die Zeit, wo Otto das Haus verlassen

sollte, um seine Studien auf der Universität zu be=
ginnen. Es war seither fast nie davon gesprochen
worden; der Regierungsrath hielt dies für eine ab=
gemachte Sache und mochte sich nicht gern daran erinnern, weil jede Aenderung in dem Bestehenden ihm
zuwider war, besonders seit Otto ihm mehr zu Ge=
fallen lebte, vermied er den Gedanken an dessen Ent=
fernung. Otto selbst sprach nicht davon, weil, je näher
die Zeit rückte, ihm um so mehr davor bangte und
Lina wurde durch nichts daran erinnert, warum sollte
sie davon reden?

Eines Abends, nachdem Mutter und Sohn die
tief ergreifende Musik einer Mozart'schen Oper mit
innigster Empfindung durchgespielt hatten, sprach Otto,
aufgeregt, wie er war: Mutter, ich kann nicht fort
von hier; ich fühle mich zu glücklich, als daß ich es
an einem anderen Orte aushalten könnte! — Was
meinst Du, Otto, fragte Lina betroffen entgegen, ist
es denn schon Zeit, daß Du uns verlassen sollst? —
Ich kann nicht! Ich kann nicht, Mutter! Es sind nur
noch vier Wochen bis zu den Herbstprüfungen, dann
sollte ich nach Würzburg. Ich will aber nicht; ich
habe kein Interesse mehr für die Medicin, ich will
Ingenieur werden, dann kann ich hier auf dem Poly=
technikum studiren. Du mußt mir dies beim Vater
ermitteln.

Lina kämpfte mühsam gegen ihre eigene Aufreg=
ung, indem sie ihm sagte: Du weißt Otto, es ist des
Vaters Grundsatz, was man angefangen, das muß
man vollenden.

Ich habe es aber noch nicht angefangen und ich will
es nicht anfangen, rief er leidenschaftlich.

Sey ruhig, Otto, sagte sie besänftigend, ich will
es überlegen; heute aber kann ich dem Vater noch
nichts sagen.

Otto schwieg für jetzt davon, hielt aber in seinem
Innern den Vorsatz fest, Ingenier zu werden und im
Hause zu bleiben. So sehr sich Lina bemühte, beim
Nachtessen heiter zu erscheinen, so wollte es ihr doch
nicht ganz gelingen, während Otto, weniger an Selbst=
beherrschung gewöhnt, zerstreute Antworten gab und
nichts zur Unterhaltung beitrug.

Die erste freie Stunde benützte Lina, um über sich
selbst nachzudenken; Otto's auf so aufgeregte Weise
ausgesprochener Widerwille, von dem Vaterhause zu
scheiden, ließ sie einen tiefen Blick in ihr eigenes Herz
thuen. Sie hatte sich seither sorglos ihren Gefühlen
überlassen, denn kein unerlaubter Gedanke, kein un=
edler Wunsch war in ihre Seele gekommen; aber nun
erschrack sie vor dem Abschiede von Otto, dessen Um=
gang, wie sie jetzt erst erkannte, das Glück ihres bis=
herigen Lebens ausgemacht hatte, und gerade diese
Wahrnehmung erschreckte sie noch weit mehr, denn sie
mußte sich nun gestehen, daß Otto ihr theurer gewor=
den war, als die Heiligkeit ihres ehelichen und mütter=
lichen Verhältnisses es erlaubte. Wie bitter klagte sie
ihr Gewissen an! Was konnte sie von Otto, nach seiner
Aufregung zu urtheilen, vermuthen, als daß auch seine
Neigung zu ihr, zu seiner Mutter, der Gattin seines
Vaters, in Leidenschaft ausgeartet sey! Und diese Lei=

benschaft hatte sie begünstigt, genährt, vielleicht veranlaßt! Lina erschrack vor der Größe ihrer Schuld,
wenn gleich sie nur des Mangels an Achtsamkeit konnte
angeklagt werden, sie selbst sah in sich die schuldige
Ursache von Unordnungen, deren Folge unabsehbar
waren. Was sie zu thuen hatte, stand klar vor ihren
Augen, und so schwer es ihr auch fallen mochte, die
Angst ließ sie keinen Augenblick zaudern, die schwere
Pflicht zu erfüllen. Otto muß fort! dies stand fest bei
ihr. Sie wußte, daß ihrem Manne nichts mehr zuwider war, als das Aufgeben eines ergriffenen Berufes; weßhalb er Otto's Wechsel offenbar sehr ungern
zugeben würde, da derselbe um mehrere Jahre zurück-
käme und überdies für das Ingenieurfach bisher
weder Neigung noch Talent zu haben schien; aber sie
wußte auch, wie schwer ihrem Manne jede Aenderung
in seinem häuslichen Leben fiel, wie ungern er Otto
vermissen werde, der ein so guter, aufmerksamer Sohn
geworden war, weßhalb sie fürchten mußte, Otto's
Bitten könnten den Vater zur Nachgiebigkeit bewegen.

Des andern Tages sagte sie beßhalb mit schwerem
Herzen zu Otto: Ich habe es überlegt, Otto, es wäre
nicht gut, wenn Du dem Vater die Bitte stellen wolltest, ein anderes Studium Dich ergreifen zu lassen.
Für das Ingenieurfach hättest Du schon vor einigen
Jahren auf das Polytechnikum gesollt; diese Zeit wäre
daher verloren. Dann hast Du für den ärztlichen
Beruf unverkennbare Anlagen, eine rasche Auffassung,
scharfe Beobachtungsgabe, Liebe zu allen naturgeschicht-

lichen Studien; es wäre recht Schade, wenn dies
Alles verloren ginge. Als Ingenieur müßtest Du doch
auch von hier fort, Du könntest nur so lange bleiben,
als Deine Studienzeit währte, was wäre dabei gewonnen?

Otto konnte kaum warten bis seine Mutter aus-
geredet hatte, um dann in die leidenschaftlichsten Er-
gießungen auszubrechen. Mutter, willst Du mich verstoßen? Habe ich nicht jeden Deiner Winke befolgt?
Ein Wort von Dir brach meinen Zorn, ein Blick
fesselte meine Zunge; Dein Leben war mein Vorbild,
Dir zu folgen all meine Sorge; Dein Lächeln belohnte
mich; Musik mit Dir versetzte mich in's Paradies; bei
Dir verstand ich erst die Dichter; durch Dich lernte
ich den Himmel kennen und nun willst Du mich
hinausstoßen, aus dem Vaterhause, wo ich durch Dich
gut geworden, willst mich preisgeben allen schlimmen
Leidenschaften, willst mich von Dir stoßen, die Du
allein im Stande bist, mich den rechten Weg zu führen! O, laß mich bei Dir bleiben, wo ich glücklich,
wo ich gut war!

Otto's Leidenschaftlichkeit überzeugte Lina nur noch
mehr von der Nothwendigkeit seiner Entfernung und
stählte ihren Willen gegen ihr eigenes Herz, das in
heftiger Unruhe klopfte. Otto, sagte sie sanft, aber
fest, Du hast Dir den Gedanken hier zu bleiben, so
fest in den Kopf gesetzt, daß Du die andere Ansicht
gar nicht mehr prüfen kannst. Siehe, alle Leidenschaftlichkeit taugt nicht; werde erst ruhig, dann wirst Du
finden, daß Du Deinen Vorsatz, Arzt zu werden, fest-

halten mußt. Ein junger Mann kann nicht im Eltern=
hause bleiben; Du hast schon Selbstständigkeit genug,
um Dich gegen das Böse zu wahren. Otto, kannst
Du glauben, daß ich Deinen Wunsch nicht unterstützen
würde, wenn ich nicht vom Gegentheile gänzlich über=
zeugt wäre? Glaubst Du nicht, daß ich Dein Wohl
meinen Wünschen vorziehe?

Lina's Stimme bebte; sie bemerkte, daß sie ihr
Gefühl mehr in ihr Herz zurückdrängen müsse und
schwieg. Otto sah sie zweifelhaft an, dann ergriff er
stürmisch ihre Hand, preßte sie zwischen seinen beiden
Händen einige Sekunden lang, indem er Lina schmerz=
lich in ihr thränendes Auge sah, und stürzte hierauf
zur Thüre hinaus.

Im tiefsten Gemüthe aufgeregt blieb Lina zurück.
Sie zitterte heftig und war kaum Herrin ihrer Ge=
danken; sie kniete vor ihrem Crucifix nieder und betete
aus innerstem Grunde ihres Herzens, bis sie ihre
Ruhe wieder gefunden hatte. Er muß fort! sagte
sie aufstehend.

Als Werner nach Hause kam, sprach Lina mit
ihm über Otto's Wunsch, hier zu bleiben und ein
anderes Fach zu ergreifen.

Was fällt dem Menschen ein? fuhr Werner auf,
glaubt er, man studirt fünf, sechs Jahre für nichts
und wieder nichts? Was man angefangen hat, muß
man vollenden. Wer umher irrt, erreicht sein Ziel
nicht! Seine Frau gab ihm vollkommen Recht und
Werner versicherte, durchaus nicht auf seine Bitten
einzugehen. Als daher Otto am anderen Morgen ihm

seine Bitten vortrug, fanden sie eine entschieden un=
günstige Aufnahme. Hätteft Du Dich vor sechs Jah=
ren zum Ingenieurfache gemeldet, so hätte ich nichts
dagegen gehabt, und Du wäreft nun mit Deinen Stu=
dien bald fertig; so aber müßtest Du von vornen an=
fangen und brauchteft wenigstens sechs bis sieben
Jahre, um das Ingenieurexamen machen zu können;
und wer steht mir dafür, daß Du während dieser
langen Zeit nicht abermals etwas Anderes ergreifen
möchteft? Nein, Du gehst auf die Universität, wozu
Du Dich durch das Lyceum vorbereitet haft. Willft
Du durchaus nicht Medicin ftudiren, so will ich Dir
so viel nachgeben, daß Du Jus oder Cameralia wäh=
len kannft; aber rückwärts zu gehen, erlaube ich
nicht.

Otto wollte Einwendungen machen, der Vater
wehrte ab. Du brauchft kein Wort mehr darüber zu
sagen, es bleibt dabei. Deine Mutter hat mich von
Deinem unsinnigen Einfall in Kenntniß gesetzt, sie ift
ganz mit mir einverstanden; ja, vielleicht bringt sie
mehr darauf, als ich, daß Du bei Dem bleibft, was
Du Dir seit lange vorgesetzt hatteft.

Wie alle schwache Charaktere brauchte der Regier=
ungsrath, wenn er entschieden auftreten wollte, eine
Hilfe, welche seinen Worten Kraft verleihen und die
Verantwortung mit ihm theilen sollte, oder auf die
er dieselbe überzuwälzen suchte, wenn die Sache anders
ging, als er wünschte; so machte er hier den Aus=
spruch seiner Frau geltend.

In höchfter Aufregung, seiner nicht mehr mächtig,

schrie Otto: Also sie und wieder sie will mich aus dem Hause treiben. Und ich Verblendeter, ließ mich so lange von ihr täuschen, daß ich sie liebte, als meine eigene Mutter! Jetzt erst sehe ich, daß ich eine Stief= mutter habe, eine Stiefmutter, die mir auch einen Stiefvater gemacht hat! Ja, ich will gehen, ich gehe! Möge sie es verantworten, wenn ich — —

Er stürzte fort, zu Norbert, bei dem er in die stürmischsten Klagen über seine Eltern ausbrach, so daß es diesem Mühe kostete, herauszufinden, um was es sich handelte. Norbert, der nicht für möglich hielt, daß man in Lina's Nähe leben könne, ohne sie zu lieben, hatte schon seit längerer Zeit das Verhältniß zwischen Mutter und Sohn für ein gefährliches ge= halten; aber sowohl aus Furcht, eine geheime Eifer= sucht führe ihn irre, als auch aus Sorge, daß, wenn er Otto aufmerksam mache, möge die Flamme der Leidenschaft erst zum vollen Ausbruche kommen, schwieg er in der Ueberzeugung, daß durch Otto's Abgang zur Universität die Sache ein Ende nehme.

Norbert bot Alles auf, ihn zu beruhigen, und seine Liebe zu dem längst gewählten Studium wieder zu er= wecken, um ihn von dem Gedanken abzubringen, im Hause zu bleiben.

Ich will nun gar nicht hier bleiben, rief Otto; was soll ich hier, wo ich so schändlich betrogen wurde? Könnte ich doch schon morgen fort! Wie lange werden mir diese vier Wochen noch werden! Aber nun will ich kein solcher Thor mehr seyn; ich will das Leben ohne Rückhalt genießen! Wie könnte ich an die Leh=

ren glauben, die sie mir predigte, und denen ich thö=
richt folgte, während sie nur von Eigennuß geleitet
wurde, all ihre Frömmigkeit nur Schein war, um
mich leichter gängeln zu können! Aber ich bin mün=
dig geworden, in Einem Tage, und ich will nun mein
Leben nach meiner Luft gestalten!

Otto, Otto, sprich nicht so! Du verkennst Deine
Mutter!

Das hätte ich früher auch Jedem gesagt, der ihr
nur einen solchen Gedanken zugetraut hätte; nun aber
habe ich sie kennen gelernt! Wo ist Eckhardt heute
Abend und Rudner? Bei ihnen will ich mich zu ver=
gessen suchen. Wozu noch Mäßigung, wozu noch Zu=
rückhaltung?

Otto, Otto! Du bist stets diesen beiden aus dem
Wege gegangen, wegen ihrer rohen Genußsucht; wie
könntest Du sie jetzt aufsuchen wollen? Laß Dich vom
Unmuthe nicht so weit hinreißen, daß Du Deine
Würde als Mensch vergiß'st. Gedenke, mit welchen
Vorzügen Dich der Schöpfer begabt hat, um damit
zu wirken für eine Ewigkeit!

Sie hat es zu verantworten, wenn ich sinke und
immer tiefer sinke, nicht ich! erwiderte Otto düster.
Ich habe Dir dies nur gesagt, damit Du weißt, was
die Ursache ist, daß sich unsere Wege nun trennen wer=
den. Lebe wohl!

Otto, bleibe noch! rief Norbert ihm nach, allein
er war schon auf der Treppe und sein nacheilender
Freund konnte ihn nicht einholen.

Traurig kehrte Norbert zurück. Ach, daß ich ihn

doch auf die Universität begleiten könnte! Er wird
nach dem Sturme wieder zu sich kommen und der
gute Geist in ihm würde siegen; aber sein feuriges
Temperament kann ihn, wenn er in schlimme Hände
fällt, zu Allem hinreißen. Ach, daß ich noch ein gan=
zes Jahr hier bleiben muß!

Norkert versuchte zwar später noch mehrmals, auf
seinen Freund einzuwirken, aber er fand kein Ge=
hör bei ihm; Otto ging seinen dunkeln Weg.

Da die Lyceisten keine Gasthäuser besuchen durften,
hatte sich eine Anzahl lockerer und verdorbener Schü=
ler der obersten Classe ein Local gemiethet, wo sie
ihre Zusammenkünfte im Geheimen hielten, tranken,
spielten und die verwerflichsten Grundsätze einander
mittheilten. Erstaunt und mißtrauisch sahen sie Otto
in Gesellschaft der beiden Obengenannten eintreten;
als sie aber seine wilde Aufregung gewahrten, als sie
nach halb ausgesprochenen Aeußerungen seinen Zerfall
mit seinen Eltern erriethen, da glaubten sie ihn in
der besten Verfassung, ihrem Kreise einverleibt zu wer=
den. Es fehlte nicht an feineren, wie an unzarten
Anspielungen und Neckereien über sein bisheriges Ver=
hältniß zu seiner jungen Stiefmutter, was ihn noch
wüthender machte, so daß er so weit ging, sie in die=
sem Kreise zu schmähen, wodurch er diesen mehr erfahrenen,
verdorbenen jungen Leuten noch stärkere Veranlassung zu
schändlichem Verdachte gab. Um so sicherer glaubten sie ihn
in ihren Netzen halten zu können. Diese Gesellschaft
stand in Verkehr mit einer geheimen Verbindung von
Universitätsstudenten, in welche die Glieder ersterer

bei ihrer Ankunft auf der Hochschule aufgenommen
wurden. Mit diesen Leuten trieb sich Otto die wenigen
Wochen herum, die er noch im elterlichen Hause zu=
brachte, mehr in einem Gefühle von Rache gegen seine
Mutter, als aus Genußsucht und Gefallen, wobei er
seine Studien vernachläßigte, und nur sein früherer
Fleiß verhütete, daß sein Examen nicht ganz schlecht
ausfiel.

Für Lina waren die Wochen vor Otto's Abreise
eine wahre Marterzeit. Einsam brachte sie die langen
Herbstabende zu, ganz ihrem Schmerze hingegeben über
Otto's traurige Veränderung. Jede Annäherung an
Otto, so leise sie auch seyn mochte, wurde von diesem
entschieden, oft mit Spott abgewiesen. Sie konnte
nichts für seine Zurückführung thuen. Geduldig ertrug
sie die Launen ihres Mannes, den Otto's Aufführung
in steten Mißmuth versetzte. Das Schwerste war ihr,
daß Werner manchmal zweifelnd äußerte, er hätte
Otto's Wunsch nachgeben und ihn hier lassen sollen.
Wie hart fiel es ihr, ihm hierin immer zu wider=
sprechen, ihn fest zu halten bei dem Beschlusse, Otto
müsse auf die Universität, da sie oft gerade deßhalb
die schmerzlichsten Kämpfe mit sich selbst zu bestehen
hatte, indem sich ihr der Gedanke aufbrängen wollte,
sie habe auch die ferneren Verirrungen Otto's zu ver=
antworten, welchen er auf der Universität ausgesetzt
seyn würde. Ihr Herz hätte ihn ja so gerne hier er=
halten. O, wie schwer war dieser Kampf, in dem sie
oft nicht mehr wußte, auf welche Seite sie sich wen=
den sollte. Sie flehte in heißem Gebete um Erleucht=

ung, das Rechte zu erkennen und um Gnade, das Erkannte zu vollbringen, und immer wieder ward sie dann in der Entscheidung bestärkt: er muß fort; die nächste Gefahr muß zuerst beseitigt werden; denn nur eine sündhafte Leidenschaft wollte ihn hier zurückhalten.

Sogleich nach dem Examen verließ Otto das elterliche Haus, dem Vater kalt, der Mutter nur gezwungen Lebewohl sagend.

Nachdem er die Ferien auf eine Reise verwendet hatte, in Gesellschaft eines seiner neuen Freunde, zog er in die Universitätsstadt ein. Gleich in den ersten Tagen ließ er sich in jene geheime Verbindung aufnehmen, mit welcher er seine zuletzt angenommene Lebensweise fortsetzte. Otto schrieb von der Universität nur an den Vater, wenn er Geld brauchte, und obgleich dies viel öfter geschah, als es diesem lieb war, so erfuhren die Eltern doch durch seine Briefe nichts von seinen Studien, seinem Befinden, seinem Leben. Allzeit machten diese Briefe Werner einige übellaunige Tage, in welchen er immer mehr alle Schuld von Otto's Betragen auf seine Frau zu wälzen suchte, die ihn abgehalten habe, des einzigen Sohnes Wunsch zu erfüllen. Lina schwieg und nahm ruhig diese Beschuldigungen als früher verdiente Strafe hin. Sie suchte ihrem Manne noch gefälliger zu seyn, als zuvor, um ihn zu entschädigen für den vielen Verdruß, den sein Sohn ihm verursachte.

Einige Monate nach dessen Abreise wurde Lina Mutter eines Töchterchens. Mit ihm kam wieder die

erste Freude in ihr Herz. Auch Werner fühlte sich
hochbeglückt durch dieses Geschenk und fand wieder
heitere Stunden in seinem Hause, in welchem er das
Kind auf seine Arme nahm, es schaukelte und herzte
mit unendlichem Vergnügen. Lina weinte vor Gott
Thränen des Dankes für das Glück, das mit dem
Kinde wieder bei ihr eingekehrt war, welches nur hie
und da gestört wurde durch einen Brief von Otto oder
eine Nachricht über ihn, die den Eltern Kummer
machte.

Otto's erstes Universitätsjahr verfloß, ohne daß er
an Wissen reicher geworden wäre; er hatte zwar
einige Collegien belegt, aber er besuchte sie nicht, außer
in seltenen Fällen, wo ihn der Vorwitz trieb. Um so
regelmäßiger besuchte er die Zusammenkünfte seines
Corps, wo bei wüsten Trinkgelagen Allem Hohn ge=
sprochen wurde, was durch Alter, Recht und Würde
Anspruch auf Geltung machte. Was über ihre eigene
Existenz hinauf reichte, war in den Augen dieser jun=
gen Demagogen veraltet und sollte durch ihre Schöpf=
ungen ersetzt werden; Schöpfungen, mit welchen sie
die Welt beglücken wollten, nachdem das Alte vernich=
tet, die Bande gesprengt wären, welche sie bis jetzt
an der Ausführung ihrer Ideen hinderten. Sie stan=
den mit anderen Gesellschaften in Verbindung und
gerne übernahm Otto durch öftere Reisen die Vermit=
telung zwischen ihnen. Mit der ganzen Lebhaftigkeit
seines Temperamentes ergriff er die Idee einer
großen, europäischen Republik; für sie schwärmte er,
für sie hätte er sich zum Opfer gebracht.

Aber weder Otto noch seine Genossen dachten daran, daß das Wohl der Republiken noch mehr durch die strengen Bürgertugenden der Einzelnen bedingt ist, als das der Monarchieen; weder er noch sie dachten daran, sich zu stählen durch Abhärtung des Körpers; den Willen zu kräftigen durch Ueberwindung sinnlicher Lust und zuerst den eigenen Geist möglichst frei zu machen von den Fesseln der Körperlichkeit, ehe sie an der Befreiung der Völker arbeiteten. Wenn auch Otto's edle Natur und frühere Gewöhnung ihn nicht so tief in den Schlamm versinken ließen, in dem die meisten seiner Genossen sich wälzten, so war doch auch sein Wandel nicht rein, und wenn er auch dem Trugge= bilde europäischen Völkerglückes, aus verkehrter Ansicht, mit Ueberzeugung nachjagte, so fragte doch auch er nicht nach dem Rechte Anderer und war nicht ängstlich in der Wahl der Mittel. Obgleich ihm anfänglich graute vor den Gräueln einer Revolution, so gewöhnte er sich nach und nach an die Ansichten der Anderen; er dachte sich das Glück der Völker durch eine ein= heitliche Regierung so herrlich, daß er es anstrebte, wenn auch der Weg dazu durch Blut und Flammen ginge.

Er kam in den Ferien nicht in's elterliche Haus. Die Nachricht von der Ankunft eines kleinen Schwester= chens machte ihn keineswegs neugierig, dasselbe zu sehen. Er trieb sich in verschiedenen Städten herum, theils mit dem Gelde seines Vaters, theils unterstützt durch Gelder, die dem Vereine von auswärts zu= flossen. Er hatte schon im ersten Semester bittere Er=

fahrungen unter seinen Genossen gemacht, die statt des Völkerglückes nur Zwecke gemeinen Eigennutzes verfolgten; er glaubte auswärts reinere Elemente zu finden, und traf auch hie und da Jünglinge, die ohne Nebenabsicht ihr erträumtes Ziel verfolgten, allein die Mehrzahl suchte ihr eigenes Wohlergehen, je nachdem sie Ehrgeiz, Habsucht oder Sinnlichkeit antrieb. Besonders die Führer waren meistens Diejenigen, welche Anderer Freiheit am wenigsten achteten; sie hielten ihre Genossen in Unterwürfigkeit durch ihre Anmaßung, durch frecheres Auftreten, durch Geheimthuerei, wie durch Ueberlegenheit in körperlichen Uebungen, die aber oft nur in größerer Steigerung roher, physischer Kräfte bestand.

Otto ekelte es oft vor diesen Genossen, aber die Bitterkeit gegen seine Eltern, wie die Gleichgiltigkeit und Unentschiedenheit, der er allenthalben begegnete, trieben ihn immer wieder zu Jenen zurück, wo er wenigstens Thatkraft zu finden und geschätzt zu werden glaubte.

Mit dem neuen Semester bezog er eine andere Wohnung. Er hatte sich als Student nie um seine Mitbewohner bekümmert, so wußte er auch jetzt kaum, wer sein Miethsherr sey. Höchst überrascht hörte er an einem der ersten Tage, als er die Treppe hinaufstieg, den Gesang einer weiblichen Stimme von so seltener Schönheit, daß er stehen blieb und verwundert horchte. Sie sang das Benediktus aus einer Messe von Haydn mit solchem Ernste und solcher Andacht, daß sie Otto mächtig ergriff und er sich plötzlich zurück-

verſetzt glaubte in die fromme, ſchöne Zeit im Vater=
hauſe. Die Stimme ſchwieg; langſam ging er in ſein
Zimmer, überwältigt von ſtürmiſchen Gefühlen. Wie
war er doch damals ſo gut, als er an der Mutter
Seite in frommem Glauben zur Kirche ging. Was
war ſeitdem aus ihm geworden? Er bedeckte ſein Ge=
ſicht mit ſeinen Händen, ſchmerzlich ſeufzend; doch
plötzlich fuhr er auf: Sie trägt die Schuld, wenn ich
anders bin, als ich ſollte! Nicht rückwärts will ich
ſchauen; vorwärts liegt mein Ziel! Schwaches Herz,
du wirſt gerührt durch weiche Töne! Zu etwas Höhe=
rem bin ich geboren, nicht kindiſchen Gefühlen darf
ich mich überlaſſen! Da hörte er dieſelbe Stimme
ſingen: „Noch iſt Polen nicht verloren!“ überſprudelnd
von wilder Freiheitsluſt. Er riß ſeine Thüre auf, die
quellenden Töne hereinzulaſſen. Ja, ja, die Freiheit
will ich erjagen, frei von den Feſſeln kindiſcher Ge=
wöhnung, frei von der Furcht vor dem Kampfe, eile
ich zum Siege, über Vorurtheil und Trug! und frei
wird bald die ganze Welt!

Wer iſt die Sängerin, rief er einem über den
Vorplatz gehenden Mädchen zu. Fräulein Hanold, war
die Antwort. Hanold, wiederholte Otto für ſich, das
iſt ja mein Miethsherr; da mache ich Beſuch!

Er trat vor den Spiegel, ordnete ſeine Haare,
verbeſſerte ſeinen Anzug und klopfte dann an dem
Zimmer, aus welchem die herrlichen Töne gekommen
waren. Er fand zwei junge Mädchen, wovon die ältere
ſiebzehn, die jüngere kaum ſechzehn Jahre alt ſeyn
mochte. Otto erkannte ſogleich, daß erſtere die Sängerin

sey. Es war eine große, schlanke Gestalt mit noch fast
kindlichen Formen, gegen welche die etwas stark mar=
kirten Gesichtszüge in Widerspruch zu stehen schienen.
Diese Züge waren nicht von regelmäßiger Schönheit,
jedoch edel und angenehm und voll lebhaften Aus=
drucks. Die blasse Farbe war durchsichtig, frisch und
durch die dunkeln Haare noch mehr hervorgehoben.
Das Merkwürdigste waren die Augen, welche unter
den langen, dunkeln Wimpern hervorleuchteten, mit
einer Gluth, die eine Regbarkeit des Gefühles, eine
Schwärmerei der Phantasie ahnen ließ, wie sie nur
selten zu finden sind. Leider sind dies Gaben der Na=
tur, eben so gefährlich für die Begabten, wie für Die=
jenigen, welche sich ihnen nahen.

Eva, so hieß die Sängerin, war etwas verlegen,
denn Zimmer und Anzug der Mädchen waren nicht
in der besten Ordnung, obwohl es fast Mittag war.
Keck lehnte dagegen die jüngere Schwester am Fenster.
Fast aufgelöst umspielten goldblonde Haare ein Ge=
sichtchen vom zartesten schönsten Teint und den lieb=
lichsten Zügen. Ihre klaren blauen Augen ruhten neu=
gierig auf dem Eintretenden; ohne alle Schüchternheit
verließ sie ihren Platz und setzte sich neben ihre
Schwester auf ein Sopha, das, wie die ganze Zim=
mereinrichtung mit der Kleidung der Mädchen,
Zeugniß ablegte von der Herabgekommenheit der
Familie.

Otto sprach seine Freude aus über sein Glück,
eine so herrliche Stimme öfters hören zu können.
Ich bin bei der Domkapelle angestellt, antwortete

Eva bescheiden, und muß mich deßhalb täglich üben.

Ja, fiel die Jüngere ein, ist es nicht Schade, für eine so seltene Stimme, daß sie nur im Dome singt? Wie müßte sie auf dem Theater gefallen!

Meine Mutter, erwiderte Eva, wollte nicht, daß ich zum Theater gehe, Du weißt das ja, Babette.

Die Mutter ist schon vor zwei Jahren gestorben, entgegnete diese; damals war Deine Stimme noch nicht, was sie jetzt ist. Jedermann sagt es ihr, sie solle zum Theater gehen; es haben sich schon mehrere vornehme Leute erboten, sie ausbilden zu lassen; und es wäre ein Glück für uns Alle; sie meint aber, sie müsse immer noch der Mutter folgen, die schon so lange todt ist:

Otto war in Verlegenheit, was er sagen sollte; auch er dachte, eine so herrliche Gabe solle Gemeingut für Alle werden und müsse um so herrlicher glänzen, wenn sich Gesang und Poesie vereinigten; aber Babettens herzlose, schnippische Art stieß ihn so sehr ab, daß er ihr hätte widersprechen mögen, wogegen Eva's kindliches Gefühl, das in ihren thränenfeuchten Augen erglänzte, ihn mächtig anzog. Noch zauderte er, als ein schwerer Tritt auf dem Vorplatze hörbar wurde, die Thüre des Nebenzimmers wurde aufgerissen und zugeworfen. Wo sind die faulen Dirnen wieder? erscholl eine unmelodische Stimme von dort; wieder noch kein Tisch gedeckt, wenn ich nach

Haufe komme! Hiermit ging die Nebenthüre auf und
der Vater der Mädchen trat in's Zimmer. Schlotterig
hingen ihm die Kleider am Leibe; die fahle Farbe
des gedunsenen Gesichtes kündigte einen Candidaten
der Wassersucht an. Er schien verlegen wegen seines
kraftvollen Selbstgespräches; Babette sagte trotzig:
Herr Werner macht uns seinen ersten Besuch; wie
konnten wir da den Tisch decken?

Otto entschuldigte sich, daß er Störung im Hause
mache und wollte sich empfehlen, allein Hanold nöthigte
ihn mit übertriebener Höflichkeit, sich zu setzen und
auch ihm das Vergnügen seines Besuches zu Theil
werden zu lassen. Otto sagte dem Vater einige Ar=
tigkeiten über den Gesang des Fräuleins, bat ihn um
Erlaubniß, die Familie manchmal besuchen zu dürfen,
die ihm mit vieler Zuvorkommenheit gewährt wurde,
und ging dann in sein Zimmer. Stürmisch klopfte sein
Herz. Die schöne Gestalt Eva's, ihre schwärmerischen
Augen, die mit derselben Gluth ein mächtiges Gefühl
ausdrückten, wie ihr Gesang, die weichen Laute ihrer
Sprache und die weibliche Anmuth, welche sie umgab,
hatten ihn eben so sehr bezaubert, als er sich von
Vater und Schwester derselben abgestoßen fühlte. Er
hatte nicht der letztern Schönheit bemerkt, nicht beider
Schwestern unordentliche Kleidung, nicht das verwahr=
loste Zimmer mit ehemaligem Luxus, noch des Vaters
vernachlässigten Anzug; er fühlte nur sich mächtig zu
Eva hingezogen, während ihm ihre Verwandten wider=
lich waren, ohne daß er sich hierüber Rechenschaft for=
derte oder sich geben konnte.

Hanold war untergeordneter Beamter auf einer Kanzlei. Sein Hang zu Wohlleben und sein Leichtsinn wurden zurückgehalten durch die glückliche Herrschaft, welche seine brave Frau über ihn ausübte. Seit ihrem Tode überließ er sich seiner Neigung und zerrüttete dadurch seine Gesundheit, und sein Hauswesen. Seine beiden Töchter waren ganz sich selbst überlassen. Die ältere, welche mehr die Erziehung der Mutter genossen, zeigte auch bessere Früchte derselben, doch hatte sie sich seit dem Tode der Mutter dem Romanlesen mit Leidenschaft ergeben und davon verschrobene Ansichten erhalten; dabei war die Ausbildung ihres musikali= schen Talentes ihre einzige Beschäftigung. Für Babette, die jüngere Tochter, war die Mutter viel zu früh ge= storben. Sie hatte mehr Verstand als Eva und weni= ger Gemüth, unbeschränkt bildete sich ihr Egoismus aus; sie that, was sie wollte; Vater und Schwester standen unter dem Einflusse des kaum erwachsenen Mädchens.

Nach einigen Tagen saß Otto dem Eindrucke hin= gegeben, den Eva auf ihn übte, in seinem Zimmer, als Norbert eintrat, der eben angekommen war, um seine Studien der Medicin zu beginnen. Mit einem Schrei der Freude stürzte er in dessen Arme.

Ein Jahr ist lang für die Jugend, und die erste Trennung scheint besonders lang, namentlich wenn, wie bei Otto, das Leben so bewegt war, oder wenn, wie bei Norbert, dem Freunde bange ist um den Freund und er nichts Zuverlässiges über ihn erfahren kann.

Norberts Besorgniß warb nicht gemindert durch
den Anblick Otto's, der um Vieles älter geworden zu
seyn schien und deutlich die Spuren eines ungeordne-
ten Lebens trug, während er selbst frisch, kräftig und
blühend aussah.

Nun, Otto, wie hast Du unterdessen gelebt? fragte
er den Jugendfreund.

Verlegen antwortete dieser: Wie man im ersten
Universitätsjahre lebt; man macht sich bekannt mit
der Stadt, mit ihren verschiedenen Vergnügungsorten,
sieht sich in der näheren und ferneren Umgebung um;
studirt wird dabei freilich nicht viel. Jetzt aber will
ich das Versäumte nachholen. Ich weiß wohl, Du
fängst gleich mit dem zweiten Jahre an; wir können
daher die gleichen Collegien hören.

Otto hatte wirklich den Vorsatz, nun fleißig zu
studiren; seine aufkeimende Liebe zu Eva, wie das
Eintreffen des Freundes und Genossen seiner besseren
Zeit, erfüllten ihn mit Widerwillen gegen seine bishe-
rigen Kameraden. Die traurigen Erfahrungen, die er
unter ihnen gemacht, hatten ihn schon abgekühlt, die
neue Leidenschaft wollte die frühere aus seinem Herzen verdrängen. Er beredete nun mit Norbert die Collegien, welche sie hören wollten und half dann diesem
sich einrichten in der Universitätsstadt.

Nach seinen Eltern fragte er nicht und Norbert
konnte ihm auch nichts Bestimmtes von ihnen sagen,
da er sie bisher immer noch gemieden hatte.

Otto wiederholte bald seinen Besuch bei Hanold;
er traf die Mädchen wieder allein, wieder müssig, weder

ihren Anzug noch das Zimmer in Ordnung. Er be=
merkte es nicht. Auf seine Bitte sang ihm Eva eine
Arie aus Rossini's Wilhelm Tell. Er vermied es ab=
sichtlich, Musik zu hören, die er mit seiner Mutter
gespielt hatte. Seine Geige war nicht aus dem Kist=
chen gekommen, seit er das väterliche Haus verlassen
hatte; nun aber, hingerissen von Eva's zauberischer
Stimme, drängte es ihn, sie zu begleiten, wozu er
leicht die Erlaubniß erhielt.

Eines Theils durch Norberts Beispiel, andern
Theils durch seine Liebe angeeifert, besuchte Otto fleißig
die Collegien; die meisten Abende brachte er bei Ha=
nold zu, wo er auch seinen Freund einführte. So
sehr Norbert von Eva's Stimme und Babettens Schön=
heit geblendet wurde, so berührte ihn doch die Ver=
kommenheit der ganzen Familie zu unangenehm, als daß
er hier hätte heimisch werden können. Er machte Otto
aufmerksam auf die Vernachlässigung aller Ordnung
und selbst der Reinlichkeit, ein unerläßliches Attribut
des weiblichen Geschlechtes; allein dieser meinte, bei
so großen Vorzügen verschwänden diese Kleinigkeiten,
und Genie könne sich nicht um Bürsten und Besen
kümmern.

Aber bedenke nur, welche Grundsätze in dieser Fa=
milie herrschen müssen, der Vater geht unbekümmert
aus und ein, und läßt uns junge Männer so oft wir
wollen mit seinen Töchtern allein die Abende zu=
bringen.

Weil er von ihrer Tugend überzeugt ist. Könnte
14*

auch Eva gegenüber ein unziemlicher Gedanke im Her=
zen auftommen?

Worauf gründet sich diese Tugend? warf Norbert
wieder ein; Eva zeigt lebhafte Phantasie, ein weiches
Herz, ein feuriges Gefühl, Gaben, welche die klarste
Einsicht in die Pflichterfüllung und einen eisernen
Willen fordern, wenn sie nicht Fallstricke für die Tu=
gend werden sollen; ich bemerke aber bei dem guten
Kinde nur sehr verworrene Begriffe und falsche Le=
bensansichten, während ihre Schwester, die schnippische
Schönheit, mit großer Ruhe und Besonnenheit stets
Das zu erreichen strebt, was ihr gefällt.

Was Babette anbetrifft, erwiderte Otto, so muß
man ihre Gesellschaft eben mit in den Kauf nehmen;
aber Eva's ganzes Wesen steht so hoch, daß es nicht
mit dem gewöhnlichen Maßstabe gemessen werden kann.

Norbert schwieg. Er wußte, daß Otto, wenn ihn
eine Leidenschaft erfaßte, blind und taub war. Nebst
der Ueberzeugung von der Nutzlosigkeit seiner Erfahr=
ungen, beruhigte ihn die Wahrnehmung, daß sein
Freund durch diese Liebe mehr von seinen früheren
Genossen abgezogen wurde, daß er fleißig studirte und
geordneter lebte; denn es war ihm, seit er sich in
Würzburg befand, Vieles zu Ohren gekommen, über
Otto's Anwendung des ersten Universitätsjahres.

Otto besuchte sogar regelmäßig Sonn= und Feier=
tags den Dom; freilich nur um Eva's Gesang zu hö=
ren und in der Zwischenzeit das ehrwürdige Gebäude
zu bewundern; um den Gottesdienst kümmerte er sich
nicht.

Die Genossen seiner Verbindung bemerkten miß=
fällig die Veränderung in Otto's Betragen, da sie
aber bald deren Grund in seiner Neigung fanden,
glaubten sie ihn nur um so fester an ihre Bestrebun=
gen fesseln zu können, wenn es ihnen gelänge, den
Gegenstand seiner Liebe für ihre Pläne zu gewinnen.
Und warum sollte es schwer seyn, ein junges, schwär=
merisches Mädchen für eine Idee zu begeistern, die so
erhaben schien?

Den Wunsch einiger dieser Genossen, Otto möge
sie bei der Familie Hanold einführen, wußte er durch
Ausreden zu umgehen; nichts wäre ihm unangeneh=
mer gewesen, als diese wüsten Gesellen in Eva's Ge=
sellschaft zu wissen.

Immer versammelten sich nun einige derselben vor
dem Dome, um Eva bei ihrem Austritte aus demsel=
ben ihren Beifall nach Studentenart kund zu thuen,
was anfänglich das Mädchen verlegen machte, woran
sie sich jedoch leicht gewöhnte. Von anderer Seite drang
man immer mehr in sie, ihr seltenes Talent der Bühne
zu weihen, man stellte ihr den Beifall vor, den sie
ernten, die pecuniären Vortheile, welche sie erringen
würde.

Vater und Schwester vereinigten sich mit jenen
Kunstfreunden; denn ersterer setzte schon lange seine
Hoffnung auf das Talent der einen, die Schönheit
der anderen Tochter. Eva's eigenes Verlangen ging
nach der Bühne, sowohl aus Eitelkeit, die nun immer
mehr gespornt wurde, als aus dem Drange, die in

ihr wogenden und stürmenden Gefühle im dramatischen Gesange auszusprechen.

Selbst Otto, dessen Stimme ein Gegengewicht gegen all dieses geübt haben würde, war damit ein= verstanden, hingerissen durch seine Leidenschaft für Musik.

War es zu verwundern, daß die Warnung der Mutter nicht mehr gehört wurde, vor dem Wortschwalle der Schmeichler und den Verlockungen des eigenen Herzens?

Eva begann den Unterricht, und machte bei ihren großen Anlagen für dramatische Darstellung rasche Fortschritte hierin, wogegen es sich zeigte, daß ihr musikalisches Gedächtniß schwach war, weßhalb sie viele Mühe mit dem Einstubiren einer Rolle hatte.

Der Tag wurde bestimmt, an dem sie als Aennchen im „Freischütz" auftreten sollte.

Oft schon hatte sie Otto die ganze Partie gesun= gen; mit seinem angeborenen und gebildeten Talente gab er ihr Andeutungen und Winke, die sie, von ihm gegeben, treu benützte und die ihr um so nöthiger waren, als ihr Verstand eine geringe Bildung erhal= ten hatte.

Bei den Proben empfing sie die Glückwünsche des ganzen Personales; Vater und Schwester, Freunde und Freundinnen versprachen ihr den ungetheiltesten Beifall; nur Eva selbst fühlte sich zaghaft und be= klommen. Lebhafter als je stand das Bild ihrer Mutter vor ihren Augen und nirgends konnte sie sich der Erinnerung an die Warnung der Verstorbenen erwehren.

Das kleine Theater war, wie gewöhnlich bei
Opern, stark besetzt. Otto's Genossen hatten die
Verabredung getroffen, Eva einen ausgezeichneten
Triumph zu verschaffen, und sich zu diesem Zwecke
in die verschiedenen Räume des Hauses vertheilt.

Als der Vorhang aufging und Aennchen in der
bekannten Scene zeigte, empfing sie, angeregt durch
die Freunde, ein allgemeines Händeklatschen, Blumen,
Verse wurden ihr zugeworfen, wodurch ihre Eitelkeit
und ihr Gefühl so geweckt wurden, daß sie keine
Angst und keine Verlegenheit mehr fühlte; ganz ihrer
Rolle hingegeben, sang sie zum Entzücken der Zuhörer.
Dabei war ihr Aussehen wahrhaft bezaubernd. Ihre
edlen, für die Nähe zu starken Züge mit den glühen=
den Augen, wie ihre große, schlanke Gestalt machten
sie wunderschön auf der Bühne. Es bedurfte nicht
des verabredeten Klatschens, das ganze Publikum
jauchzte ihr Beifall zu, rief sie nach jedem Akte
und am Ende der Vorstellung mußte sie zweimal
sich zeigen. Ihr Glück war entschieden! — Armes
Mädchen!

Hanold, dessen Gesundheitszustand immer bedenk=
licher geworden war, befand sich in einer Loge, um
dem ersten Auftreten seiner Tochter unbemerkt beizu=
wohnen. Der außerordentliche Erfolg ihrer Darstell=
ung wirkte so erregend auf ihn, daß er sich in jedem
Zwischenacte geistige Getränke geben ließ, da er glaubte,
sich an diesem glücklichen Tage mehr als gewöhnlich
erlauben zu dürfen. Nach der Vorstellung fuhr er mit

seinen Töchtern nach Hause. Beifallsbezeugungen hat=
ten Eva bis in den Wagen begleitet.

Der Vater, kaum seiner Sinne mächtig, begab sich
alsbald zu Bette. Eva war zu aufgeregt, um seinem
Beispiele zu folgen; sie blieb bei Babette sitzen, welche
sich ein besser als gewöhnliches Nachtessen schmecken
ließ.

Otto streckte seinen Kopf zur Thüre herein, um zu
fragen, ob er noch seinen Glückwunsch aussprechen
dürfe. Seyen Sie uns herzlich willkommen, rief Eva
in ihrer freudigen Stimmung. Sie war noch im Co=
stüme Aennchens, ihre sonst so blassen Wangen waren
geröthet von der heftigen Aufregung des Abends, ihre
Augen sprühten Flammen; selbst Babettens regelmäßige
Schönheit erbleichte heute beim Lampenscheine vor der
herrlichen Gestalt der Schwester.

Eva! rief Otto, und blieb voll Bewunderung stumm
vor dem Mädchen stehen.

Herr Werner, rief ihm Eva entgegen, ich weiß,
welch großen Theil von dem Erfolge dieses Abends
ich Ihnen schulde; ohne Ihre Hilfe, Ihre Belehrun=
gen, wer weiß, wie mein Auftreten ausgefallen wäre.
Nein, nein, entgegnete Otto schwärmerisch, mir haben
Sie nichts zu danken, bei solcher Vollkommenheit ist
der Erfolg gewiß. Eva, Sie stehen so hoch über mir,
darf ich mich noch Ihrer Freundschaft rühmen? Oder,
fügte er zärtlich bei, daß ich es aufrichtiger sage, darf
ich Sie lieben? Stoßen Sie das Herz eines Menschen
nicht zurück, der Ihnen sonst nichts zu bieten vermag?

Er bemerkte nicht, daß sich Babettens schöner Mund zu einem spöttischen Lächeln verzog.

Otto, rief tief erröthend Eva, und reichte ihm die Hand entgegen, als ein lautes Stöhnen im Neben= zimmer die Gesellschaft aufschreckte. Alle drei eilten da= hin und fanden den Vater besinnungslos, vergebens nach Athem ringend. Sie suchten ihm Erleichterung zu schaffen, allein sein Zustand verschlimmerte sich schnell; Otto eilte zum nächsten Arzte; Babette rief Leute aus dem Hause zu Hilfe, während Eva Alles that, was Otto in der Eile angerathen hatte. Es schien vergeblich. Eine Person aus dem Hause lief nach einem Priester; aber ehe Arzt oder Priester kam, hatte der Vater in Eva's Armen die letzte Anstreng= ung Luft zu erhalten gemacht; er sank als Leiche zurück.

In wildem Schmerze warf sich Eva über ihn; es schien ihr unmöglich, daß das Leben so schnell ent= fliehen könne. Sie war in so heftiger Aufregung, daß der für den Vater zu spät kommende Arzt ihr eine Arznei zu verordnen nöthig fand. Babette weinte eine Zeit lang, dann berieth sie sich mit den Anwesenden über Das, was geschehen mußte.

Der plötzliche Wechsel der Empfindung hatte so erschütternd auf Eva gewirkt, daß sie mehrere Tage fast besinnungslos war. Langsam kam sie wieder zu einiger Fassung. Von allen Seiten erhielten die nun ganz allein stehenden Mädchen Zeichen der Theilnahme. Am nächsten stand ihnen Otto, der sie überall unter= stützte und für ihre Interessen besorgt war. Ihre Ver=

mögensverhältniße waren trauriger, als sie je geglaubt
hätten; es blieb ihnen nichts, als was zur höchsten
Nothburft gehörte. Sehr erwünscht war es ihnen daher,
daß nach kurzer Frist die Theaterdirection Unterhand=
lungen mit Eva anknüpfte, sie für den Winter zu
engagiren. Fast zu gleicher Zeit traf ein Anerbieten
von der Oper in München ein, viel vortheilhafter als
jenes des Provinzialtheaters. Babette, die sich immer
eine Art Vormundschaft über Eva anmaßte, obgleich
sie jünger war, fand dies ganz nach ihrem Wunsche.
Sie hatte schon längere Zeit den Plan, ebenfalls sich
der Bühne zu widmen, jedoch für das Schauspiel, da
sie nur eine unbedeutende Stimme hatte.

Eva berieth sich mit Otto, welcher den Vortheil
des Münchener Anerbietens so überwiegend fand, daß
er nicht glaubte, dagegen rathen zu dürfen. Er hoffte,
die Erlaubniß von seinem Vater zu erbitten, das
nächste Jahr in München zu studiren.

Der Regierungsrath Werner hatte dieses Jahr
hindurch bessere Nachrichten über seinen Sohn erhalten,
als im vorigen; derselbe hatte die Collegien besucht,
hatte mehr zu Hause studirt und sich keiner Ueber=
schreitungen schuldig gemacht. Die Briefe des Sohnes
waren weniger theilnahmlos und nicht bloß als Bitten
um Geld zu betrachten. Werner war um so mehr
versöhnlich gestimmt, als er sich in seiner Häuslichkeit
wieder behaglich fühlte, das freudig gedeihende Töch=
terchen ihn erheiterte, während die Mutter Alles auf=
bot, um ihn bei guter Laune zu erhalten. Vergnügt
trat er daher eines Tages mit einem Briefe in Lina's

Zimmer und sagte: Otto wird kommen! Endlich nach
zwei Jahren sehnt er sich doch wieder in das elterliche
Haus.

Lina verbarg ihren Schrecken bei dieser Nachricht.
Hatte sie zwar die Ruhe ihres Herzens durch strenge
Pflichterfüllung erkämpft, so bangte ihr doch vor dem
ersten Zusammentreffen. Indessen baute sie auf Gottes
Beistand, da sie diese Begegnung weder veranlaßt
hätte, noch sie hindern konnte.

Otto kam. Der Vater war überrascht von dem
männlichen Aussehen und dem gewandten Benehmen
des Sohnes. Lina eilte ihm freundlich entgegen, wurde
aber von ihm kalt, fast fremd begrüßt.

Sein verändertes Aussehen, welches schon verblühte
Jugend zeigte, wie sein schroffes Betragen machte auf
sie den Eindruck, als sey es nicht der früher von ihr
so geliebte Sohn, so daß sie für die Ruhe ihres Herzens nichts zu fürchten hatte. So sehr sie Gott dafür
dankte, schmerzte es sie doch im Innersten ihres Herzens
tief, wo sie sich es kaum selbst gestand, daß Otto ihr also
begegnete; aber muthig kämpfte sie gegen die Regungen
ihres Herzens und rief in ihm wahre Mutterliebe hervor,
gegen jenes frühere selbstsüchtige Gefühl. Lina's Aeuße-
res hatte sich in den zwei Jahren wenig verändert;
sie mochte durch größere Körperfülle und mehr Sicherheit des Benehmens Vielen selbst besser gefallen als
früher.

Otto fand Lina nun weder schön noch jugendlich;
gegen die schwärmerische Eva schien sie ihm kalt und
unpoetisch. Er schämte sich seiner früheren Neigung zu

ihr; sein Zorn, daß sie ihn aus dem Hause vertrie=
ben, erwachte auf's Neue und er befliß sich, ihr recht
deutlich zu zeigen, wie gleichgiltig sie ihm sey, um sie
womöglich über seine früheren Gefühle irre zu führen.
Seine Unterhaltung mit der Mutter bestand fast bloß
in Lobeserhebungen Anderer ihres Geschlechtes, wobei
er seiner schönen Hausgenossin mit so feurigen Wor=
ten gedachte, daß Lina leicht seine Neigung errieth,
während er sich vor dem Vater wohl hütete, sie nur
zu erwähnen, da der Regierungsrath gegen eine der=
artige Verbindung seines Sohnes unerbittlich gewe=
sen wäre.

Nach einigem Kampfe erreichte Otto vom Vater
die Erlaubniß, das nächste Jahr in München zu stu=
diren, und sobald er dieselbe hatte, eilte er dahin, um
bei Eva's Ankunft schon bekannt zu seyn und ihr
nützen zu können.

Niemand war weniger zufrieden mit Otto's Ueber=
siedelung nach München, als Norbert, der ihm nicht
dahin folgen konnte. Er hatte gehofft, Eva's Entfer=
nung werde die lockere Verbindung lösen, in welcher
er nie ein Glück für Otto erkennen konnte. Er glaubte,
daß derselbe sich dann wieder um so mehr an ihn an=
schließen werde und erwartete, durch seinen Einfluß
ihn von den Gesellen jener Verbindung völlig los zu
machen, da er schon jetzt ihre Versammlungen selten
mehr besucht hatte. Nun sah er ihn so fest in die
Netze der Liebe verstrickt, daß er einer jungen Opern=
sängerin nachzog, die ohne feste Grundsätze, mit ver=
schrobenen Ansichten, einem feurigen, leicht erregbaren
Gefühle eine Laufbahn betrat, deren Boden so schlüpfe=
rig ist, daß die kleinste Unvorsichtigkeit sich mit einem
Falle bestraft. Eva hatte sich in Würzburg einen guten
Ruf bewahrt. Ihre geringen Mittel nöthigten sie, be=
scheiden aufzutreten; sie stand der Form nach unter
dem Schutze ihres Vaters, obgleich derselbe ihr wenig
Anhalt bieten konnte; noch jeden Sonntag sang sie im
Dome, wozu ein tabelloser Wandel Bedingung war;
vor Otto's Genossen, die auf alle Weise sich ihr zu
nähern suchten, um sie für ihre Sache zu gewinnen,

mußten Otto und Norbert durch verschiedene Kunst=
griffe sie zu sichern; sie selbst bewegte sich zu sehr blos
in einem Phantasieleben, beschäftigt mit Musik und
befriedigt durch Otto's Liebe, als daß sie der übrigen
Welt viel Aufmerksamkeit geschenkt hätte.

Anders war es in München. Otto hatte zwar für
die beiden Schwestern eine Wohnung gefunden im
Hause einer achtbaren Familie, aber sie standen doch
selbstständig und allein in der großen Stadt, wo sich
bald, angelockt durch das Talent der einen und die
Schönheit der anderen, junge Männer der verschie=
densten Art an sie drängten, gegen welche für Eva
ihre Liebe zu Otto ihr einziger Schild war. Babette
hatte durch ihren scharfen Verstand, ihr kaltes, selbst=
süchtiges Herz und ihren Stolz einen Schutz gegen ge=
wöhnliche Versuchung. Sie hatte beschlossen, ihr Herz
nur einem Manne zu schenken, der ausgezeichnet wäre
durch Geburt, Rang und Vermögen, um ihr ein Leben
nach ihrem Wunsche bereiten zu können. Inzwischen
schmeichelte ihrer Eitelkeit doch jede Huldigung; auch
verschmähte sie nicht die Mittel der Gefallsucht, um
Männer anzuziehen und um sich zu versammeln. Bald
nach ihrer Ankunft in München erklärte sie ihrer
Schwester, daß sie ebenfalls sich dem Theater widmen
wolle.

Du hast ja keine bedeutende Stimme, liebe Babette,
entgegnete ihr diese.

Ich will ja nicht singen. Meinst Du, man müsse
singen, um zu gefallen? Schon manche Schauspielerin
hat ihr Glück gemacht, ohne Sängerin gewesen zu seyn.

Fräulein Babette, sagte Otto, Sie sind zu reich an Verstand, als daß ich glauben könnte, daß sie auch Phantasie und Gefühl, die nöthigsten Eigenschaften für das Theater, in demselben Maße besitzen werden. Nehmen Sie mir nicht übel, daß ich Ihnen offen sage, ich glaube nicht, daß Sie sich als Schauspielerin auszeichnen werden.

Unerbetener Rath ist lästig, wie ein Regenschirm bei hellem Wetter! Ich bin entschlossen und werde mich nicht abhalten lassen! entgegnete trotzig das Mädchen. Babette that die nöthigen Schritte, um die Erlaubniß zu einem theatralischen Versuche zu erhalten, studirte bei einer Schauspielerin die Rolle der Preziosa ein und trat an einem Abende darin auf.

Eva saß mit Otto in einer Loge in Todesangst, allein es ging ihrer Schwester besser, als sie erwartete. Die schöne Erscheinung ward freudig beim Auftreten begrüßt und ihr Spiel als das einer Anfängerin mit Nachsicht beurtheilt; man klatschte ihr Beifall zu, um sie zu ermuntern, in dem Glauben, daß ihr steifes, seelenloses Spiel die Folge ihrer Befangenheit sey.

Babette kam triumphirend nach Hause. Sie studirte nun mehrere Rollen ein und erhielt eine kleine Anstellung an dem königlichen Theater.

Beide Schwestern hatten bei ihrer Ankunft in München ihre Namen, welche ihnen zu prosaisch schienen, geändert, Eva nannte sich Eveline und Babetta nahm den Namen Bertha an; wir werden

sie daher künftig auch nach dieser poetischeren Weise
nennen.

Eveline nahm Unterricht bei den ersten Lehrern
der Hauptstadt, sowohl um ihr musikalisches Talent
höher auszubilden, als auch für die dramatische Darstellung. So glänzend auch ihre Talente hiefür waren
und so vielen Fleiß sie auf deren Vervollkommnung
verwandte, so fehlte ihr doch immer ein richtiges Urtheil, um ganz selbstständig in der Kunst werden zu
können, wo sie von ihrer Phantasie und ihrem Gefühle richtig geleitet wurde, riß sie das Publikum un-
widerstehlich mit sich fort, dagegen aber war sie nie
sicher vor groben Verstößen. Dabei kostete es ihr große
Mühe, die Musik auswendig zu lernen, was ihr nur
durch sehr oft wiederholte Uebungen gelang. Otto er-
gänzte diese Mängel durch seine unermüdliche Hilfe;
er studirte mit ihr die Partieen ein, wiederholte sie
mit ihr unverdrossen, bis er sicher war, daß Eveline
sie richtig aufgefaßt und fest im Gedächtnisse hatte.

Otto warf sich nun selbst wieder mit Leidenschaft
auf das Studium der Musik, wozu in München so
viele Gelegenheit geboten wurde. Die reichen Kunst-
sammlungen nahmen seine Zeit ebenfalls in Anspruch,
während er durch die enge Verbindung mit den beiden
Bühnenkünstlerinnen eine Menge Bekanntschaften machte,
welche gepflegt seyn wollten. Wie wäre es unter diesen
Verhältnissen möglich gewesen, seinen Berufsstudien
obzuliegen. In der That besuchte er wenig die Collegien und studirte noch weniger und was das Schlimmste
war, die geheime Verbindung, welcher er in Würz-

burg angehörte, bestand in München ebenfalls und
nahm ihn sogleich in Besitz. Hier war kein Norbert,
der ihn vor ihrem Einflusse bewahrte. Unter den Vielen,
welche die Schwestern umschwärmten, waren auch Genossen jener Verbindung, die Otto nicht mehr ganz
von ihnen abhalten durfte, weil ihr Haß den Künstlerinnen zu viel hätte schaden können. Er schätzte sich
glücklich, wenn es ihm gelang, die ausgelassensten derselben ferne zu halten. Ihre Darstellung von künftiger
Freiheit, von Glück und allgemeiner Brüderlichkeit der
Völker verfehlte nicht, auf Evelinens Phantasie einen
mächtigen Einfluß zu üben. Sie hörte beifällig ihren
Reden zu, über den Druck, der jetzt die Geister fessele,
über die endliche Befreiung derselben und das fröhliche
Aufblühen alles menschlich Guten und Schönen. Ihr
schönes Auge glühte bei dem Gedanken, daß Otto, daß
sie selbst beitragen könnte, dies Ideal zu verwirklichen. Sie sang mit wilder Begeisterung die Frei-
heitslieder der Umsturzpartei und entflammte dadurch
noch mehr das Feuer, durch welches sie entzündet
worden.

Hier war es Bertha, welche abmahnte. Ihr klarer
Verstand sah die Verblendung der jungen Männer
und die Bethörung ihrer Schwester; sie hatte die
Ueberzeugung, daß andere hinter diesen ständen, welche
von selbstsüchtigen Zwecken getrieben, das Bestehende
stürzen wollten, um in dem Chaos für sich zu erhaschen, was nach ihren Wünschen war. Wenn Bertha
auch gerne Manches, was errungen werden sollte, für
sich gewünscht hätte, wie eine freiere Stellung der

Frauen, Reichthum und Wohlleben, die Allen zu Theil
werden sollten, so war sie doch zu vorsichtig, um etwas
Bestehendes erst zerschlagen zu wollen, ehe das Unge=
wisse, erst zu Erstrebende gesichert wäre.

Bei diesem Leben der Schwestern war eine bessere
Entwickelung des Geistes und Herzens, eine festere
Grundlage für ihre Weltanschauungen nicht zu erwar=
ten. Eveline, die nach der Anleitung ihrer guten
Mutter und als Domsängerin früher ihre religiösen
Pflichten pünktlich und gerne erfüllt hatte, war in
ihrer neuen Stellung, in München, nach und nach
ganz davon abgekommen, während Bertha nie gewissen=
haft darin gewesen war. Bald mußte die Sängerin
bei feuchtem Wetter Rücksicht auf ihre Stimme nehmen,
bald hatte sie eine wicht'ge Rolle einzustudiren, bald
kam ein Besuch, den sie meinte, nicht abweisen zu
dürfen, und sie blieb vom Gottesdienste weg. Nach
und nach entwöhnte sie sich ganz davon, obgleich sie
sich es am Anfange ihrer künstlerischen Laufbahn so
schön gedacht hatte, Kunstschwärmerei mit Frömmig=
keit zu verbinden. Ihre Umgebung war freilich nicht
dazu geeignet, ihrer Gefühlsandacht Nahrung zu geben;
die meisten dieser Leute glaubten auf einem sehr hohen
Standpunkte zu stehen, wenn sie sich von aller Reli=
gion losgesagt hatten, oder sie bünkten sich sehr re=
ligiös, wenn sie jeder Confession gleiche Achtung zollten
und überall das mitmachten, was ihnen gefiel und
außer Acht ließen oder verwarfen, was ihnen nicht
zusagte, ohne irgend eine Religion gründlich zu kennen
und somit den Widerspruch zu finden, in den sie ge=

riethen, wenn sie alle gelten ließen. Daß ihre morali=
schen Grundsätze eben so oberflächlich, so schwankend
und schwach waren, mußte die natürliche Folge
ihrer mangelnden Erkenntniß der göttlichen Wahr=
heit seyn.

Die beiden Schwestern nahmen diese Ansichten
in sich auf und bildeten ihre Grundsätze darnach,
verschieden von einander, wie es ihre Charaktere be=
dingten.

Eveline ließ sich von Gefühl und Phantasie leiten,
während Bertha überlegte, was für die Erlangung
eines angenehmen Lebens am vortheilhaftesten wäre.

Otto gab sich keine Rechenschaft über seine Grund=
sätze und Ansichten; seine Zeit, sein Geist, sein Herz
und sein Körper waren in München zu sehr in An=
spruch genommen, als daß er ernstlich über sein Le=
ben und seine Bestimmung nachgedacht hätte. Er ließ
sich auf dem Meere der ihn umfluthenden Einwirkun=
gen treiben und gab sich jeden Augenblick dem Ge=
fühle hin, welches gerade erregt wurde. Manchmal
freilich durchzuckte ihn schmerzlich der Gedanke an seine
Zukunft; was sollte aus ihm werden? Dann tröstete
er sich jedoch bald wieder, daß er seine Studien im=
mer noch nachholen könne, sobald Eveline seine Nach=
hilfe weniger nöthig habe. Evelinens hochgespannte
Hoffnungen in Beziehung seiner, die sich beim Aus=
bruche der neuen Zeit der Freiheit verwirklichen soll=
ten, konnte er nicht theilen; seine Erfahrungen hatten
seine Begeisterung für diese Bestrebungen geschwächt.

Würde ihn Jemand gefragt haben, ob er bei die=

sem Leben glücklich sey, so wäre wohl ein tiefer Seufzer die Antwort gewesen. So hoch er Evelinens Liebe
schätzte, so war doch dieses Glück mit vielen Bitter-
keiten gemischt. Wenn er auch oft die Bewerber um
ihre Gunst mit Stolz betrachtete, so erregte doch auch
Mancher seine Eifersucht; ein freundlicher Blick Evelinens, ein Zeichen des Wohlwollens gegen einen der
sie Umgebenden war hinreichend, Otto's Laune zu trüben. Wenn er sich herzlich freute über der Geliebten
steigende Gunst bei dem Publikum, so fühlte er auch
alle Kränkungen, Zurücksetzungen und Verkleinerungen,
die ihr Neid, Bosheit oder die Freunde einer anderen
Künstlerin bereiteten. Ueberhaupt hatte er Gelegenheit,
die Menschen von ihrer unvortheilhaften Seite kennen
zu lernen; er ward reich an Erfahrungen auf Kosten
seines Vertrauens, seiner Unbefangenheit, seiner Offenheit und seiner Ruhe. Dazu kam noch, daß seine Stellung zu den Schwestern eine so zweideutige war, daß
sie ihm nirgends Achtung verschaffen konnte und er
auch hieraus manche Bitterkeit zu kosten bekam. So
vergingen zwei Jahre in München. Eveline war nun
als Sängerin vollkommen ausgebildet und hätte an
jeder Oper die ersten Partien übernehmen können.
Sie genoß die Gunst eines großen Theiles des Publikums, aber ihre Verbindung mit Männern, die als zur
Umsturzpartei gehörig mehr oder minder bekannt waren und deren Unterstützung bei ihrem jedesmaligen
Auftreten, zog ihr eine Gegenpartei zu, mit welcher
sich die Verehrer anderer Sängerinnen vereinigten.
Ueberdieß waren die ersten Partien vollzählig besetzt;

Eveline hatte daher keine Aussicht, hier weiter zu kommen.

Bertha war zu wenig Künstlerin, um ihres Spieles wegen Beifall zu erringen. Ihrer Schönheit wegen, die sie überall geltend zu machen verstand, ward er ihr gleichwohl gezollt, und von den Gliedern jener Gesellschaft ward auch sie gehoben. Beide Schwestern hatten zusammen ein ganz hübsches Einkommen, allein sie waren ganz arm nach München gekommen und wollten wohnen, leben und sich kleiden wie Leute, die längst in guten Verhältnissen waren; da ihnen außerdem der Sinn für Ordnung und Führung des Hauswesens abging, so geriethen sie sehr oft in Verlegenheiten, daher selbst Eveline, die sich nicht leicht mit Dingen der Wirklichkeit befaßte, sehnlichst eine bessere Stellung wünschte. Höchst angenehm war daher ein Anerbieten von Berlin, Eveline unter sehr vortheilhaften Bedingungen für die dortige Oper zu gewinnen.

Für Otto war diese Nachricht ein Donnerschlag. Er durfte nicht auf die Einwilligung seines Vaters rechnen, wenn er ihn bat, ihn die Universität von Berlin besuchen zu lassen. Die Briefe desselben waren in letzter Zeit so drohend, daß eher zu fürchten stand, er werde ihm überhaupt keine Mittel mehr bewilligen, für ferneren Aufenthalt auf einer Universität, da er wohl erfahren hatte, wie der Sohn seine Zeit in München zubrachte. Selbst sein Verhältniß zu Eveline war ihm zu Ohren gekommen und die oftmaligen Geldforderungen desselben ließen ihn vermuthen, daß er ihre

Gunst durch Geschenke erwiderte, wie er denn auch
wirklich oft die Verlegenheiten der Schwestern durch
seine Casse aufhob. Bertha, die sich Otto's allzeit bereite
Hilfe zwar sehr gerne gefallen ließ, konnte sich doch
nie genauer mit ihm befreunden; ihre Naturen waren zu verschieden, und der Gedanke, ihn, der weder
durch Reichthum noch durch Ansehen sich auszeichnete,
einst als ihren Schwager zu sehen, war ihr vollends
unerträglich. Eveline sollte eine glänzende Partie machen, wie sie für sich selbst keine andere wollte. Sie
wandte all den Einfluß an, welchen sie auf die träu-
merische Schwester hatte, um den Gedanken an eine
eheliche Verbindung mit Otto von dieser ferne zu halten. Ihr wäre es ganz erwünscht gewesen, wenn Otto
in München geblieben wäre, allein Eveline erklärte
mit aller Energie der Leidenschaft, sie nehme das En-
gagement nur dann an, wenn Otto mit nach Berlin
gehe.

Zagend wagte Otto den Versuch, seinen Vater zur
Einwilligung zu bewegen; er stellte ihm die Vortheile
vor, die Berlin für sein Studium biete und versprach,
durch den angestrengtesten Fleiß nachzuholen, was er
in München versäumt hatte.

Nach wenigen Tagen kam er in höchster Aufregung zu Evelinen. Sein Vater hatte seine Bitten abgeschlagen. Für München wolle er ihm noch ein Jahr
Frist gönnen; aber für Berlin dürfe er auf keine Unterstützung rechnen.

So bleiben wir hier! rief Eveline aus.

Warum nicht gar! erwiderte Bertha; hier bleiben,

wo wir nie unser Glück machen werden, während es sich uns von Berlin aus darbietet. Das nächste Jahr müßte Otto ja doch von hier weg; was dann? Glaubst Du, man fragt Dich dann wieder, ob Du fünftausend Thaler willst? Sollen wir uns hier fort und fort behelfen, während wir dort herrlich leben könnten? Das darf nicht seyn, Eveline!

Nein, theure Freundin, sagte Otto betrübt, das Opfer wäre zu groß; ich dürfte es nicht annehmen.

Was man aus Liebe thut, Otto, kann kaum ein Opfer heißen. Was frage ich nach Reichthum und Ehre, nach Wohlleben und Reichthum, wenn mein Herz darüber brechen müßte

Ei, Eveline, wer stirbt denn an gebrochenem Herzen? Das ist nur Sache der Romane.

Bertha, rief nun aufgeregt die Schwester, ich habe Dir bisher viel zu sehr nachgegeben; in dieser Angelegenheit aber bleibe ich fest; das ist meine ganz eigene Sache. Willst Du gehen, so gehe und versuche Dein Glück allein. Wenn Du doch so sehr auf unseren Nutzen siehst, so sage mir, wer soll mir ohne Otto meine Rollen einstudiren? Weißt Du vielleicht nicht, daß ich mir allein nicht helfen kann?

Du hast dort Mittel genug, einen Musiker zu honoriren, erwiderte Bertha.

Eveline fuhr ein Gedanke durch den Kopf; einen Musiker honoriren? sagte sie schüchtern, ei, wenn meine Stellung in Berlin eine so glänzende wird, so

könnte Otto als mein Kapellmeister mitgehen. Werden
Sie mir diese Bitte abschlagen, Otto?

Bertha stand verblüfft; sie hatte selbst die Schwester auf diesen ihr verhaßten Gedanken gebracht, den
sie ohne die größte Unart in Otto's Gegenwart nicht
bekämpfen konnte. Evelinens Festigkeit überraschte sie
und nöthigte sie zur Nachgiebigkeit, denn sie fühlte
trotz ihrem Stolze, daß sie bis jetzt ohne die Schwester keine glänzende Aussicht hatte. Eine geringe Hoffnung blieb ihr, Otto werde dies Anerbieten nicht annehmen.

Allerdings empörte sich sein Gefühl dagegen, völlig abhängig zu seyn von Evelinens Gunst, ihr seine
ganze Existenz verdanken zu müssen; allein die Leidenschaft weiß Vorwände und Ausflüchte; sie stellte ihm
vor, daß er allerdings der Geliebten nothwendig sey,
da besonders viel von ihrem ersten Auftreten abhänge;
daß er, wenn auch von ihr unterstützt, in Berlin fleißig studiren wolle, um sich eine Stellung zu erringen,
welche er mit ihr theilen könne.

Nach einem peinlichen Schweigen aller Drei erhob
er sein auf die Hand gestütztes Haupt und sagte mit
Ueberwindung: Eveline, ich kann nicht hier bleiben
ohne Sie und darf nicht zugeben, daß Sie meinetwegen Ihr Glück verscherzen. Glühend roth vor Be-
schämung fügte er bei: Ich nehme Ihr Anerbieten
an und hoffe, Ihre Großmuth einst vergelten zu
können!

Bertha biß sich auf die Lippen; Eveline stürzte
auf Otto zu, nahm leidenschaftlich seine Hand in die

ihrigen und rief: Ich wußte es ja, daß Sie mich nicht verlassen werden! Auf denn, nach Berlin!

Es war ein schwerer Kampf für Otto, als er nun einsah, daß er sich durch seinen Ungehorsam völlig von seinem Vater losriß. So lange Eveline im Zweifel war, ob sie nach Berlin gehen sollte, schien es ihm so leicht, ihr zu folgen, als aber die Entscheidung gegeben war, stand doch die Kluft, welche sich dadurch zwischen ihm und dem Vater öffnete, furchtbar vor seinen Augen. Allein er war so weit gegangen, daß er glaubte, nicht zurückgehen zu können, oder vielmehr, er fühlte sich zu schwach, es zu wollen. So hatte er also durch Nachgiebigkeit gegen seine Leidenschaft abermals keinen Frieden finden können.

Evelinens Auftreten in Berlin war von dem größten Beifalle begleitet, der sich immer mehr steigerte, so daß sie bald der Liebling des Publikums ward.

Auch Bertha's verständiges, allzeit durchgedachtes Spiel, verbunden mit ihrer hinreißenden Schönheit, gefiel hier besser als in Süddeutschland, wo man zu sehr Gefühl, Phantasie, kurz, die Seele vermißte.

Die Schwestern hatten eine schöne große Wohnung gemiethet, worin auch der Kapellmeister sein Zimmer fand, sie elegant eingerichtet und bewegten sich nun auf einem großen Fuße. Mit Ausnahme der Tage, wo sie in ihrem Berufe beschäftigt waren, stand ihr Salon Jedem offen, der sich ihnen vorstellen ließ, und nicht allein Bühnenkünstler und Literaten aller Art versammelten sich hier, sondern auch Lebemänner aus allen Ständen der großen Hauptstadt ließen sich durch die reizenden Schwestern anziehen. Viele der Besucher gehörten der Freiheitspartei an; Eveline schwärmte für deren Ideen und zog auch Otto wieder in diesen Kreis.

Otto war nicht sowohl aus Vergnügen als aus Eifersucht allzeit zugegen. Ihm war dieser Schwarm um Eveline unendlich zuwider und doch, behauptete Bertha, bedürfen Künstlerinnen Freunde, die sie unterstützen und gegen Neid und dessen Intriguen vertheidigen. So sehr er auch sich zurück wünschte in die süße Zeit, wo er in Würzburg allein der Stimme der Geliebten horchte, sie auf dem Claviere oder der Violine begleitete, sie war für immer verloren! In München war das Verhältniß der beiden Liebenden, wenn auch vor der Welt zweideutig und für sie selbst höchst gefährlich und deßhalb verwerflich, doch kein unsittliches gewesen; allein durch das ganz veränderte Leben in Berlin, durch die fortwährende Aufregung, welche Oper, Theater, Gesellschaften und Eifersucht hervorriefen, wuchs ihre Liebe schnell zu schnöder Leidenschaft auf und nahm durch den ungezwungenen Verkehr, dem sie sich hingaben, bald einen verderblichen Charakter an.

Es mochte etwa ein halbes Jahr in Berlin verflossen seyn, als Bertha öfters an Evelinen rothgeweinte Augen bemerkte; oft fand sie dieselbe in einen Lehnstuhl gedrückt, in's Weite starrend und tiefen Kummer in den Zügen tragend. Bertha war viel zu selbstsüchtig, als daß fremdes Leid sie alsbald gerührt hätte, unbequem aber war es ihr allerdings; sie wollte

eine heitere Umgebung. Als eines Tages Eveline wie=
der besonders kummervoll und schweigend da saß,
fragte sie endlich, was ihr fehle, da sie seit einiger
Zeit so langweilig sey.

Tief erröthend seufzte die Schwester und sagte
endlich, dem strengen Blicke Bertha's ausweichend: Ich
weiß, daß Du das nicht billigen wirst, was ich vor=
habe, und doch mußt Du es wissen.

Nun, so sage es gleich, ohne weitere Umschweife.

Ich werde mich verheirathen.

Bertha durchlief in einem Gedanken die Reihe der
Männer, welche ihrer Schwester nahe kamen, sie konnte
von keinem eine Verbindung mit derselben sich denken.
Nun, mit wem? fragte sie, immer im Tone einer
Hofmeisterin redend.

Mit wem? kannst Du fragen? antwortete Eveline
mit Wärme, als ob Dir nicht meine Liebe zu Otto
bekannt wäre!

Mit — Otto! wiederholte Bertha, in helles Lachen
ausbrechend, mußtest Du deßhalb Dein schönes Talent
ausbilden, deßhalb die große, erste Künstlerin Berlins
seyn, deßhalb einen Kreis von hochgestellten Männern
um Dich sammeln, um Deinen — Kapellmeister zu
heirathen? Nein, Eveline diese Schmach wirst Du
weder Dir noch mir anthuen!

Sprich nicht so! fuhr die Schwester wild auf; Du
kennst meine Liebe zu ihm. Und, damit Du alles weißt,
— es ist das einzige Mittel, der Schmach und der
Schande zu entgehen.

Bertha heftete ihren kalten Blick streng auf Eveline,

indem sie mit eisiger Kälte sagte: Ist es so weit gekommen? Habe ich mich mit Unrecht seinem Hieher-
kommen widersetzt? Nun trage die Folgen Deiner Unbesonnenheit! Nach einigem Besinnen fuhr sie fort:
Doch wollen wir nicht zu der einen noch die zweite
fügen. Eine alberne Heirath ist nicht wieder gut zu
machen und Lächerlichkeiten das Allerschlimmste.

Otto soll nur fleißig studiren, nicht wahr Bertha,
daß er bald doctoriren kann; dann ist es ein ganz
anderes Verhältniß, sagte eingeschüchtert die Schwester.

Ja, er soll freilich studiren, fiel Bertha rasch ein,
und sich dazu ein Studentenzimmer miethen, denn in
unserem Hause findet er zu viele Zerstreuungen.

Aber Bertha, dadurch ist ja meine Ehre nicht gerettet, sagte Eveline in ängstlichem Tone.

Du hast ja zwei Monate Urlaub in Deinem Con-
trakte; statt ihn zu einer Kunstreise zu benützen, gibst
Du vor, einer Erholung zu bedürfen und begibst Dich
in irgend ein kleines, unbekanntes Seebad und wenn
Du zurückkommst, ist Alles wie zuvor.

Ach, liebe Bertha, Du begleitest mich doch?

Ich habe große Pläne an eine Kunstreise geknüpft,
aber ich sehe wohl, ich muß sie Dir zum Opfer bringen.
Dafür versprich mir aber, daß Du künftig mehr auf
meinen Rath hören willst.

Ach, ich will Dir ja folgen! Ich weiß wohl, daß
Du viel mehr Verstand hast, als ich; ich habe zu viel
Phantasie!

Otto ließ sich im neuen Semester immatrikuliren,
bezog ein Zimmer in der Nähe der Universität und

begann wieder seine medicinischen Studien, natürlich
alles auf Kosten Evelinens, da er von Hause nichts
erhielt und auch nicht mehr dem Vater schrieb. In=
dessen fuhr er fort, Evelinen ihre Rollen einzustudiren
und so viele Zeit bei ihr zuzubringen, als ihm mög=
lich war. Dies lag nun gar nicht in Bertha's Plan,
welche hoffte, ihn nach und nach gänzlich von ihrer
Schwester zu entfernen.

Wie verabredet, brachten die Schwestern ihren Urlaub in einem kleinen Badeorte an der Nordsee zu,
das nur von den Bewohnern der Umgegend besucht
wurde. Das kleine Mädchen, welches dort zur Welt
kam, wurde einer Frau des Ortes übergeben, welche
die Pflege derartiger armer Geschöpfe, welche den
Verirrungen der Residenzbewohner ihr Leben verdanken, zu ihrem Geschäfte gemacht hatte. Eveline
versprach ihr stete Dankbarkeit und reichen Lohn,
wenn sie an dem armen Wesen Mutterstelle ver-
träte.

Mit schwerem Herzen kehrte sie nach Berlin zurück.
Als sie jedoch bei ihrem ersten Auftreten mit neuem
Jubel empfangen, als ihre Zirkel wie zuvor besucht
wurden und sie nirgends eine Veränderung gegen sich
wahrnahm, trat jenes Ereigniß mehr in den Hintergrund; sie gab sich wieder der Gesellschaft, der Eitelkeit und dem Vergnügen hin.

Daß Evelinens Ausgaben in keinem Verhältnisse
mit ihrer Einnahme standen, dies mußte selbst sie einsehen, die durchaus keine Rechnerin war, da jederzeit
ihr Kasse sogleich leer wurde, nachdem sie ihre Besoldung eingenommen und dennoch immer viele Rech-

nungen unberichtigt liegen blieben. Sie erhielt zwar
im zweiten Jahre eine bedeutende Zulage, allein sie
war an so viele Ausgaben gewöhnt, daß auch die neue
Besoldung nicht ausreichte. Bertha benützte dieses, wie
jede andere Gelegenheit, um Evelinen von Otto los-
zutrennen und in ihr das Verlangen nach einer glänzenden Verbindung zu erwecken. Seit Otto nicht mehr
im Hause wohnte und immer mehr Verehrer sich an die
gefeierten Schwestern drängten, wuchs Bertha's Hoffnung, und in der That trat der unscheinbare Student
gegen die Herren der großen Welt selbst in Evelinens
Herzen etwas zurück; seinen gefährlichsten Nebenbuhler
aber führte er selbst bei Evelinen ein.

Otto war als Student wieder in eine Verbindung
getreten, welche dieselben Zwecke verfolgte, wie jene,
welcher er in Würzburg und München angehörte.
Mehrere von seinen früheren Genossen hatten ihn
dazu veranlaßt und er war gefolgt, weniger aus
innerem Drange, als aus gleichgiltiger Nachgiebigkeit, da er gedrückt von seiner peinlichen Lage,
mit sich selbst zerfallen war, und auf diese Weise
gegen jene Aufforderungen keinen Widerstand leistete.

Dieser Verbindung gehörten auch mehrere studi-
rende Polen vornehmer Familien an, und einer derselben, Fürst Poninski, hingerissen von Evelinens Gesang, bat Otto, ihn derselben vorzustellen.

Poninski, der feurigste Republikaner, entzündete
Eveline, die schon früher für diese Idee eingenommen
war, insbesondere für die Befreiung seines Vaterlan-
des, und bald war ihr Salon der Sammelplatz der

Verbündeten. Gierig horchte die Sängerin ihren Reden über die Befreiung der Völker, wie sie sich hinwieder begeistert fühlten durch den Beifall der schönen Künst- lerin. Mit ihrer unvergleichlichen Stimme sang sie im feurigsten Enthusiasmus die Lieder der Freiheit und erndtete dafür die höchste Verehrung der jungen Demagogen.

Otto saß an diesen Abenden gewöhnlich in tiefer Trauer am Clavier, um Evelinens herrlichen Gesang zu begleiten. Ihm mißfiel diese Umgebung für sie, die mehr und mehr auf die Pläne der Umsturzpartei ein- ging, während Otto durch viele Erfahrungen sehr ab- gekühlt war und in seinem tief gekränkten Herzen keine Begeisterung für Polens Freiheit fühlte.

Nur zu bald bemerkte er den Einfluß, den Fürst Poninski durch seinen flammenden Eifer auf Eveline übte. Ermüdet durch seine Studien, sowie durch jene, welche er mit Eveline machen mußte, gepeinigt, die Geliebte selten anders als von einem Schwarme von Verehrern umgeben zu finden, betäubt durch den wil- den Freiheitstaumel, von dem die Gesellschaft ergriffen war, saß er gewöhnlich stumm in der lauten Ver- sammlung.

Bertha, bisher immer seine Gegnerin, schien in diesem Punkte sich mehr auf seine Seite zu neigen. Sie war nie diesen Freiheitsbestrebungen geneigt und so gerne sie den Eindruck sah, den der junge Polen- fürst auf ihre Schwester machte, so war ihr der laute, wilde Freiheitstaumel, der nun fast täglich ihre Ge- mächer erfüllte, äußerst zuwider. Hierin ward sie noch mehr bestärkt, da ein junger russischer Fürst ihr seine besondere Aufmerksamkeit schenkte und sie bei dem fabelhaften Reichthume, den man ihm zuschrieb, hoffte, durch ihn ihr Glück zu machen, daß aber diese Gesell= schaft nicht für den russischen Aristokraten paßte, das war klar.

Was glaubst Du denn, sagte sie eines Abends, wo die Gesellschaft besonders lebhaft ihre Plane be= sprochen hatte, nach deren Weggange zu ihrer Schwester, was glaubst Du denn, daß aus diesen Staaten werden würde, wenn die Plane dieser Bethörten je zur Aus= führung kämen?

Ach, Bertha, hast Du denn gar keinen Sinn für die Freiheit unterbrückter Völker, für die Erlösung der Nationen von der Fremdherrschaft, für das Glück der Gleichheit Aller, für das Band der Brüderlichkeit, das dann die Welt umschlingt und das Wohlergehen Aller knüpft?

Nein, nein, Eveline, ich habe keinen Sinn für eine Freiheit, die aus der Unterbrückung oder Aus= rottung Derer entstehen soll, die auf andere Art glück= lich seyn wollen, für eine Erlösung der Nationen, die sie unter das Joch kleiner Tyrannen bringt, für das Glück der Gleichheit, die in gleichem Elende besteht und für das Band der Brüderlichkeit, daß der Haß gegen die sich Sträubenden knüpft.

Ich habe keinen Sinn für ein verheißenes, allsei= tiges Wohlergehen, das in der Wirklichkeit nur allge= meine Ruine umschlingt. Nein, Eveline, das sind Träu=

mereien, die sich in unseren gesellschaftlichen Zustän=
den nicht verwirklichen lassen.

Warum sollte dies nicht möglich seyn, wenn Alle
dafür begeistert wären? erwiderte die Schwester.

Was die Freiheit der Völker betrifft, die Ihr be=
gründen wollt, durch Vernichtung der bestehenden
Herrscher, glaubst Du denn, Du wärest freier, wenn
alsdann statt der ruhigen Regierung eines erblichen
Regenten ein Dutzend Ehr= oder Geldgeizige sich um
die Herrschaft streiten? Wie in den einzelnen Ländern
sich die Bewerber um die Herrschaft bekriegten, so die
Nationen, wovon eine schwach, die andere stark, die
eine friebliebend, die andere kriegerisch ist, immer und
immer würden die einen unterjocht werden. Was soll
die Gleichheit Aller heißen? Willst Du Dich mit ge=
borenen Bettlern auf eine Bank, an einen Tisch
setzen?

Ach, Bertha, wer verlangt denn dieses?

Willst Du nur aufwärts schauen, wenn Dir nach
Gleichheit gelüstet? O, sey überzeugt, so ekel Du bist
in Beziehung auf die Gemeinschaft mit den unteren
Classen, eben so sind es die höheren in Bezug auf
uns, wenn sie dies auch ungewöhnlichen Vorzügen
gegenüber zu vergessen scheinen und in einzelnen Fäl=
len es wirklich vergessen; die unteren Classen aber,
als die stärkeren, würden sich wirklich uns gleichsetzen,
sobald sie es wagen dürften. So ist es gerade mit
der Brüderlichkeit bestellt. Willst Du jeden rohen, ge=
meinen Burschen als Deinen Bruder umarmen? Glaubst
Du, daß die Menschen, nachdem sie Alle hingeschlach=

tet haben, die ihren Beglückungsplanen im Wege ste=
hen, plötzlich jeden Haß, jeden Neid und Eifersucht
und alle Selbstsucht aus ihrem Herzen weggespült ha=
ben und sich gegenseitig mit uneigennütziger Liebe
umfassen? Worauf soll sich nach all diesem dann das
allgemeine Wohlergehen gründen? Etwa darauf, daß,
weil die Revolution die Hälfte der Menschen verschlun=
gen, um die übrig gebliebenen sich größere Theile von
den Gütern der Erde zulegen können? Wie glaubst
Du wohl, daß es uns Frauen dabei ginge? Bist Du
thöricht genug, zu glauben, daß dann die Stunde un=
serer Befreiung schlage? Glaubst Du, die endlichen
Sieger, die nach den Gräueln der Revolution und der
Anarchie den Platz behaupten, werden uns als gleich
berechtigt ansehen, uns Theil nehmen lassen an der
Regierung des Staates? Nein, nein, Eveline, wo das
Recht des Stärkeren herrscht, da wird das Weib zur
Sklavin und die Beute der Tyrannen!

Ei, Bertha, Du geräthst ja ordentlich in Begeister=
ung. Schade, daß sie nicht einer schöneren Idee ent=
springt!

Ideen müssen in der Wahrheit begründet seyn,
erwiderte Bertha, wenn die Begeisterung dafür nicht
einem Strohfeuer gleichen soll, das aufflackernd wohl
auch brennt, aber schnell erlischt. Ich habe, während
Du in Romanen Deine Phantasie erhitztest, Geschichte
gelesen und mir daraus manche Lehre gebildet und
bin meiner Natur nach nicht zu Träumereien geneigt.
Glaube mir, republikanische Ideen haben in unseren
Zuständen keinen wahren Boden. Ich gebe zu, daß

16*

für kleine abgeschlossene Naturvölker, wie z. B. die Schweiz früher war, republikanische Formen passend seyn mögen. Wo jeder Bürger den Pflug oder Hirten=stab und das Schwert zugleich führt, wo das Leben so ruhig fließt, daß der Hausvater ohne Nachtheil seines Hausstandes nebenbei das Wohl des Staates besorgen kann, wo die Staatsämter so wenig einträg=lich sind, daß keiner darnach geizt, und die Sitten so einfach, daß leicht zu regieren ist; wo die Vaterlands=liebe die Selbsucht überwiegt, da mögen Republiken bestehen, zum Wohle des Volkes. Nun mache die An=wendung auf unsere dicht bevölkerten, großen Staa=ten, auf unsere künstlichen, verwickelten Verhältnisse, auf unsere hundertfältig abgestuften und verschiedenen Anschauungen, Denk= und Empfindungsweisen, auf die verschiedenartigen Leidenschaften, den Egoismus, der eines Jeden Triebfeder ist: und Du wirst einsehen, daß wir uns besser befinden bei Dem, was wir ha=ben, als bei dem, was erst durch Feuer und Blut erkämpft werden soll und sicher, wie uns Frankreich zum zweitenmale das Beispiel zeigt, nach kurzer Zeit der unbeschränktesten Selbstherrschaft weichen müßte.

Ach Bertha, sagte Eveline gähnend, warum be=mühst Du Dich, mit langen Reden meine Ideale zu bekämpfen. Ich lasse Dir ja gerne den Vorrang in Sachen des Verstandes, aber was Begeisterung, En=thusiasmus, Gefühl angeht, darüber läßt sich nicht dis=putiren. Gute Nacht, liebe Bertha! Schau nur nicht zu ängstlich in meine schimmernde Zukunft! Das geht

Alles ganz anders; wenn nur einmal der größte Theil
des Volkes unserer Ansicht ist!

Solche Gespräche wurden öfters unter den Schwe=
stern geführt; manchmal war Otto zugegen und suchte
den Vermittler zu machen, wie wohl er immer selte=
ner sie allein antraf, und immer endigten diese Re=
den, wie die eben mitgetheilte; jede Schwester behielt
Recht und ging ihren eigenen Weg.

Eveline verknüpfte sich immer enger mit den ver=
bündeten Unzufriedenen. Sie vermittelte nicht allein
deren Correspondenz, sondern sie nahm auch die ge=
fährlichsten Papiere derselben in Verwahrung. Verge=
bens warnten sie Otto und Bertha; ihre Schwärmerei
ließ sie gerade die Gefahr, die darin lag, freudig be=
grüßen; sie glaubte sich bereit, ihrem Ideale jedes
Opfer zu bringen. Das einzige Ergebniß dieser Er=
mahnungen war, daß sie zurückhaltender wurde in ihren
Mittheilungen gegen Bertha und Otto.

Otto sah nur zu wohl, wie in Folge der bestän=
digen Aufregung, in der Eveline durch die Theilnahme
an den Berathungen und Darlegungen der Pläne der
jungen Aufrührer sich befand, ihr Herz allmählig das
Gefühl für ihn verlor. Er mußte sehen, wie der Ein=
fluß des wild aufbrausenden Polenfürsten sie immer
mehr überwältigte. Er litt schweigend, denn er mußte,
daß das Herz nicht mit Gründen bekehrt wird, wenn
es nicht gewöhnt ist, einem erleuchteten Willen zu ge=
horchen, und Evelinens schwärmerisches Gefühl war
dies am allerwenigsten.

Wie das Verhältniß zwischen Evelinen und dem

Fürsten Poninski sich immer inniger gestaltete, so fes=
selte Bertha durch ihre Reize und die Kunst, sie gel=
tend zu machen, immer fester jenen früher erwähnten
reichen Russen, den Fürsten Ortroff. Seine Besuche
waren Evelinen äußerst lästig, denn er, der Anhänger
der russischen Monarchie, durfte die Zusammenkünfte der
jungen Polen in ihrem Hause nicht ahnen. Es kam nun
immer häufiger zu unangenehmen Erörterungen zwi=
schen den Schwestern, deren endliches Ergebniß war,
daß Bertha beschloß, eine eigene Wohnung für sich zu
beziehen, was Evelinen ganz erwünscht war, da sie
durch die Verbindung, in welcher ihre Schwester zu
dem russischen Fürsten stand, fürchtete, die Versamm=
lungen in ihrem Hause und deren Pläne möchten ver=
rathen werden. Vorher jedoch machte Bertha mit Eve=
linen eine schon früher bestimmte Kunstreise.

Auf dieser Reise trafen sie in einer norddeutschen
Residenzstadt mit einer Mission zusammen, welche
einige Jesuiten dort hielten. Die ganze Stadt war in
zwei Parteien getheilt, wovon die eine die Jesuiten,
die andere das Theater besuchte, die eine begeistert
war für Pater Roh und Pater Zeil, die andere für
Eveline und Bertha. Einige Ueberläufer von dem
einen zum andern Lager und solche, die heute die Je=
suiten bewunderten und morgen für Eveline schwärm=
ten, unterhielten die Verbindung zwischen beiden Par=
teien. Vorzüglich war es das Theaterpersonal, welches
glaubte, es seiner Kunst schuldig zu seyn, die berühm=
ten Redner zu hören. So kam denn leicht der Ruhm
derselben den beiden Schwestern zu Ohren, wiewohl

mit den widersprechendsten Urtheilen über den Inhalt
der Predigten. Eveline schwärmte schon für die be-
geisterten Redner, ehe sie noch einen derselben gehört
hatte und benützte die erste freie Zeit, in die Kirche
zu gehen, wo die Mission gehalten wurde, während
Bertha in stolzer Selbstzufriedenheit äußerte, sie sey
bei ihren religiösen Anschauungen vollkommen befriedigt, sie verlange nicht, andere kennen zu lernen. Vielleicht hielt sie, wie so viele Andere, eine geheime
Furcht ab, daß ihre Ueberzeugung einen Stoß erhalten könnte, der sie in ihren Gewohnheiten und Plänen
stören, beunruhigen möchte.

Fürst Poninski, der Evelinen auf ihrer Reise gefolgt war, sah mit zu tiefer Verachtung auf das Gaukel-
spiel der Jesuiten, wie er die ganze Mission nannte,
herab, als daß er sich veranlaßt hätte finden können,
sie zu besuchen, selbst nicht in Gesellschaft Evelinens.

Entzückt kam dieselbe von einer Predigt über die
Nächstenliebe nach Hause. Mit aller Begeisterung pries
sie die humanen Ideen der verschrieenen Jesuiten und
betheuerte, sie verzeihe nun gerne allen ihren Feinden,
d. h. den Neid, die Intriguen und verschiedene Ge-
hässigkeiten, wie sie im Bühnenleben so häufig vor-
kommen. Eveline fühlte sich glücklich, deßhalb war es
ihr leicht, das zu verzeihen, was ihr nicht an ihrem
Glücke hinderlich war.

Sie versäumte nun keine der Predigten mehr, für
die sie freie Zeit finden konnte; bald aber kam sie
ernst und jedesmal ernster aus denselben zurück. Sie
hörte die erschütternden Predigten über den Tod, das

Gericht, die Hölle, über die Nothwendigkeit der Buße
und Bekehrung zu Gott.

Sie beschloß zu beichten.

Der junge Pole war wüthend darüber und ver=
suchte seine ganze Beredtsamkeit, die Jesuiten anzu=
schwärzen und sie von der Beichte abzuhalten; allein
vergebens. Eveline hatte jetzt nur diesen einen Gedan=
ken, alles Uebrige trat zurück.

Also wieder eine Beute des arglistigen Ordens!
rief Poninski.

Wie ist es auch nur möglich, fuhr Poninski fort,
daß man in dem aufgeklärten Norden Deutschlands
ihn so gewähren lasse?

Gerade weil man hier aufgeklärt ist, erwiderte
Bertha, sind ihre Machinationen nicht gefährlich; sie
wirken nur auf Diejenigen, welche, wie meine Schwester,
sich durch eine gleißende Beredtsamkeit den Kopf ver=
drehen lassen. Ich habe sie gewarnt, ehe sie hinging,
denn ich sah die Folgen voraus. Ich könnte ohne Ge=
fahr ihre Predigten hören, sie würden mich nur lang=
weilen, deßhalb besuche ich sie nicht. Indessen lassen
sie nur Evelinen, für die Dauer ist nichts bei ihr zu
fürchten; ihr Enthusiasmus verraucht, sobald ein ande=
rer sie entflammt.

Ach, Fräulein Bertha, Sie kennen nicht die Künste
dieser Mönche!

Sie müssen freilich groß seyn, wenn der Alles über=
windende Fürst Poninski sie fürchtet, erwiderte neckend
Bertha.

Ich fürchte nur für Andere, nicht für mich!

Athemlos vor Aufregung und außer sich vor Zorn
kam Eveline spät nach Hause. Sie ließ sich in einen
Sessel fallen, riß ihren Hut herab, warf ihren Shwal
von sich und ihr Gesicht mit beiden Händen be=
deckend rief sie Poninsli und Bertha zu, die ihr mit
Staunen bisher zugesehen: Ach, hätte ich Euch ge=
folgt, welche Schande, welche Schmach wäre mir jetzt
erspart!

Was ist Ihnen geschehen, theuerste Freundin?
Sprechen Sie, lassen Sie mich nicht länger in Unruhe!
drängte der Fürst.

Aufgeregt und erschrocken durch ihre Predigten,
war ich thöricht genug, einem dieser Mönche die
tiefsten Geheimnisse meines Herzens zu entdecken, fuhr
Eveline fort.

Tod und Teufel! schrie der Pole, wie werden diese
Füchse Ihre Unvorsichtigkeit benützen!

Benützen, nein, benützen können sie nichts; weder
meinen Namen noch einen anderen habe ich genannt.

Glauben Sie denn, sie haben nicht ihre Helfers=
helfer, ihre Spione, die überall sich unter das Volk
mischen und ihnen Alles verrathen? verkappte Je=
suiten!

Ich fürchte nichts dergleichen, ich denke nur an
meine Schande!

Nun, was ist Dir denn geschehen? fragte Bertha
mit zufriedenem Lächeln.

O, ich möchte vor Zorn bersten, wenn ich daran
denke! Ich habe so offen, so guthmüthig bekannt, wie
ich gelebt, seit ich von Würzburg weg bin; da

sprach er so gut, so väterlich mit mir, daß ein süßer
Trost mein Herz erfüllte; dann aber fragte er,
ob ich auch die Gelegenheit zur Sünde aufheben
wolle?

Und was nannte er Gelegenheit zur Sünde? Was
verlangte er, daß ich aufgeben sollte?

Nun? riefen Bertha und Poninski.

Allen unseren stolzen Plänen für die Freiheit der
Völker, jeder Theilnahme an den Bestrebungen der
Patrioten sollte ich entsagen!

Ja, daran kenne ich sie, diese schleichenden Ver=
führer! rief der Pole, sie wollen keine Volks=
freiheit!

Weil ich, geängstigt durch die Predigten, mir fest
in den Kopf gesetzt hatte, ich wolle Absolution für
meine Sünden erlangen, so versprach ich ihm . . . . .

Uns zu verlassen? Vielleicht gar, uns zu ver=
rathen? unterbrach sie Poninski, wüthend vor Zorn.

Nein, nein, fürchten Sie nichts dergleichen von
mir! Ich versprach ihm den Schutz für seinen Orden
zu bewirken, wenn wir unser Ziel erreichten; ich bot
ihm als meine Buße eine Summe Geldes für die
Zwecke seines Ordens; ich machte mich anheischig
Alles aufzubieten, um auch Sie, theuerster Freund,
zu bekehren — Alles umsonst! Er verlangte im
Gegentheile, ich sollte Sie gänzlich meiden! Er
versagte mir die Absolution, so sehr ich ihn auch
darum bat.

Sie sollen es büßen, diese arglistigen Teufel! Sie
sollen es grimmig fühlen, was es heißt, den Frieden

der Herzen stören, Verbindungen zerreißen, die so zart,
so hehr und heilig sind, daß ihre gemeinen Seelen
keine Ahnung davon haben! Eveline, sieh, der bloße
Gedanke, ich könnte Dich verlieren, bringt mich
außer Fassung! rief er leidenschaftlich. So bald
wir nach Berlin zurückkommen, will ich Einleitung
treffen, unserem Bunde gesetzliche Anerkennung zu
verschaffen! O meine Eveline, wie bist Du mir nun
noch unendlich theuerer, da Du meinetwegen leiden
mußtest.

Er umarmte sie leidenschaftlich und küßte ihre
Thränen von den Wangen; Eveline lächelte zärtlich und
Bertha langweilte sich.

Einige Tage darauf, als die Schwestern allein zu
Hause waren, wurde Doctor Norbert gemeldet.

Eveline überflog eine tiefe Röthe; sie ward durch
diesen Namen an die Zeit in Würzburg erinnert, in
welcher sie in Otto's Liebe ihr Glück fand. Sie wollte
Norbert abweisen lassen.

Ach nein, Eveline, sagte Bertha, laß ihn kommen!
Er war ein harmloser, ehrlicher Mensch, wir können
uns schon ein halbes Stündchen an seinem Erstaunen
über unsere so glücklich veränderten Verhältnisse er-
gößen. Er ist uns willkommen! sagte sie, ohne der
Schwester Antwort abzuwarten.

Das Staunen war jedoch auf Seiten der Schwestern, da Norbert als gereifter, schöner, junger Mann
eintrat, mit all der Sicherheit und Gewandtheit, welche
der Verkehr mit der großen Welt gibt.

Durch seine Unbefangenheit verlor sich bei den

Schwestern schnell die Verlegenheit, welche gewöhnlich entsteht, wenn wir Jemanden ganz anders finden, als wir ihn früher gekannt oder ihn uns gedacht hatten.

Norbert erzählte ihnen, daß er sein Staats- und das Doctor-Examen gemacht habe und nun auf dem Wege nach Berlin sey, um bei dem berühmten Oculisten v. Gräfe noch einige Collegien zu hören und die dortigen Anstalten kennen zu lernen.

Er hatte gehofft, bei den Schwestern Nachrichten über seinen Freund Otto zu hören, der während der letzten Jahre ganz verschollen für ihn war; da sie ihn aber nicht nannten, so berührte er diesen Gegenstand nicht, indem er schloß, daß zu seiner Freude sich das Verhältniß zwischen Otto und der Sängerin gelöst habe.

Ich hatte das Vergnügen, Fräulein Eveline bei der Mission zu sehen, aber Fräulein Bertha suchte ich vergebens.

Eveline erröthete und Bertha sagte spöttisch: Ich habe dergleichen Emotionen nie geliebt; meine Schwester war immer eine Freundin davon, und sie läßt sie sich nicht nehmen, wenn sie ihr auch bisweilen übel bekommen.

Ich gestehe, daß ich noch nicht leicht einen solchen Genuß hatte, wie von dieser Mission, fuhr Norbert fort. Es ist das erste Mal, daß ich Jesuiten höre und ich bin erstaunt über die Macht, die ihre Predigten üben.

Sind Sie auch in ihren Netzen gefangen? warf Bertha ein.

Ja, ich gestehe es gerne, erwiderte Norbert lächelnd,
sie haben mich gänzlich gefangen genommen. Ich werde
hier bleiben, bis zum Ende der Mission. Es ist wahr,
fuhr er fort, sie predigen nichts Anderes, als was wir
in den Schulen gelernt, in unseren Kirchen gehört haben, die Lehre ist ja allzeit dieselbe; allein den ganzen Inbegriff derselben in solcher Kürze zusammenge-
faßt, in dieser Reihenfolge vorgetragen, mit solcher
Schärfe bewiesen und mit dieser Ueberzeugung an die
Herzen gesprochen: das macht doch einen viel tieferen
Eindruck. Und so streng und kraftvoll sie auf der Kanzel sind, eben so milde, liebreich und tröstend findet man sie im Beichtstuhle; das habe ich auch erprobt.

Umgekehrt, Herr Doctor! fuhr nun Eveline heraus, auf der Kanzel ziehen sie an, dort fangen sie die
Herzen und im Beichtstuhle zermalmen sie dieselben,
um sie für ihre geheimen Zwecke zuzurichten! Das
habe ich erfahren, bin ihnen aber glücklich entgangen,
trotz der Schwärmerei und Unbesonnenheit, die mir
meine Schwester so oft zum Vorwurfe macht.

Entschuldigen Sie, Fräulein, ich meine, Sie müßten den Priester mißverstanden haben. Ich kann Ihnen
nicht sagen, welchen Trost ich aus meiner Beichte geschöpft habe.

Ich konnte ihn nicht mißverstehen, er sprach ganz
deutlich, antwortete, immer heftiger werdend, Eveline;
er verlangte das Unmögliche von mir; ich sollte nicht
bloß die Sünde, sondern auch die Gelegenheit zu derselben meiden; ich sollte Alles aufgeben, wofür ich

lebe, was ich liebe und keinerlei Ersatz nahm er an.
O, er hat mir gar nicht die Absolution gegeben! Das
ist eine schöne Milde!

Aber, Fräulein, wir können doch unmöglich Ver=
zeihung erlangen für etwas, das wir nicht bereuen,
und wenn wir es bereuen, so schließt die Reue schon
den Vorsatz ein, es künftig zu meiden und wenn wir
die Sünde meiden wollen, müssen wir zuerst Das mei=
den, was dazu verleitet: die Gelegenheit.

Das Unmögliche muß man nicht fordern, entgeg=
nete Eveline. Ich war in einer Stimmung, in welcher
ich mich jeder Buße unterworfen hätte, es wäre mir
keine Summe zu groß gewesen, die er für seinen Or=
den angenommen hätte, ich versprach ihm meinen Ein=
fluß zur Sicherstellung seiner Gesellschaft anzuwenden;
aber nichts konnte ihn befriedigen; er bestand darauf,
ich müsse das Unmögliche thuen; nun hat er gar nichts
ausgerichtet!

Fräulein Eveline, Sie stellen den Jesuiten das
beste Zeugniß aus. Die Feinde derselben werfen ihnen
vor, daß sie die Moral drehen und beugen, je nach=
dem es ihnen Vortheil bringe; Sie haben ihnen An=
erbieten gemacht und dennoch ist der Priester nicht von
dem abgegangen, was er als Pflicht erkannte. Ich
glaube, diese Festigkeit verdient unsere Anerkennung.
Sie werden mir nicht die Unbescheidenheit zutrauen,
daß ich nur entfernt wissen wollte, was er von Ihnen
verlangte, allein ich erlaube mir, Ihnen die Ueber=
zeugung auszusprechen, daß Sie jedenfalls besser gethan
hätten, ihm zu folgen.

Es ist unmöglich!

Es ist schwer! wollen Sie sagen, aber Unmögli=
ches verlangt kein Priester unserer Kirche. Welchen
Trost, welche innere Zufriedenheit genössen Sie jetzt,
wenn Sie ihm gefolgt, wenn Sie die Absolution er=
halten und das Pfand der Versöhnung empfangen
hätten, während Sie jetzt, ich bin es gewiß, in Ihrem
Gewissen Unruhe fühlen.

Ach leider! habe ich ein so tief empfindendes Ge=
müth, das sich nicht leicht über etwas hinwegsetzen
kann, sagte Eveline seufzend. Meine Schwester ist weit
glücklicher als ich!

Ich bleibe nicht auf halbem Wege stehen, wie Du.
Ich bin nicht in die Predigten gegangen, weil ich zu=
vor wußte, daß ich ihnen nicht folgen würde, hätte ich
mich aber durch sie belehren und überzeugen lassen,
so hätte ich auch den Willen und die Kraft ihnen zu
folgen.

Norbert traute sich nicht zu, mehr zu bewirken, als
der erfahrene und gelehrte Jesuit; er gab deßhalb
dem Gespräche eine andere Richtung und empfahl sich
bald.

Nachdem er, treu seinem Vorsatze, der Mission bis
zum Ende beigewohnt hatte, reiste er nach Berlin wei=
ter. Ganz neue Pläne, neue Gedanken für die Zukunft
durchkreuzten seine Gedanken, aber er konnte noch nicht
mit sich in's Reine kommen. Unter großen Entbehr=
ungen hatte er seine Studien machen müssen und den=
noch mußte seine arme Mutter ihm Alles, was sie
hatte, zum Opfer bringen, um es nur ermöglichen zu

können, daß er studirte. Wie sehr freute er sich auf die nahe Zeit, in welcher er ihr ein besseres Loos bereiten könne! Nach den Planen, die ihn jetzt beschäftigten, hätte er Nichts für seine Mutter thuen können. Das war es vor Allem, was ihn unschlüssig machte.

In Berlin angekommen, war seine erste Sorge, Otto aufzusuchen. In tiefster Bewegung fielen sich die Jugendfreunde in die Arme. Otto sah so leidend, so unglücklich aus, daß Norbert für ihn bangte und ihm die größte Theilnahme bewies.

Ja, ich bin unglücklich, seufzte er, ohne Trost und ohne Hoffnung! Nun erzählte er Norbert sein Leben der vier letzten Jahre, in welchen sie sich nicht gesehen.

Dies war das erste Mal, schloß er, daß ich Eveline nicht auf ihrer Reise begleiten durfte: aber ich schwöre Rache diesem Polen, den ich in ihr Haus geführt und der treulos sie zur Untreue gegen mich verführte!

Norbert fand ihn unzugänglich für alle religiösen Mahnungen; die wilde Leidenschaft hatte ihn ganz eingenommen. Höhere Beweggründe schien er gar nicht zu verstehen. Traurig verließ ihn der Freund, mit der schwachen Hoffnung, in einem günstigeren Augenblicke mehr für seine Beruhigung thuen zu können.

Die Schwestern kehrten nach Berlin zurück. Bertha's neugemiethete Wohnung war unterdessen auf Veranlassung des Fürsten Ortroff prachtvoll eingerichtet worden und sie bezog dieselbe im stolzen Gefühle, nun ihrem Ziele ganz nahe zu seyn.

Bei der erſten Kunde von Evelinens Rückkehr eilte Otto in ihr Haus, hörte aber, ſie ſey ausgegangen. Nachdem dies einige Male geſchehen, zweifelte er nicht mehr, daß ſie ihn nicht ſehen wolle. Er wartete nun einen Augenblick ab, wo er ihrer Anweſenheit ſicher war und ging, ohne ſich melden zu laſſen, wie früher, gerade in ihr Zimmer.

Wild kochte der Zorn in ſeiner Bruſt; Eveline ſaß auf dem Sopha, der Polenfürſt neben ihr, ſeinen Arm um ihren Hals gelegt und nachläſſig mit ihren ſchönen Haaren ſpielend.

Eveline! war Alles, was er hervorbringen konnte.

Sprechen Sie mit Achtung zu meiner Braut, Herr! ſagte der Pole, ohne ſeine Stellung zu verändern.

Ihre Braut? rief Otto laut auflachend.

Unverſchämter! rief Poninski wild aufſpringend.

Finden Sie ſich beleidigt, erwiderte raſch Otto, ſo fordern Sie Genugthuung; ich bin Student, wie Sie!

Ich werde ſie nehmen!

Und ich werde ſie geben! entgegnete Otto und eilte in völliger Wuth aus dem Hauſe.

Eveline hatte während des ganzen widrigen Auftrittes ihr Geſicht in den Kiſſen des Sophas verborgen.

Ruhig ſaß Norbert ſtudirend bei ſeinen Büchern, als Otto athemlos zu ihm hereinſtürzte.

Endlich werde ich Genugthuung erhalten, für die lang erlittene Schmach! rief er, ſich auf einen Stuhl werfend. Sein ganzes Wesen zeugte von der heftigsten Aufregung.

Erzähle mir, Otto, sprach Norbert sanft, aber ängstlich, etwas sehr Unangenehmes zu erfahren.

Ich habe ihn beleidigt, er muß mich fordern! Und, o, wie freue ich mich auf diesen Augenblick! Zu lange schon hat er mich im Tiefsten meines Herzens verletzt und nun noch dieses Zusammen= treffen!

Otto, bester Freund, beruhige Dich! Danke Gott, daß ein Verhältniß gelöst wird, das Dir nie Glück gebracht hätte und gib Dich nicht unedler Rach= gier hin.

Solcher Schimpf, solche Kränkung kann nur durch Blut getilgt werden!

Otto, ich bitte Dich, huldige doch nicht dem un= vernünftigen Vorurtheile, daß eine Verschuldung durch neue Schuld gelöscht werden könne. Ist Deines Geg= ners Schuld geringer, wenn Du sein Blut vergießest? Ein unwürdiges Gefühl befriedigter Rache kann an= fänglich Dein Herz erfreuen, wird Dir aber später sicher zum quälenden Vorwurfe. Und wenn er Dich verwundet, Dich tödtet, wird dadurch seine Schuld gesühnt? Wären wir nicht befangen in diesem unver= nünftigen Vorurtheile, wir müßten es wahrhaft lächer= lich finden, darin Genugthuung zu suchen, daß wir unserem Gegner Gelegenheit bieten, ja ihn auffordern, zu der Beleidigung uns auch ein Unglück, selbst den Tod zuzufügen!

Es fordern dies die Gesetze der Ehre, die in der ganzen civilisirten Welt gelten!

Es scheint eine eigene Wirkung der Vergeltung, daß diese civilisirte Welt, die sich so hoch über das Mittelalter erhebt und verächtlich genug auf dessen vermeintliche Barbarei, Verfinsterung, Aberglauben, zurücksieht, gerade den barbarischsten, eines civilisirten Volkes unwürdigsten Mißbrauch beibehalten hat und immer noch festzuhalten sucht.

Die Sitte verlangt, daß Beleidigungen, für welche das Gesetz keine Strafen hat, auf diese Weise gesühnt werden. Mein Gefühl stimmt ganz damit überein. Norbert, ich bin gekommen, Dich um den Dienst zu bitten, den sich bei diesen Gelegenheiten der Freund nicht nehmen läßt. Otto sah dabei dem Gefragten scharf in die Augen.

Ich habe dies kommen sehen, sagte Norbert mit tonloser Stimme: Otto, verlange einen anderen Beweis meiner Freundschaft, diesen kann ich Dir nicht geben. Das Duell ist ein Verbrechen, ich darf daher nicht dazu mitwirken.

So schwindet der letzte Glaube an Freundschaft, an die Menschheit in meiner heißen, gequälten Brust. Ich stehe allein auf weiter Erde und was aus mir werden mag, Ihr habt es verschuldet, die Ihr mich in Euerer Selbstsucht von Euch stoßt!

Otto, Otto, bleibe, höre mich! rief Norbert; er eilte ihm nach, aber in der volkreichen Straße verlor er ihn bald aus dem Gesichte. Er eilte zu seiner Wohnung ihn aufzufinden, allein vergeblich.

Welche Marter fühlte Norbert in seinem Herzen!
Kaum dem mißleiteten Freunde wieder nahe, mit dem
Willen Alles aufzubieten, ihn wieder für Glauben und
Tugend zu gewinnen, muß er selbst ihn wieder von
sich stoßen, durch seine Weigerung, an dem Duelle
Theil zu nehmen! Es kostete dem jungen Manne einen
schweren Kampf. Er kannte nur zu wohl die Veracht=
ung, womit jeder Student und jeder Weltmann Den=
jenigen überhäuft, der sich weigert, diesen sogenannten
Freundschaftsdienst zu leisten.

Mein Gott, rief er schmerzlich aus, Du weißt es
ja, wie viel dieser Schritt mich kostet! Hilf mir nun
seine Folgen ruhig tragen! Es ist ja um Deinet=
willen, daß ich ihn gethan! Mehrere Tage suchte er
seinen Freund vergebens in größter Angst, bis er
endlich erfuhr, er liege im Hospitale verwundet. Nor=
bert eilte dahin, aber Otto wollte ihn nicht sehen.
Schmerzlich ergriffen ging er in seine Wohnung. Nach
mehrmals wiederholten Versuchen mußte er für jetzt
die Hoffnung aufgeben, ihn zu versöhnen. Im Uebri=
gen hatte jedoch Norberts Weigerung, am Duelle sich
zu betheiligen, keine Folgen für ihn. Otto war edel
genug, darüber zu schweigen. Dessen ungeachtet hatte
dieser Vorfall einen so starken Eindruck auf ihn ge=
macht, die Verkehrtheit der Menschen und das gewöhn=
liche Treiben der Welt war ihm so schmerzlich ge=
fallen, daß ein Gedanke, der bei jener früher er=
wähnten Mission in ihm auftauchte, mit neuer Stärke
sich geltend machte. Dieser Gedanke wurde zum festen
Entschlusse, als er gerade damals die Nachricht von

dem Tode seiner guten Mutter erhielt. Norbert be=
schloß, in die Gesellschaft Jesu zu treten und schon
nach ein paar Monaten begab er sich nach Münster,
um dort das Noviziat anzufangen.

Man kann sich leicht vorstellen, wie auffallend
dieser Schritt Norberts in dem Kreise seiner Freunde
und Bekannten erschien. Bei denjenigen unter ihnen,
welche Verwunderung oder auch Mißfallen, sogar
spöttische Bemerkungen zu äußern sich erlaubten, brach
er jede weitere Discussion ab mit dem einfachen Satze:
„Unser liberales Zeitalter hat den Grundsatz aufge=
stellt: Jeder dürfe nach seiner Façon selig werden, und
in der Religion soll die größte Freiheit herrschen; ihr
selbst habt denselben Grundsatz so oft proclamirt: nun
gut! ich mache davon hier auch Gebrauch."

Seinem Jugendfreunde Otto aber, den zu versöh=
nen, ihm endlich gelungen war, gab er einmal in
folgender Weise Rechenschaft darüber, wie und wodurch
er auf diesen neuen Lebensweg geführt worden sey.

„In der geistigen Natur des Menschen, sagte
Norbert, besteht dessen wahres Wesen, und sein Geist
ist etwas Selbstständiges und Ewiges. Die natur=
wissenschaftlichen Studien, welche Vielen diesen Glau=
ben nehmen, haben mich darin mehr gestärkt als
wankend gemacht. Ist dieser Glaube aber begründet,
dann liegt der Schwerpunkt des menschlichen Daseyns
für die Individuen und für die Gesammtheit in den
moralischen und religiösen Ideen. Ich finde diese nir=
gends reiner, energischer ausgeprägt und mit einer
höheren Autorität versehen, als in der christlichen Re=

ligion, in keiner Anstalt auf Erden mehr gesichert und wirksamer angewendet als in der Kirche. Der Priester=stand in der Kirche, mögen auch so manche Individuen den hohen Anforderungen desselben nicht vollkommen genügen, ist schon durch sein Daseyn und seine Fortdauer das größte Zeugniß und eine feste Grundlage für jenes höhere geistige Element der menschlichen Natur, für die Erhaltung und Ver=breitung der moralischen und religiösen Ideen. Der Ein=zelne fühlt sich in diesem Stande und Berufe als le=bendiges Glied eines großen wohlgeordneten Ganzen, mit höherer Weihe und Würde in seinem eigenen Be=wußtseyn und der Welt gegenüber gestärkt und geho=ben, um für die wichtigsten Interessen der Gesellschaft, welche über das irdische Daseyn hinausreichen, für die moralischen und religiösen Interessen zu wirken. Wer einmal von einem Strahle dieser Weltanschau=ung erhellt und erwärmt ist, der fühlt sich im Stande und dazu getrieben, seine Person und sein Leben die=ser höheren Idee zum Opfer zu bringen. In den geist=lichen Orden, wie namentlich in der Gesellschaft Jesu, ist für Jeden, der einen solchen Lebensweg einzuschla=gen den Beruf fühlt, der Boden nur um so fester, die günstigen Vorbedingungen des Wirkens um so concentrirter, die Hilfsmittel und Anregungen um so förderlicher. Hier bei diesen Männern sehe ich Kraft des Willens, Unabhängigkeit von den Verhältnissen des äußeren Lebens, Selbstständigkeit und männlichen Muth, und alles dieses zu einem höheren Zwecke und in wohlgeregelter Ordnung. Sehe ich um mich, so

finde ich in der Welt das Elend und die Verwilder=
ung des Pauperismus; die gemeine Genußsucht, die
Eitelkeit, und das Jagen nach Geldgewinn bei den
übrigen Classen der Gesellschaft. Wenn sich im Mit=
telalter so viele vor dem wilden Lärm der Waffen,
vor der Bedrückung durch die Starken und Mächtigen
in die gefriedeten Räume des Klosters zurückzogen,
warum sollte nicht der Ueberdruß an dem Treiben der
Welt in unserer Zeit eine ähnliche Wirkung hervor=
bringen? Und wenn jetzt so viele Männer des Um=
sturzes bereit sind, ihr Leben zu opfern für politische
Ideale, die bloße Phantome sind, warum findet man
es so auffallend, daß Jemand dem Dienste der mo=
ralischen und religiösen Ideen sich aufopfert? Indu=
strie, Wissenschaft, Waffenmacht sind in unserer Zeit
genug und mehr als genug vertreten. Die Religion
aber, ein nicht minder starkes und viel höheres Be=
dürfniß der menschlichen Gesellschaft, bedarf jetzt mehr
als je der Pfleger und Vertreter. Hier, lieber Otto,
hast Du den Aufschluß, durch welche Gedanken ich,
und zwar mit Gottes Hilfe, wie ich fest vertraue,
auf diesen meinen neuen Lebensweg geführt worden
bin.‟

Norbert brachte seinen Entschluß glücklich zur Aus=
führung. Nach einem eifrigen Studium mehrerer Jahre
wurde er ein gelehrter Theolog und ein gewalti=
ger Prediger. Doch kehren wir zu den Erlebnissen
Otto's zurück.

Otto's Duell war bald entschieden; er erhielt eine
Stoßwunde in die Brust und ward in das Kranken=

haus gebracht. Seine entsetzliche Aufregung schien ge=
fährlicher als die Wunde; indessen ward er allmählig
ruhiger und die Wunde schien zu heilen. Nach einigen
Wochen erhielt er seine Entlassung. In seiner Wohn=
ung fand er ein Billet von Eveline; hastig erbrach er
es; aber statt Worte der Theilnahme las er Fol=
gendes:

„Nach Dem, was vorgefallen, werden Sie selbst
einsehen, daß Sie mein Haus nicht mehr besuchen
können. Das Jahrgeld für Ihre Studien wird Ihnen
wie bisher eingehändigt werden, so lange Sie es zu
diesem Zwecke bedürfen. Sehen Sie es als ein Zeichen
der Dankbarkeit an für die vielen, mir geleisteteten
Dienste. Eveline.“

Stumm starrte zuerst Otto das Billet an, dann
brach er in lautes Lachen aus. Ein Jahrgeld für
meine Dienste! Eine Pension für den abgebankten Ka=
pellmeister! Welche unendliche Großmuth! schrie er im
wüthendsten Zorne. Nein, nein, Eveline! abkaufen
lasse ich mir meine Ansprüche nicht, ich werfe sie Dir
vor die Füße, untreues, verrätherisches Weib!

Durch die gewaltige Aufregung sprang die Wunde,
welche bis zur Lunge gedrungen war, auf, Blut drang aus
Otto's Munde, seine Sinne schwanden, er fiel in einen
Lehnstuhl, wo er später ohnmächtig gefunden wurde.
Er mußte in das Krankenhaus zurückkehren und dies=
mal auf lange Zeit.

Otto's Stimmung ward immer düsterer und kam
der Verzweiflung nahe. Zu seiner Wuth über Evelinens
Untreue gesellte sich bald das drückende Gefühl der

Sorge für seine Zukunft. Seine Studien waren nicht
vollendet, seine Hilfsmittel schmolzen mit jedem Tage
mehr zusammen; mit dem Vater hatte er seit seiner
Abreise von München gänzlich gebrochen; was sollte
er beginnen? Obgleich er als Mediciner die Unheil=
barkeit seiner Krankheit, die in Auszehrung überge=
gangen war, hätte erkennen müssen, so glaubte er
doch, wie die meisten dieser Kranken, nicht an seine
Auflösung, so sehr er auch in seiner Verzweiflung oft
den Tod wünschte.

Oft dachte er, seinem Vater zu schreiben und ihn
um Verzeihung und um Hilfe zu bitten, allein die
strengen Ansichten desselben in dieser Beziehung schreck=
ten ihn zurück und der Haß gegen seine Stiefmutter,
welcher er nun wieder auf's Neue all sein Unglück
zuschrieb, ließ es nicht zu, sich einer Demüthigung
auszusetzen.

Endlich mit der wärmeren Witterung schien Otto's
Gesundheit wiederzukehren; statt sich darüber zu freuen,
sah er mit unbeschreiblicher Angst dem Tage entgegen,
an welchem er das Hospital verlassen mußte. Was
sollte er beginnen? Er hatte nicht mehr so viel, um
die Curkosten zu berichtigen; wovon sollte er ferner
leben? Die äußerste Noth zwang ihn um Verzeihung
und um Rettung zu bitten.

Der Regierungsrath war durch das bisherige Be=
tragen seines Sohnes tief verletzt. So oft er von
irgend einer Seite her Nachricht über ihn erhielt,
hatte seine Frau immer mehrere Tage seine üble
Laune zu fühlen, in welcher er gewöhnlich wieder auf

seinen alten Vorwurf zurückkam: es wäre doch besser
gewesen, wenn wir ihn nach seinem Wunsche hier be=
halten hätten, aber Du hast es nicht gewollt. Lina
trug geduldig seine Launen und seine Vorwürfe; sie
gab sich alle Mühe, ihn zu erheitern und gegen Otto
milder zu stimmen, was ihr in den letzten Jahren
eher gelang, weil der Vater hörte, daß sein Sohn
nun fleißig studire. Als aber Otto's Brief kam, als
Werner mit zitternden Händen ihn erbrochen, mit ver=
dunkelten Augen ihn gelesen hatte; da erschütterten
ihn Schmerz und Unwillen dergestalt, daß er unfähig
war, zu sprechen. Stumm reichte er seiner erschrocke=
nen Frau das Schreiben hin. Lina weinte heiße
Schmerzensthränen über den verlorenen Sohn, schöpfte
aber gerade aus seinem Elende die Hoffnung auf Besser=
ung. Sie stellte sich vor, wie viel er müsse gelitten
haben, bis er sich zu diesem Schreiben entschlossen, und
wie sie früher mitwirkte, ihn von dem Hause zu ent=
fernen, so bot sie nun Alles auf, den Vater zu be=
stimmen, ihn kommen zu lassen. Anfänglich gab er
keiner Vorstellung Gehör, sondern erwiderte sie nur
mit Ausbrüchen seines Verdrusses, bis er nach einigen
Tagen ruhiger ward. Was werden die Leute sagen,
wenn der Mensch nach sechs Jahren zurückkommt, ohne
ausstudirt zu haben?

Lieber Werner, er ist ja jetzt krank; das Nöthigste
ist nun seine Heilung. Endlich entschloß er sich, Otto
Geld zu schicken, um seine Verbindlichkeiten zu lösen,
mit der bestimmten Weisung, zurückzukommen. Otto
hatte unterdessen in der peinlichsten Unruhe die Ant=

wort seines Vaters erwartet. Hochklopfenden Herzens
öffnete er den Brief. Der Inhalt desselben riß ihn
zwar aus seiner Verlegenheit, war jedoch nicht sehr
tröstlich, denn der gekränkte Vater schrieb in strengem
Tone. Der Befehl, in's Haus zurückzukommen, fiel
Otto äußerst schwer; er fürchtete sich, dem Vater unter
die Augen zu treten, der Mutter zu begegnen und die
Demüthigung, vor allen Bekannten zu erscheinen,
ohne seine Studien in der langen Zeit vollendet zu
haben.

Höchst verdrießlich fiel ihm des Vaters Bemerkung,
er habe dessen Nachsicht einzig der Mutter zu verdanken; sein Herz empörte sich dagegen, ihr, der er
sein ganzes Unglück zuschrieb, etwas verdanken zu
sollen.

Doch die Noth zwang ihn, zu gehorchen. Ein
heißer Wunsch lag ihm am Herzen; ehe er aus dem
Norden schied, wollte er sein Kind noch einmal sehen.
Er hatte die kleine Eva, die nach seinem ausdrücklichen
Verlangen diesen Namen erhalten, seither jedes Jahr
einmal besucht, nun wußte er nicht, wann dies wieder
geschehen würde. Er eilte deßhalb, um von des Vaters
Geld so viel zu erübrigen, diese Reise machen zu
können. Die Kleine war etwa zwei Jahre alt, ein ge-
sundes, hübsches Kind und Otto auffallend ähnlich.
Es fiel diesem unendlich schwer, von ihm zu scheiden;
es nur einzig der Sorge der untreuen Mutter überlassen zu müssen war ihm ein bitter quälender Schmerz.
Es war nicht zu ändern! Er riß sich los und eilte
der Vaterstadt zu!

Schwer angegriffen von der weiten Reise, heftig aufgeregt durch den Gedanken an den Empfang, kam er im elterlichen Hause an. Erschüttert über das veränderte Aussehen des Sohnes, dem die Hektik ihr brennendes Zeichen auf die eingesunkenen Wangen gedrückt hatte, empfing ihn der Vater. Bange nahte ihm die Mutter, aus Furcht, er möge wieder so abstoßend gegen sie seyn, wie bei seinem früheren Besuche. Schüchtern betrachtete ihn sein Schwesterchen, die kleine Marie; er selbst war nicht fähig zu sprechen, man mußte sogleich ärztliche Hilfe suchen. Im tiefsten Schmerze dieses Wiedersehens leuchteten aus den klaren, dunkeln Augen Mariechens Otto eine Freude zu, die er Niemanden offenbaren konnte, die ihn aber alsbald auf's engste an sein Schwesterchen band. Marie war wie Otto des Vaters Ebenbild und hatte deßhalb die größte Aehnlichkeit mit der kleinen Eva; dies war es, was Otto augenblicklich zu ihr hinzog und ihm das Drückende seiner Lage erleichterte, während er die Mutter kaum in seinem Zimmer sehen konnte; denn zu seinem früheren Unwillen gegen dieselbe gesellte sich nun noch die Reizbarkeit und Wunderlichkeit der Schwindsüchtigen. Mariechen fühlte bald, daß sie Otto lieb war und schloß sich um so leichter an ihn an, als sie sich, nach Art der Kinder, unendlich auf seine Ankunft gefreut hatte.

Mariechen allein wollte Otto im Krankenzimmer dulden; sie allein sollte ihm die nöthigen Dienste leisten, und das sechsjährige Kind war so aufmerksam auf alle seine Wünsche, so fügsam in seine Launen,

und immer bereit, um ihn zu seyn, daß seine stille
Nähe auf Otto unendlich wohlthätig wirkte.

Mariechen hatte freilich durch des Vaters Launen
schon eine Schule der Geduld durchgemacht; auch bei
Werner war sie die einzige, die er um sich leiden
mochte, wenn er voll Verdruß nach Hause kam. Mariechen hatte gelernt, seine Wünsche an den Augen
abzusehen und ihre Mutter hatte sie gewöhnt, sich allzeit darnach zu richten.

Allmählig besserte sich Otto's Gesundheit; er fing
an auszugehen; aber es fiel ihm schwer, zu ertragen,
daß Niemand mehr ihn erkannte, er mußte sich gestehen, daß er sich ungewöhnlich verändert hatte.

Unterdessen lebten die Schwestern in Berlin nach
ihrer gewohnten Weise. Fürst Poninski war es Ernst,
sich mit Evelinen ehelich zu verbinden, er that schon
einleitende Schritte dazu, während Fürst Ortroff nicht
im Entferntesten Willens war, Bertha zu seiner Ge-
mahlin zu erheben. Dessen ungeachtet brachte sie mit
großer Freude ihrer Schwester die Nachricht, sie gehe
mit dem Fürsten nach Italien.

Selbst Eveline staunte über diese Mißachtung aller
Sitte und machte Bertha Vorwürfe darüber, welche
diese, nicht gewöhnt, sich nach Evelinens Vorschriften
zu richten, nicht im Mindesten in ihrem Vorhaben störten. Fröhlich bereitete sie sich zur Reise, fröhlich trat
sie dieselbe an, aber nur zu bald sollte sie enden! Der
Fürst wollte die noch übrige warme Zeit in der Schweiz
zubringen und wählte dazu ein Landhaus an den reizenden Ufern des Genfersee's. Bertha liebte es, ihr

Tilbury selbst zu fahren, und benützte hiezu die Zeit,
welche der Fürst mit Schwimmen zubrachte. Eines
Tages verlangte sie auszufahren, nachdem das Pferd
mehrere Tage gestanden und daher ungewöhnlich wild
und schwer zu lenken war. Der Reitknecht machte sie
darauf aufmerksam und fragte, ob er nicht fahren
solle. Bertha hätte dies eine Feigheit geschienen; sie
nahm die Zügel und fuhr kühn an einem kleinen Ab-
hange hin; plötzlich bäumte sich das Pferd und ehe
der abspringende Groom es erreichen konnte, hatte es
den kleinen Wagen über die Straße hinabgestürzt.
Bertha gab kein Lebenszeichen von sich und alle Versuche, sie in's Leben zurückzurufen, blieben fruchtlos.
Sie war todt!

Erschütternd wirkte diese Nachricht auf Eveline.
Bertha, mit welcher sie stets verbunden gelebt hatte,
die ihrem schwankenden Charakter eine Stütze war,
ihren schwächeren Verstand ergänzt hatte, die sie innig
liebte, trotz der Verschiedenheit ihrer Naturen: sie war
für sie auf immer verloren! Und wie entsetzlich war
dies plötzliche Hereinbrechen des Todes in Mitten ihrer
Sünden!

Die Missionspredigten traten Eveline wieder lebhaft vor die Seele; ihre Gemüthsaufregung ward noch
vermehrt durch Poninski's Abwesenheit, der in sein
Vaterland gereist war, um sich die Documente zu verschaffen, welche zu seiner Heirath nöthig waren. Statt
der Freude wegen ihrer bevorstehenden Vermählung
war tiefes Leid in Evelinens Herzen. Ihr aufgeschreck-
tes Gewissen machte ihr Vorwürfe, die sie zu beschwich-

tigen suchte durch den Gedanken, daß sie ja bei ihrer nahen Vermählung beichten werde, daß durch die Trau= ung der eine Anstand, der ihrer Absolution entgegen= gestanden, gehoben sey; allein sie fand keine Ruhe.

Mit größter Sehnsucht wartete sie auf Poninski's Rückkehr, dem sie Bertha's traurigen Tod gemeldet hatte. Als sie eines Abends, nachdem sie die Norma mit großem Beifalle gesungen hatte, beim Ausgange des Theaters in den Wagen steigen wollte, drängte sich ein fremder Mensch an sie, gab ihr ein Papier in die Hand und verschwand schnell unter der Menge. Eveline strengte sich an, beim Scheine der Laternen im Wagen den Inhalt des Billets zu entziffern, allein vergebens. Zu Hause angekommen, eilte sie, die we= nigen Worte zu lesen, sie hießen: Ich bin verhaftet! Rette Dich und die Papiere!

Entsetzt sank sie auf einen Lehnstuhl. Die eilig mit Bleistift geschriebenen Worte ließen sie nicht erkennen, ob sie von Poninski herrührten. Unfähig eines klaren Gedankens blieb sie in furchtbarer Angst unthätig sitzen, bis endlich die Warnung: Rette die Papiere! ihrem Denken eine bestimmte Richtung gab. Eine neue Angst überfiel sie bei der Erinnerung, daß sie die ganze Correspondenz, die geheimsten Papiere der Verbindung in Verwahrung hatte. Der Gedanke an Poninski's Tod, seine Verbannung nach Sibirien, ihre eigene Gefangennehmung, Alles flog ihr wild durch den Kopf.

Ohne Rath, was sie thuen sollte, lief sie zu ihrem Schreibtische, die Papiere hervorzuholen, als lautes Reden im Vorzimmer sie aufschreckte. Ihr Kammermädchen wollte Jemand den Eingang verwehren.

Eveline hörte nun deutlich die Worte: Es thut mir leid, zu so später Stunde das Fräulein zu stören, allein wir müssen unsere Pflicht thuen; es ist uns eine Haussuchung anbefohlen. Eveline schwindelte in Todesangst. Keines klaren Gedankens fähig, fiel ihr Blick auf ein Fläschchen mit Tropfen, welche ihr der Arzt vor einiger Zeit verordnet hatte, und die, wie sie wußte, ein starkes Gift enthielten; ohne Ueberlegung setzte sie es an den Mund und leerte es in einem Zuge.

In demselben Augenblicke trat der Polizeicommissär mit seiner Begleitung in's Zimmer. Er wollte sich bei Evelinen entschuldigen, als ihm ihre ganz entstellten Züge auffielen. Willenlos ließ sie sich von ihm zum Sopha führen. Plötzlich schrie sie laut auf: Ich sterbe! Hilfe! Hilfe! Ich habe Gift genommen!

Des Beamten Blick fiel auf das entleerte Gläschen; eilig sandte er einen seiner Leute zu dem nächsten Arzte.

Tod! Gericht! wie schrecklich! rief Eveline. Einen Priester! Haben Sie Barmherzigkeit und senden Sie nach einem Priester! Mir schaudert vor dem Tode ohne Versöhnung!

Eine Person aus dem Hause ward nach dem Priester geschickt. Eveline mußte auf ihr Bett gebracht werden. Heftige Krämpfe schüttelten ihre Glieder. Der Arzt kam, besah die Tropfen des im Glase zurückgebliebenen Giftes, machte eilig Verordnungen, erklärte aber, es sey wenig Hoffnung, die Kranke zu retten, die nun besinnungslos dalag, während in kurzen Zwischenräumen krampfhafte Zuckungen ihren Körper erschütterten.

Der Priester kam, aber Eveline gab kein Zeichen des Bewußtseyns mehr. Er that, was ihm sein heiliges Amt vorschrieb, betete vor ihrem Bette, bis sie den letzten Athemzug gethan und empfahl ihre Seele der Barmherzigkeit Gottes. —

Ohne alle Vorbereitung las Otto eines Tages Evelinens schreckliches Ende in der Zeitung. Ein heftiger Erstickungsanfall folgte augenblicklich. Mariechen rief ängstlich der Mutter; sie riß die Fenster auf, hielt ihm Riechessig vor und hatte die Freude, den Anfall vorübergehen zu sehen. Unwillig, wie er immer gegen sie war, winkte er ihr, ihn allein zu lassen. Nun brach er in heftiges Weinen aus. Eveline, so schnell ereilte Dich die Rache! war alles, was er sprach. Vergebens schmiegte das Kind sich an ihn an und fragte ängstlich, was ihm fehle, ob ihm so wehe sey; er drückte es an seine kranke Brust und weinte noch heftiger. Was soll aus Dir werden, armes, verlassenes Kind? rief er dann im tiefsten Schmerze aus. Die Mutter todt, der Vater! — — — o, daß ich könnte, was ich wünsche! — — Unmöglich!

Marie sah ihn furchtsam an, sie verstand ihn nicht, sondern sah nur seine tiefe Trauer.

Er zog sie rasch zu sich. Wie glücklich wollte ich mich preisen, wenn Du hier wärest; wenn Ihr beide

meine Engel wäret, die mich begleiteten auf meinem
dunkeln Pfade! Ach, so weit entfernt, unter fremden
Menschen, die Dich jetzt vielleicht von sich stoßen, wenn
der Lohn ausbleibt!

Otto's schwache Gesundheit hatte einen neuen heftigen Stoß erlitten. Er mußte das Bett hüten. Unterdessen überlegte und kämpfte er fortwährend, ob
er sich seinem Vater entdecken und ihn für sein Kind
bitten solle. So oft er aber Werners ernstes Gesicht
ansah, verlor er den Muth. Derselbe war zwar bei
der Hoffnungslosigkeit seines Sohnes weit milder und
weicher gegen ihn gestimmt, aber gerade die Trauer
um den Sohn gab seinen Zügen einen Ernst, der diesen zurückschreckte.

Otto's heimlicher Kummer verschlimmerte immer
mehr und mehr sein Uebel; er konnte sich sein nahes
Ende nicht mehr verhehlen und mit dieser Ueberzeugung wuchs seine Angst um die Zukunft seines Kindes.
Endlich, als der Vater einmal in ungewöhnlich weicher
Stimmung am Bett des Kranken saß, und Otto
glaubte, Thränen in seinen Augen glänzen zu sehen,
wagte er es, von dem Daseyn der kleinen Eva zu
reden.

Werner war tief verletzt durch diese Nachricht;
ohne seinem Sohne zu antworten verließ er das Zimmer. Er suchte seine Frau auf, um die neue, unan-
genehme Nachricht ihr mitzutheilen. Lina empfand das
tiefste Mitleid mit dem armen Kranken; sie gedachte
nicht der vielen Kränkungen, die sie von ihm empfangen und die er ihr noch täglich zufügte, da er sie nie

in seinem Zimmer sehen wollte, ihr kaum auf ihre
theilnehmenden Fragen Antwort gab; sie dachte nur
seines traurigen Zustandes, der durch den Kummer
um sein Kind auf's Höchste gestiegen seyn mußte, denn
sie urtheilte ganz richtig, daß nur der tiefste Kummer
ihn vermocht haben konnte, sich dem Vater zu ent=
decken. Sie konnte von ihrem Manne nichts weiter
erfahren, er hatte nicht gefragt, wo das Kind sich be=
fand, nicht sein Alter, nicht seinen Namen, nichts!
Lina wußte, daß sie ihm Zeit lassen müsse, die un=
angenehme Nachricht zu verwinden.

Indessen nahm Otto's Zehrfieber immer mehr
überhand, seine Kräfte schwanden zusehends; dabei war
seine Gemüthsstimmung so düster, daß kaum Marie=
chen ihm etwas recht machen konnte.

Stundenlang saß oft das Kind vor Otto's Bett,
ohne daß dieser ihm zu reden erlaubte. Lina lebte in
schweren Sorgen. Es war dem Kranken in seiner fin=
steren Stimmung kein höherer Trost zu bringen, jede
Anspielung auf religiöse Tröstungen wies er mürrisch
zurück. Lina war besorgt für die Gesundheit ihres einzigen
Kindes, das durch den fortwährenden Aufenthalt in
der Krankenluft in Gefahr war; aber sie konnte dem
Kranken diesen schwachen Trost nicht rauben. Wie
flehete sie zu Gott für Otto's Seelenheil und für die
Erhaltung ihres Kindes! Sie hoffte, wenn er zufrie=
dener wäre, gäbe er der Stimme der Religion eher
Gehör. Ach, wenn sie doch etwas dazu beitragen
könnte! Sie vermochte endlich ihren Gatten, mit Otto
über dessen Anliegen zu sprechen, da sie überzeugt

18 *

war, letzterer werbe unaufgefordert es nicht mehr er=
wähnen.

Werner hatte sich nun doch mit dem Gedanken an
das Daseyn dieses Kindes vertraut gemacht; er fragte
also Otto, wo denn das Kind sey, von dem er gesagt.
Ein Hoffnungsstrahl blitzte auf in des Kranken fieber=
glänzenden Augen; er nannte den Ort. Vater, rief
er, wenn für mein Kind gesorgt wäre, dann würde
ich wieder gesund, oder ich stürbe doch ruhig! O,
Vater, gedenke nicht des Herzleides, das ich Dir zu=
gefügt, gedenke der Freude, die Dir Marie macht und
um ihretwillen habe Mitleid mit der armen Eva! O,
wenn Du sie sähest, wie ähnlich sie Mariechen ist,
Du müßtest ihr gut seyn! Ein schmerzlicher Zug spielte
um des Vaters Lippen; er war nicht hart, aber er
versprach auch dem Sohne nicht mehr, als daß er die
Sache überlegen wolle. Seiner Frau versprach später
Werner auf ihre vielfältigen Bitten, er wolle sorgen
für die Erziehung des Kindes, sie möge eine Gelegen=
heit dazu auffinden. Da Lina seine weichere Stimm=
ung bemerkte, wagte sie es, mit ihrem stillgefaßten
Plane mehr herauszurücken: Vater, sagte sie schüch=
tern, der arme Otto stirbt, wolltest Du ihm nicht die
Freude machen, in seinen letzten Tagen sein Kind um
sich zu sehen?

Werner fuhr auf.

Freilich erinnert es an Otto's Fehltritte, allein
wir wissen sie ja und durch die Ankunft des verlasse=
nen Kindes werden sie nicht schlimmer. Siehe, ich
hoffe, wenn sein Herz befriedigt ist, daß er dann sanf=

ter und besser wird und mit christlichen Gesinnungen
in die Ewigkeit geht.

Bedenke die weite Reise. Wer sollte es bringen?

Ich würde es abholen, wenn Du damit zufrieden
wärest. Da Du für seine Erziehung sorgen willst,
wirst Du es ja doch nicht so weit entfernt in Nord=
deutschland lassen; also müßte die Reise doch einmal
gemacht werden.

Was würden die Leute sagen? Ich habe immer
auf Ehre gehalten und nun macht dieser Mensch mei=
nem Hause Schande!

Lina schwieg nun; aber nach wenigen Tagen kam
Marie traurig zu Otto, ihm zu sagen, die Mutter sey
verreist und komme lange nicht; aber sie habe ver=
sprochen, ihm und ihr etwas Schönes mitzubringen.

Otto war sehr zufrieden, daß er nun wenigstens
einige Zeit ihres Anblickes enthoben sey. Hatte er
doch in seinem Grolle gegen sie den Verdacht gefaßt,
sie wirke auf den Vater gegen die kleine Eva ein.
Als daher Werner ihm wieder einmal besser ge=
stimmt schien, suchte er die Zeit zu benützen und
fragte, ob er wohl Hoffnung habe, daß für sein Kind
gesorgt werde.

Werner ward aber nicht gerne daran erinnert,
denn die Abwesenheit seiner Frau schien ihm sehr ver=
drießlich, da sie ihn so verwöhnt hatte, daß er nichts
sich selbst besorgen konnte und überdies war jene
Reise Lina's so ganz gegen alle Gewohnheit, daß er
sich sehr unbehaglich fühlte. Natürlich war er deßhalb
gegen das Kind, als die Ursache ihrer Reise in dieser

Zeit noch ungünstiger gestimmt als zuvor, weßhalb er mürrisch antwortete: Deine Mutter ließe mir ja die leibliche Ruhe nicht, wenn ich ihr nicht versprochen hätte, mich seiner anzunehmen.

O, tausend, tausend Dank Vater! Du wälzest eine schwere Last von meinem Herzen! Nun will ich mit Allem zufrieden seyn und mich über nichts beklagen!

Otto konnte nicht begreifen, daß seine Mutter den Vater für seine Wünsche gestimmt haben sollte. Er hatte keine Ahnung von ihrem edlen, wahrhaft christlichen Herzen!

Es mochten etwa vierzehn Tage seit Lina's Abreise verflossen seyn, als Mariechen voller Freude in Otto's Zimmer sprang und rief: da sieh, was die Mutter uns' mitgebracht hat! und hinter sich zog sie ein kleineres Mädchen nach, ihr so ähnlich, wie nur Geschwister seyn können.

Eva! rief Otto aufspringend; er wollte ihr entgegeneilen, allein er fiel alsbald in seinen Lehnstuhl zurück. Marie bemühte sich, die Kleine auf Otto's Kniee zu bringen, es wollte ihr jedoch nicht gelingen, bis die Mutter noch in Hut und Mantel in's Zimmer trat und das Kind ihrem Sohne in die Arme legte, der es mit Küssen bedeckte. Doch plötzlich stellte er es herab und warf sich vor Lina auf die Kniee.

Mutter, Mutter! Verzeihung! rief er leidenschaftlich aus. Ach, wie habe ich Dich verkannt! Er ergriff ihre beiden Hände, drückte sie stürmisch an seine Lippen und schrie fast erstickt von Thränen und Schluch=

zen: Mutter, kannst Du mir vergeben? O, wie bin ich so vieler Güte so ganz unwürdig!

Lina weinte leise vor Freude und Schmerz bei Otto's Selbstanklage. Sie hoffte, daß, da nun die Eisrinde seines Herzens geschmolzen, christliche Ermahnungen leichteren Eingang in dasselbe finden würden.

Werner trat eben in's Zimmer und ward so überrascht von der Aehnlichkeit der kleinen Eva mit seiner geliebten Marie, daß er das Kind auf seine Arme nahm und es voll Rührung küßte. Otto's Freude war so gewaltig, seine Aufregung so heftig, daß Lina für seine Gesundheit höchst besorgt ward. Wir wollen ihn mit den Kindern allein lassen, sagte sie ihrem Manne; sie werden ihn am ersten beruhigen.

Otto's unerwartete Freude, sein Kind um sich zu haben, wirkte auf seine Gesundheit, wie wenn man einer erlöschenden Lampe einige Tropfen Oel zugießt. In wenigen Tagen war Eva heimisch in der Familie und der Liebling Aller, selbst Werner's, der so weit ging, daß er die beiden kleinen Mädchen mit sich spaziren nahm.

In einer solchen Stunde, wo Lina allein bei ihrem Sohne war, nahm er ihre Hand und sagte weich: Mutter, Du hast mich für Gott wieder gewonnen, durch Deine unwandelbare Güte, die Du fort behieltest, während ich Dir nur Undank und Kummer bereitete. Ich habe viele Menschen kennen gelernt, die durch ihre philosophischen Ansichten hoch über Anderen zu stehen glaubten und mitleidig auf Die herabsahen, welche demüthig und treu an den Lehren der Religion festhielten. Während sie sich rühmten die Tugend aus reiner Liebe zu derselben zu üben; während sie mit hohen Worten ihren angeborenen Edelmuth, ihre erhabene Gesinnung priesen und ihr in Liebe schwärmendes Herz über jeden Act göttlicher oder menschlicher Gerechtigkeit in sentimentalem Tadel sich ergoß, fand ich bei näherer Bekanntschaft, bei genauerer Beobachtung, daß Alles eitler Schein war, hinter welchem sich ihre Eitelkeit und Selbstsucht verbargen, die augenblicklich recht häßlich hervorbrachen, wenn sie irgendwie verletzt wurden. Die Tugend aber, welche Du übest, ist kein bloß menschliches Werk.

Otto, Otto, ich bitte Dich, sieh doch die Sache nicht für größer an, als sie ist, unterbrach ihn seine Mutter.

Ich bitte Dich, Mutter, laß mich sagen, was mir am Herzen liegt. Diese stille, unscheinbare, bei aller Verkennung jahrelang geübte, schwere Tugend ist keine Erfindung der Menschen und kann nicht durch menschliche Kraft allein geübt werden. Mutter, es ist die Religion, die Dich stärkt, und aus dieser festen Ueberzeugung, die ich nun habe, lebt der Glaube wieder in mir auf, der inzwischen ganz erloschen schien.

O, Gott sey Dank! Tausend Dank! rief Lina unter Freudenthränen.

Liebe Mutter, ich wünsche, nun so bald als möglich mich mit der Kirche, mit Gott auszusöhnen. Verhilf mir dazu.

Mit welch' inniger Freude war Lina dazu bereit.

Noch wenige Tage und Otto hatte sein Gewissen gereinigt und das Pfand des Friedens empfangen!

Die Familie war nun so glücklich, wie sie es seit
vielen Jahren nicht gewesen. Otto fühlte sich so wohl
und heiter, daß er öfter sagte: Wäre ich nicht Mediciner, so würde ich an meine vollständige Genesung
glauben.

Marie, die noch selten zu anderen Kindern gekommen war, fand sich überglücklich durch Eva's Gesellschaft und beide Kinder wetteiferten, dem Kranken
Dienste zu leisten, die denselben hinwieder unendlich
erfreuten.

Werner sah ihnen mit stillem Vergnügen zu, so
daß ihm einmal wie unwillkürlich die Worte entfielen:
Nein, sie dürfen nicht mehr getrennt werden, die kleine
Eva muß bei Marien bleiben.

O, Vater, dies ist zu viel Freude, ich trage sie
nicht! rief Otto aus.

Ich dachte es, Vater, sagte Lina, daß Dein gutes
Herz das Kind nicht wieder fortschicken könnte. Sieh,
welche Freude Du uns Allen bereitest!

In stiller Heiterkeit verlebte die Familie noch einige
Wochen, bis im Spätherbste Otto's Kräfte plötzlich
sanken. Nach einigen Tagen, die er in ruhiger Sammlung und christlicher Vorbereitung zubrachte, entschlief
er sanft in den Armen seiner Eltern.

Geständnisse einer Giftmischerin.

Die Galerieen des Schwurgerichtssaales in B.
waren dicht besetzt mit Neugierigen aus allen Clas=
sen der Gesellschaft, die zum Theil weit hergekommen
waren. Ein schönes, junges Mädchen stand vor den
Schranken, angeklagt des Giftmordes an ihrer Dienst=
herrin. Eben war sie abgeführt worden, die Geschwo=
renen hatten sich in ihr Berathungszimmer zurückge=
zogen, um den Beschluß über schuldig oder nicht schul=
dig zu fassen. Lautlos harrte die Menge, tief ergriffen
von den vorhergegangenen Verhandlungen und in reg=
ster Theilnahme für die jugendliche Angeklagte, die
vom Anfange der Untersuchung bis auf diesen letzten
Augenblick jede Schuld an dem ihr zur Last gelegten
Verbrechen standhaft und mit Würde geläugnet hatte.
Die Zuhörer waren so wenig einig über Schuld oder
Nichtschuld derselben, daß sie vielmehr in zwei Par=
teien getheilt waren, wovon die eine das Mädchen
als Verbrecherin erkannte, die andere in ihr eine un=
schuldig Verfolgte sah. Je mehr der Augenblick der
Entscheidung nahte, um so höher stieg die Spannung
der Versammlung.

Nach Verlauf einer Stunde ward die Angeklagte
wieder in den Saal geführt. Bleich, aber gefaßt, trat

sie an ihren Platz; ihre großen, dunkeln Augen durch=
liefen suchend die Reihen der Zuschauer bis etwa zur
Mitte der Gallerie; dann überflog einen Augenblick
tiefe Röthe ihre schönen Züge, sie senkte ihren Blick,
um ihn nicht wieder zu erheben.

Die Geschworenen traten ein; der Präsident stellte
die Frage:

Ist Rosalie Bauwald schuldig, ihre Dienstherrin
Angelika von Loring am Abende des 8. August 1851
durch Arsenik vorsätzlich getödtet zu haben?

Sie ist schuldig! lautete der Wahrspruch.

Wie ein Blitzstrahl durchzuckte das entscheidende
Wort die Angeklagte; einen Augenblick schien sie zu
wanken, sie hielt sich an den Schranken; dann über=
zog eine dunkle Röthe ihr Gesicht, sie wandte einen
schmerzlichen Blick gegen die Mitte der Galerie, ließ
dann ihr schönes Haupt auf die Brust sinken und
sprach langsam und vernehmbar: „Es lebt ein gerech=
ter Gott!"

Auf der Galerie entstand die lebhafteste Beweg=
ung; von der Mitte derselben schien Jemand hinaus=
zudrängen, während die übrigen Zuschauer ihren Ge=
fühlen Ausdruck verliehen. Je nachdem sie das Urtheil
vorgesehen hatten, oder nicht, erklärten sie den Aus=
ruf Rosaliens als Anrufung der göttlichen Gerechtig=
keit, oder als Bestätigung des Ausspruches der Ge=
schworenen.

Der Präsident mußte Ruhe gebieten, um das Ur=
theil verlesen zu können. Rosalie hatte wieder ihre
Fassung gewonnen; ernst und bleich stand sie, die

Hände gefaltet, als das Urtheil erfolgte, daß: Rosalie
Bauwald durch das Schwert vom Leben zum Tode
gebracht werden solle.

Ohne irgend eine Aenderung in ihren Zügen hörte
sie es an und ward hierauf in das Gefängniß zurück-
geführt.

Am andern Morgen lag Rosalie in ihrer Zelle
auf den Knieen; der Geistliche hatte sie eben verlassen; da ward die Thüre wieder geöffnet und ein junger, fein gekleideter Mann trat herein. Mit dem Rufe:
Hermann! sprang das Mädchen auf. — Rosalie,
endlich ist es mir erlaubt, Dich zu sehen! rief tief bewegt der junge Mann. Ach, daß ich Dich hier finden
muß! Aber habe Geduld, meine Geliebte, Deine Unschuld wird an den Tag kommen und wie will ich
dann alle Deine Wünsche erfüllen. Alles will ich auf-
bieten, um Dich diese furchtbare Zeit vergessen zu
lassen!

Traurig schüttelte Rosalie ihr Haupt. — Verzage
nicht, Theuerste! Ich habe mit dem geschicktesten Rechts-
anwalte gesprochen; wir ergreifen die Berufung gegen
das Urtheil der Geschworenen an das höhere Gericht;
gewiß, ganz gewiß, Deine Unschuld wird klar und
makellos sich vor aller Welt darstellen, man wird
dann allgemein das tiefste Mitleid für Dich hegen
und Jedermann wird sich bemühen, gut zu machen,
was jetzt an Dir verbrochen worden. Fasse Muth,
Geliebte!

Ach, Hermann, wie schwer ist mir dies Geständ-
niß Ihnen gegenüber! rief Rosalie, indem sie sich wie-

der auf die Kniee niederließ und ihr Gesicht mit beiden Händen bedeckte. Vor einer Stunde hätte ich der ganzen Welt zurufen mögen: Es lebt ein gerechter Gott! er offenbart auch das geheimste Verbrechen. Vor Ihnen allein, Hermann, vor Ihnen möchte ich es verbergen, denn Ihre Verachtung ist mir bitterer, als die Schmach vor der ganzen Welt!

Rosalie! rief erschrocken der junge Mann, indem er ihre Hände wegzog und ihr schmerzlich fragend in das bleiche Antlitz sah.

Nein, nein, sagte er dann erleichtert, das sind nicht die Züge einer Mörderin!

Rosalie zuckte bei dem Worte zusammen.

Rosalie, laß Dich nicht so weit verwirren, daß Du selbst Dich für schuldig hältst. Beruhige Dich, armes Kind, noch eine kurze Zeit habe Geduld; o, wie glücklich werden wir dann seyn, nach dieser schweren Prüfung!

Thränen stürzten aus Rosaliens Augen. Wie schmerzlich ist es mir, Hermann, daß ich auch Sie getäuscht habe! Es zerschneidet mir das Herz, daß Ihr reiner, fleckenloser Name nun in Verbindung mit dem einer Verbrecherin genannt wird. Fliehen Sie mich, Hermann, überlassen Sie mich dem Schicksale, das ich verdiene.

Rosalie! rief Hermann und sah ihr forschend in's Gesicht; er fand nur den Ausdruck tiefen Schmerzes, aber keine Spur von Geistesverwirrung.

Eine peinliche Pause trat ein, bis Rosalie, mühsam ihre Bewegung beherrschend, mit tonloser Stimme sprach: Ich bin schuldig des Verbrechens, dessen ich angeklagt worden!

Sprachlos vor Ueberraschung und Schmerz, doch immer noch zweifelnd, starrte Hermann sie an; endlich rief er aus: Es ist nicht möglich! Diese edlen, schönen Züge tragen nicht den Ausdruck einer Verbrecherin.

Hermann, hören Sie mich! Sie allein habe ich geliebt in meinem ganzen Leben. Ich träumte unaufhörlich von dem Glücke, das mich an Ihrer Seite erwartete, dies gab mir den Muth, bis zum letzten Augenblicke zu läugnen. Seit meiner Kindheit stand mein stetes, heißes Verlangen nach dem Glücke der Erde; der Glaube an ein höheres, ewiges Leben ward schon früh aus meinem Herzen verdrängt; deßhalb jagte ich dem irdischen nach mit all meinem Streben. Ich glaubte an keine Vorsehung, an keine Weltregierung, deßhalb dachte ich, durch beharrliches Läugnen meine Unschuld zu behaupten. Es ist mir nicht gelungen, obgleich ich sah, wie meine Richter sich von meiner Jugend zur Milde stimmen ließen, obgleich ich Mitleid, Rührung an ihnen wahrnahm und sie ganz geneigt schienen, an meine Unschuld zu glauben. Es ist mir dennoch nicht gelungen; sie haben das Schuldig ausgesprochen; denn es lebt ein gerechter Gott, an den ich nun glaube; es gibt eine Vergeltung, die allein ich jetzt noch fürchte! Mit der Erde habe ich meine Rechnung abgeschlossen; ich verlange nichts mehr von ihr!

Rosalie, es ist nicht möglich! unterbrach sie Hermann, es wäre zu fürchterlich!

Wenn ich meine Schuld noch vor einem Menschen verbergen möchte, so wäre es vor Ihnen, und doch möchte ich nicht mit dieser Lüge gegen Sie aus der Welt gehen. Glauben Sie, ja, es ist mir schwer, fast unmöglich geworden, vor Ihnen das Bekenntniß meines Verbrechens abzulegen und so selbst die Liebe, die mein Glück ausmachte, aus Ihrem Herzen zu reißen. O, Hermann, glauben Sie mir, dies ist mir härter, als selbst der schimpfliche Tod, der meiner wartet.

Hermann zuckte zusammen. Geisterbleich lehnte er sich an die Kerkerwand. Rosalie weinte. Nach einer Pause rief er aus: Ich hielt Dich für edel und rein, ich vertraute Dir, wie keinen anderen Menschen, wie war es Dir nur möglich, ein solches fluchwürdiges Verbrechen zu begehen?

Sie wissen nicht, wie ich aufgewachsen bin, ich habe es stets vor Ihnen zu verbergen gesucht. Wenn Sie es wüßten, vielleicht würden Sie meine Schuld zwar nicht geringer, aber doch erklärlicher finden. O, Hermann, wie gerne möchte ich vor Ihnen nur um ein Weniges mich entschuldigen können, indem ich Sie in das Dunkel meiner Jugend blicken ließe, aber ich verdiene nicht, daß Sie mich anhören. Fliehen Sie die Verbrecherin, hier weiß noch Niemand, daß Sie mich geliebt haben, lassen Sie es nicht errathen.

Nein, nein, Rosalie, ich kann Dich nicht so schuldig glauben; jeder kleine Umstand, der zu Deiner Entschuldigung dienen kann, ist mir jetzt mehr willkommen, als alles Gut der Welt. Laß mich wissen, was Dich verführt hat; laß mich die gräßlichen Versuchungen kennen, die den Abel Deiner Seele beflecken konnten.

Rosalie lächelte wehmüthig. O, diese starke Liebe, wie glücklich hätte sie mich machen können, da sie mir jetzt noch den letzten Trost zu bringen vermag! Ja, Hermann, daß Sie mich jetzt noch hören wollen, nachdem Sie meine Schuld wissen, daß Sie mich noch so viel werth finden, um noch zu wünschen, die Gründe zu erfahren, die meine Schuld um ein Weniges mildern können, — ist Balsam für mein armes Herz! Heute aber ist es mir nicht mehr möglich mich in den dunkeln Schacht meiner Vergangenheit zu versenken und all die gräßlichen Gestalten heraufsteigen zu lassen, die meine Kindheit umgaben; ich bin zu erschöpft und ich habe noch viel zu thuen in den wenigen Tagen, die ich mein nennen darf. Werden Sie morgen kommen? werden Sie morgen hören wollen, wie ich nie den Abscheu vor Verbrechen kennen lernte?

Rosalie, was werde ich hören? rief entsetzt Hermann. Ich komme, o gewiß, ich komme!

Hermann war der Sohn eines reichen Bankiers in einer entfernten deutschen Hauptstadt und vor zwei Jahren durch seines Vaters Tod Herr seines großen Vermögens geworden. Im darauf folgenden Sommer besuchte er Verwandte in F.; dort sah er Rosalie in Gesellschaft einer achtbaren Familie; ihre Schönheit zog ihn an und bei dem geselligen, heiteren Tone jener Gegend war es ihm leicht, sich ihr vorstellen zu laſſen. Ihr Benehmen war anmuthig und einfach; aus ihren großen, dunkeln Augen blickte ein Ernſt, der ihr bei aller Jugendlichkeit eine edle Würde verlieh; ihre Unterhaltung war ungezwungen und feind aller Gefallſucht. Ein Zug von Feſtigkeit und Willens= kraft, der ihrem Blicke, ihren Zügen, ihren Beweg= ungen, ihrem ganzen Weſen aufgeprägt war, hatte bei ihrer Jugend für Viele abſtoßend wirken können; Her= mann zog er an, dem die weichliche Unſelbſtſtändigkeit wie die Wandelbarkeit vieler Frauen äußerſt zuwider war. Er ſah Roſalie häufig an den Vergnügungs= orten der Umgegend, welche fleißig von den Bewoh= nern der Stadt beſucht werden. Sein Wohlgefallen an ihr verwandelte ſich bald in eine tiefe Zuneigung. Hermanns Verwandte zogen Erkundigungen über das Mädchen ein und erfuhren, daß ſie ſich ſeit einem hal= ben Jahre bei der Familie, mit welcher ſie allzeit er= ſchien, eingemiethet hatte und überall eine ernſte, wür= dige Haltung zeige. Daß ſie aus K. ſey, hatten ſie ebenfalls erfahren, jedoch über ihre Eltern durchaus nichts Zuverläſſiges.

Auf Roſalie ſchien die ruhige Verehrung, die der junge Mann ihr zollte, einen tiefen Eindruck zu ma= chen, wie Hermann mit inniger Freude bemerkte. Da er ganz unabhängig war, ſo hinderte ihn nichts, ſei= nem Herzen zu folgen. Er beſuchte Roſalie in Gegen= wart ihrer Hausgenoſſen und je mehr er ſie ſah, um ſo mehr wuchs ſeine Liebe, die er ihr denn endlich auch geſtand und um ihre Hand bat. Roſalie erröthete tief; ſie ſchien mit ſich zu kämpfen, bis ſie ihm ant=

wortete: Ich bin ein armes Kind von Eltern niede=
ren Standes, werden Sie sich nicht einstens meiner
Herkunft schämen?

Rosalie, ich habe Sie kennen gelernt und liebe
Sie, wie Sie sind; ich frage nach nichts weiter, ant=
wortete Hermann. Die ganze Stadt prieß nun Rosaliens Glück, das sie selbst am meisten zu schätzen
wußte.

Hermann mußte zu seinen Geschäften in seine Hei=
math zurückkehren, ohne daß er noch die Zeit seiner
Vermählung bestimmen konnte. Ein steter Briefwechsel
sollte den Liebenden die Trennung erleichtern. Rosalie
benützte den Zwischenraum bis zu ihrer Vermählung
zu eifrigem Lernen, um die Lücken ihrer Erziehung
möglichst auszufüllen. Hermanns Freigebigkeit hatte
sie in den Stand gesetzt, gute Lehrer zu gewinnen.
So lebte sie in größter Zurückgezogenheit, bloß mit
ihrer Ausbildung beschäftigt, bis zu ihrer Verhaftung.
Hören wir sie nun selbst ihr Leben bis dahin er=
zählen.

Hermann hatte die Nacht in heißen Kämpfen
durchwacht; es schien ihm unmöglich, daß die Geliebte
mit solch schwerer Schuld beladen sey, und doch be=
hauptet sie es selbst!

So bald als möglich eilte er am Morgen mit der
Eintrittskarte zum Gefängnisse. Ein freudiges Erröthen
überflog Rosaliens blasse Züge, die alsbald wieder
den Ausdruck tiefer Schwermuth annehmen.

Um Ihnen ein treues Bild meiner Kindheit und
Jugend geben zu können, habe ich seit gestern jene

Zeit in mein Gedächtniß zurückgerufen, und ich schau=
dere vor den Menschen, die mich umgaben, und die,
seit ich in anderen Verhältnissen lebte, tief in die
Vergangenheit zurückgetreten waren.

In dem ärmsten Theile meiner Vaterstadt, der nur
von der niedersten Volksclasse bewohnt ist, erblickte ich
vor zwanzig Jahren das Licht der Welt. Mein Vater
war Taglöhner, der durch Holzhacken sich und seine
Familie hätte nothdürftig ernähren können, wenn er
nicht dem Trunke ergeben gewesen wäre. Oft kam er
betrunken spät in der Nacht nach Hause und zwang
dann meine arme Mutter aufzustehen und ihm Kaffee
zu kochen. Oft aber war er so wenig bei Besinnung,
daß sie ihn auskleiden und mühsam zu Bette bringen
mußte; dabei schalt und fluchte er, daß wir Kinder
uns furchtsam unter die Bettdecke versteckten. Oft auch
verlangte er, sie solle ihm noch mehr Essen oder geistige
Getränke holen und wenn sie erwiderte, es sey zu spät,
die Läden seyen geschlossen, oder wenn sie kein Geld
hatte, so schlug er fluchend und scheltend unbarmherzig
auf sie los. Da wir die Mutter eben so liebten, wie
wir den Vater fürchteten, so sprangen wir oftmals
aus den Betten, der Mutter zu Hilfe, indem wir den
Vater von ihr wegzuziehen suchten, wobei die ihr zu=
gedachten Schläge auf uns fielen.

So wuchsen wir im Zwiespalt der Familie heran,
bis bald nach einander meine beiden Geschwister star=
ben. Meine Mutter kränkelte schon lange, mußte sich
aber dennoch immer anstrengen, etwas zu verdienen,
da der Vater seinen Erwerb fast ganz für sich brauchte

und sie von ihm nur wenig mit Zank und Verdruß bekommen konnte. Als ich zwölf Jahre alt war, starb auch sie. Nun war es, als ob mein Vater in sich gehen wollte; er arbeitete am Tage und kam am Abende nach Hause, gab mir auch Geld, um die nöthigen Bedürfnisse für uns bestreiten zu können. Er weinte viel und zeigte mir eine besondere Liebe, die ich indessen wenig erwiderte, denn von frühester Kindheit an stand ich immer gegen ihn auf Seiten meiner Mutter. Es währte auch nicht lange, so kamen Kameraden, die ihn neckten und nicht ruheten, bis er mit ihnen in's Wirthshaus ging und bald lebte er wieder wie früher, nur war die arme Mutter nicht mehr da, die er schelten und schlagen konnte, wenn er betrunken nach Hause kam. Ich schlief über seiner Stube in einem elenden Dachkämmerchen, wo ich mich zu Bette legte, ob er zu Hause war oder nicht, und dessen Thüre, von innen verriegelt, ich nicht öffnete, wenn er auch noch so sehr schalt oder bat, daß ich ihm noch etwas holen sollte.

Ich besuchte die Stadtschule und lernte fleißig, denn so nieder der Kreis war, in dem ich lebte, hatte ich doch einen starken Ehrgeiz, der mich antrieb überall nach Auszeichnung zu streben. Das Lernen ward mir leicht und somit saß ich immer unter den besten Schülerinnen; aber gerade dieses war mir verderblich. Die Mädchen, unter welchen ich saß, gehörten besseren Ständen an und sahen hochmüthig und ekel auf meine ärmliche, oft unreinliche Kleidung, bespöttelten meine Aussprache und meine schlechten Manieren, wodurch mein Stolz beleidigt und ein Haß gegen höhere Claſſen in mir entzündet wurde. In meiner Nachbarſchaft hatte ich die unbeſtrittene Herrſchaft über alle meine Alters= genoſſen und zum Theil auch über ältere, ſowohl weil ich durch größere Schulkenntniſſe ihnen überlegen war, als auch durch mein feſtes, entſchiedenes Auftreten, das durch körperliche Größe und Stärke unterſtützt, immer meinem Willen den Durchgang verſchaffte.

Ich ward der Schule entlaſſen. Wohlmeinende Frauen aus unſerer Hausgenoſſenſchaft ſuchten meinen Vater zu bereden, daß er mich in eine Nähſchule ſchickte, allein er behauptete, er brauche mich zu Hauſe. So lief ich denn die meiſte Zeit müſſig herum und ge= horchte nur unwillig manchmal den Anforderungen jener Frauen, unſere Haushaltung in beſſere Ordnung zu bringen, wozu ſie mir bereitwillig Anleitung ga= ben. Dagegen intereſſirten mich alle Stadtneuigkeiten, gierig las ich alle Blätter, die mir in die Hände fie= len und wenn ich ein Buch erhaſchen konnte, blieb ich dabei ſitzen, bis es zu Ende geleſen war. Und was für Bücher waren dieſe?

Oft war ich in der bitterſten Noth; denn mein Vater gab mir ſo wenig, daß es kaum für unſere ärmliche Nahrung reichte, weßhalb ich oft Hunger litt. Monate lang mußte ich bei ihm betteln um ein Kleidungsſtück; ich hatte im Winter nichts Warmes auf dem Leibe und fror des Nachts in meinem elen= den Bette unter den Dachziegeln. Hie und da brachte er etwas mehr Geld nach Hauſe und dann war er auch gut gegen mich; aber anſtatt das Nöthigſte da=

für anzuschaffen, hieß er mich Braten und Wein aus einem Gasthause holen, daß wir einmal einen guten Tag hätten; dann litten wir wieder Wochen lang Noth.

Mein Vater sagte mir öfters, indem er mich vergnügt ansah: Nur noch ein paar Jahre, dann kannst Du Geld genug für Dich und mich verdienen. Ich wußte damals noch nicht, was er meinte.

Ich wünschte etwas zu lernen, um mein Brod verdienen zu können. Es gab zwar eine Nähschule, wo man unentgeltlich unterrichtet wurde, sogar eine kleine Bezahlung erhielt, allein ich dachte es mir unmöglich, den ganzen Tag ruhig zu sitzen und drei Jahre, während welcher man die Schule besuchen mußte, schienen mir eine Ewigkeit; ich lernte also nichts.

So kam das Jahr 1848 heran, das den Geist der Empörung entfesselte, der sich bald der unteren Volksschichte bemächtigte. Nun fing ein anderes Leben bei uns an. Mein Vater brachte oft Geld nach Hause, ohne daß er gearbeitet hatte; er schaffte mir einen neuen Anzug an, um den ich zuvor lange vergebens gebeten hatte, und war meistens guter Laune; nur Abends, wenn er betrunken kam, schalt und fluchte er, aber nun nicht mehr über mich, sondern über Fürsten und ihre Knechte, wie er Beamte und Militär nannte, und über die Reichen, die nun bald mit uns theilen müßten. Dies klang mir ganz angenehm, da ich noch von der Schule her einen Haß gegen die Reichen und Vornehmen hatte, der durch spätere Er-

fahrungen an meinen Kamerädinnen immer mehr an=
gefacht wurde.

Hermann, unterbrach sich Rosalie, was ich Ihnen
nun schildern will, gehört nicht durchaus zu meiner
Geschichte, ich möchte Ihnen eben ein treues Bild des
Elendes der unteren Volksclassen geben, weil
Sie edel und gut sind, und auch Mittel haben, um
für das Wohl dieser armen Menschen wirken zu kön=
nen. Die Kinder dieser armen Leute werden früh ein=
geweiht in die Geheimnisse des Lasters, denn es wird
vor ihnen offen darüber verhandelt; so wurde auch
ich bald bekannt mit den geistigen Gebrechen der Ge=
sellschaft. Ich war damals etwa fünfzehn Jahre alt
und hatte eine große Bekanntschaft mit Mädchen mei=
nes Alters und auch mit manchen älteren, die Alle
eine Art Vertrauen zu mir hatten und mir ihre Ge=
heimnisse mittheilten, um meinen Rath zu hören, den
sie freilich selten befolgten. Dessenungeachtet übte ich
eine gewisse Herrschaft über sie aus, wie ich schon
früher sagte.

Mehrere von ihnen fingen Bekanntschaften an mit
Handwerksburschen, Fabrikarbeitern und anderen jun=
gen Leuten ihres Standes, wozu gewisse Tanzstunden,
bei welchen die Mädchen ohne Bezahlung zugelassen
wurden, oft die erste Veranlassung gaben. Ich möchte
diese Bekanntschaften mit der Schwindsucht vergleichen;
in Kummer und Sorge, in Gram und Eifersucht
schleppten sie sich hin, öfters flackerten sie gleichsam
auf in Lust und Freude, um dann wieder um so tie=
fer in Kummer zu versinken. Gewöhnlich war die

Liebe verflogen, ehe sie an eine Heirath denken durf=
ten, allmählig löste sich das Verhältniß auf, wenn es
nicht durch einen großen Verdruß oder durch heimliche
Abreise des Burschen endete.

Nach derartigen Bekanntschaften gelüstete mich nie;
ich verlangte nach höherem Glücke. Andere unterhielten
Verbindungen mit Adeligen, mit Offizieren oder Stu=
denten. Sie führten während dieser Zeit ein üppiges
Leben, kleideten sich wie Damen und manche schämte
sich dann der armen Rose, während Andere mir hie
und da etwas von ihrem Ueberflusse zukommen ließen.
Diese Art hätte mir schon eher gefallen, denn ich
wünschte so sehr, mich besser sättigen zu können und
wäre gar so gerne schön gekleidet gewesen; aber mein
früh eingesaugter Haß gegen höhere Stände machte
mich zuerst mißtrauisch und meine Erfahrungen recht=
fertigten dann nur zu sehr dieses Mißtrauen. Ich sah,
daß diese armen Mädchen, statt geliebt zu werden,
wie sie wähnten, statt zur Ehe mit ihren Geliebten zu
gelangen, wie sie ihnen vorspiegelten, nur das Werk=
zeug niederer Lüste waren und sobald diese Wüstlinge
für einen anderen Gegenstand entbrannten, stießen sie
schonungslos die Bethörten von sich, unbekümmert um
ihr ferneres Schicksal, ja unbekümmert um das Loos
ihrer eigenen Kinder! Wie oft habe ich solche arme,
betrogene Geschöpfe gewarnt, aber vergebens; sie
glaubten ihren Verführern, bis das Elend hereinge=
brochen war! Eine meiner Bekannten hatte ich lieber
als die anderen, sie war so schön und gegen mich
immer gut. Sie ließ sich von einem adeligen Offizier ver=

führen und alle meine Warnungen waren vergebens;
um ihrer Zenthoben zu seyn, mied sie mich endlich gänz=
lich. Nach langer Zeit hörte ich, sie sey krank und in
tiefster Armuth. Nun suchte ich sie auf; aber wie fand
ich sie! In einer elenden Dachkammer lag sie in einem
schlechten Bette, zu ihren Füßen stand auf einer Bank
ein Korb mit ihrem einige Monate alten Kinde, das
mir im ersten Augenblicke kränker schien, als die Mut=
ter. Da mein Erscheinen ihr so unerwartet kam, über=
flog ein glühendes Roth ihr Gesicht; in wunderschö=
nem Glanze schwamm ihr großes Auge und ihre feine
weiße Haut schien schöner wie Wachs; sie schien mir
schöner als je; aber nicht lange war ich bei ihr, so
wich alle Röthe von ihren Wangen, die Züge wur=
den schlaff, die Augen sanken ein und nun erst be=
merkte ich, daß sie abgezehrt war bis auf Haut und
Knochen.

Die arme Karoline! Noch vor wenigen Monaten
so schön, so blühend, so zierlich gekleidet, so hübsch
wohnend und nun im tiefsten Elende, dem Tode nahe,
von der Armencommission bei einer Frau in die Kost
gegeben, die selbst arm, ihrem Verdienste nachgehen
mußte und der Kranken wenig Pflege geben konnte.
O, wie bedauerte ich die Arme! Der Zorn kochte in
meinem Herzen, als sie mir erzählte, daß sie auf zwei
oder drei Briefe an ihren Verführer, worin sie ihn
um Unterstützung für sich und sein Kind bat, keine
Antwort erhielt. Ich will zu ihm gehen, sagte ich, und
Du wirst sehen, Karoline, ich bringe Dir etwas.

Ich ging augenblicklich zu dem Offizier. Er kam

mir mit frecher Freundlichkeit entgegen. Mit tiefstem Abscheu sagte ich ihm: Karoline ist krank, dem Tode nahe, in tiefster Armuth, sie bittet Sie um eine Unterstützung für sich und Ihr Kind.

Er antwortete mir mit einer Frechheit. Ich war im Innersten empört und rief: Ich bin nur gekommen, um Sie an Ihre Pflichten zu erinnern.

Unverschämtes Ding, antwortete er, packe Dich, oder ich werfe Dich die Treppe hinab!

Ich hatte nicht die mindeste Furcht, weil ich aber die verwundbare Stelle der Offiziere kannte, riß ich die Thüre weit auf, stellte mich auf die Schwelle derselben und rief ihm zu: Entweder geben Sie mir augenblicklich etwas für die arme Karoline oder ich rufe Ihre Schande durch das ganze Haus! Wenn dies nichts bei Ihnen hilft, so gehe ich in die Audienz und klage bei dem Herrn. Dies wirkte. Er gab mir eine Summe, die hinreichte, das arme Mädchen zu erquicken bis zu ihrem baldigen Tode. Das Kind folgte ihr in Kurzem nach.

Rosalie, unterbrach sie hier Hermann, Du warst gut, bei einer so schlechten Erziehung.

Nein, nein, ich war nicht gut, Haß und Neid gegen die höheren Classen, Verlangen nach ihren Gütern, setzten sich immer fester in mir. Hermann, wenden Sie Ihren Einfluß, wenden Sie Ihre reichen Mittel an, der armen Volksclasse zu helfen. Tausende armer Mädchen gehen verloren durch die Verführung der Vornehmen!

Rosalie, Du sorgst für Andere jetzt, in diesem

furchtbaren Augenblicke; denken wir daran, Dich zu
retten.

Ich sehe es als meine Pflicht an und ich glaube
die wenigen Stunden, die mir noch bleiben, gut anzu=
wenden, wenn ich Ihnen diese Noth schildere und,
Hermann, ich hoffe dabei, daß Sie mein Verbrechen
milder beurtheilen, wenn Sie wissen, wie der Haß in
mir aufgestachelt wurde.

Ich kannte auch einige Mädchen, deren Mütter in
wilder Ehe mit Höhergestellten lebten. Sie waren zu
stolz mit mir umzugehen, ich erfuhr aber dennoch, wie
es bei diesen Familien stand. Die Mütter waren die
Sklavinnen der Väter ihrer Kinder, immer in Angst
von ihnen verlassen zu werden. Gewöhnt an die Be=
dürfnisse der Reichen, hatten sie manchmal dennoch
nicht das Nothwendigste, wenn es ihrem Tyrannen
nicht gefiel ihnen genügend mitzutheilen. In welche
Kreise passen dann solche Kinder? Zu verwöhnt,
um die Entbehrungen der Armen zu ertragen, zur
Arbeit nicht angehalten und doch ausgeschlossen von
den Kreisen der höheren Stände, fallen sie gewöhnlich
dem Laster anheim. Ist es nicht empörend, daß ein
Mann ein Weib als seine Gattin betrachtet, eifersüch=
tig Treue von ihr verlangt, ihre Kinder als die seini=
gen erkennt, sich aber, ihres niederen Standes wegen
schämt, sie vor der Welt als seine Familie anzuerken=
nen, sie nicht würdig hält, durch kirchliche und welt=
liche Genehmigung die Mutter seiner Kinder zu seiner
rechtmäßigen Gattin zu erheben?

Rosalie, wie konntest Du in Mitten solcher Beispiele

Deine Tugend rein erhalten? unterbrach sie Her=
mann.

Ach, nennen Sie nicht Tugend, was mich von
diesem Laster zurückschreckte, antwortete das Mädchen
traurig. Gibt es eine Tugend ohne Gott? Ich glaubte
damals an kein höheres Wesen. Was mich abhielt,
waren die üblen Folgen, die ich täglich vor mir sah;
war mein Haß gegen die höheren Classen, denen ich
nicht zum Opfer fallen wollte und der Werth, der
selbst in den verworfensten Kreisen, selbst in den
schlechten Büchern, die ich las, doch immer der Jungfräulichkeit beigelegt wird, die, ist sie einmal verloren,
nicht mehr zurückgebracht werden kann!

Während nun durch meine Erfahrungen in mir
der Haß gegen die Reichen fort und fort tiefere Wur-
zeln schlug, breitete er sich durch die Abgesandten der
Empörer unter der ganzen armen Classe immer weiter aus. Manchmal kamen des Abends Kameraden
meines Vaters zu uns, vielleicht weil sie eben kein
Geld für das Wirthshaus hatten; ich mußte ihnen
Branntwein holen und saß dann bei ihnen am Tische,
um in einen Roman der Leihbibliothek mich zu ver=
tiefen. Sowohl in diesen Büchern, als in den Reden
der Männer, fand ich dieselben Züge, die ich im Le=
ben vor mir sah. Oft ward dem Laster das Wort ge=
redet, über geistliche und weltliche Gesetze der Stab
gebrochen, welche die Armen hinderten glücklich zu
werden, und die Vornehmen und Reichen als das
Unglück des Volkes geschildert. Oftmals brachten die
Männer Blätter nach Hause, alle in diesem Sinne

geſchrieben, ich mußte ſie vorleſen; ſie riefen offen zur Empörung auf, zur Vertreibung der Fürſten und Beamten, zur Theilung des in den Händen Einzelner aufgehäuften Reichthumes.

Ich dachte doch immer, unterbrach Hermann Roſalie, daß die Verführung ſtark geweſen ſeyn mußte, um dies geſegnete Ländchen in Aufruhr zu bringen.

Ein ſolches Blatt, fuhr das Mädchen fort, brachte eine Berechnung, wie viel die deutſchen Fürſten und ihre Familien jährlich dem armen Volke koſteten. Die Summe ging weit über meine Begriffe. Natürlich waren wir alle einverſtanden, daß es ohne Fürſten beſſer um uns ſtände. Ein anderes Blatt berechnete die Penſionen, welche die ausgedienten Staatsdiener jährlich zögen, nachdem ſie viele Jahre lang große Beſoldungen, dem Volke ausgepreßt, erhalten hätten, während der gemeine Mann, der ſich ſchinde und plage, ſo lange es ihm möglich ſey, im Alter nichts erhalte. Künftig ſolle jeder Arbeiter eine Penſion beziehen, nur müſſe erſt eine andere Ordnung des Staates eingeführt werden, wozu das Volk ſich ſelbſt helfen müſſe, indem es die Anordnungen der Patrioten, die allein es gut mit ihm meinen, befolge.

Mit Jubel wurden dieſe Aufforderungen von den Männern begrüßt, lärmend brachten ſie den bekannten Anſtiftern der Empörung Lebehoch! bis ſie ſo betrunken waren, daß ſie kaum den Heimweg fanden.

Ich hatte einen ſolchen Abſcheu vor ihnen, daß ich mich hütete, nur mit dem Zipfel meines Kleides einen zu berühren, und flüchtete gewöhnlich in mein

Kämmerchen, oder wenn es zu früh war zum Schlafen, lief ich in den Straßen herum.

Hier stand ich vor den hell erleuchteten Läden, welche die schönsten Sachen für Weihnachtsgeschenke zur Schau stellten und fühlte mich so arm in meinem zerlumpten Anzuge und sehnte mich um so mehr nach der baldigen Theilung. Aus den dicht besetzten Bierhäusern schallte damals immer der wilde Gesang der Soldaten, welche, wie man sagte Freibier erhielten, das von unbekannter Hand bezahlt wurde, wofür zahllose Lebehoch! ertönten. Oft, ja recht oft traten Verführer zu mir mit ihren schändlichen Aufforderungen; ich hatte keine Furcht vor ihnen, nur glühenden Haß, der sich dann in solchen Worten ergoß, daß wohl nie einer zum zweiten Male anredete.

Einst sah ich auf einer solchen Wanderung ein großes Haus hell erleuchtet, das Thor war geöffnet, der Thorweg mit Teppichen belegt und von einer strahlenden Lampe erhellt; Leute meiner Classe hatten sich zu beiden Seiten neugierig aufgestellt, ich gesellte mich zu ihnen. Ein Wohlgeruch duftete aus dem Hause mir entgegen und gab mir eine Ahnung von den Herrlichkeiten, die es enthalten mußte. Bei dem hellen Scheine der Lampe, der nur dem Vorhause diente, dachte ich an mein dürftiges Lämpchen, bei welchem ich kaum zu lesen vermochte; ach, und hätte ich nur ein Stück dieses Teppichs, als Decke für mein kaltes Bette haben können! Ein herbeirollender Wagen unterbrach meine Gedanken. Ein Diener öffnete den Schlag;

o, welche Pracht, welche Schönheit! Herrlich gekleidete
Damen mit Blumen und blitzenden Steinen in den
Haaren stiegen aus, gefolgt von Herren in goldglän=
zenden Uniformen. O, wie beneidete ich sie in ihrer
Herrlichkeit!

Auch meine Gesellschaft gab ähnlichen Gefühlen
Worte; Verwünschungen wurden mit gedämpfter
Stimme gesprochen, schadenfrohe Bemerkungen über
baldigen Umsturz der Dinge gemurmelt. Ein Wagen
folgte dem andern; immer höher stieg meine Sehn=
sucht nach solchem Glücke. Ich blieb, bis der letzte
Wagen angekommen war, die Zuschauer sich verlaufen
hatten. Nun hörte ich oben Tanzmusik; ich ging über
die Straße, stellte mich auf eine Haustreppe und
schaute nach den hell erleuchteten Fenstern hinauf;
bald sah ich die Paare im Tanze vorüberwirbeln. Das
Herz wollte mir springen vor Verlangen und Reid.
Nach dem Tanze trat manches Pärchen an die Fen=
ster heran und lispelte von den Anderen ungehört.
Ha, dachte ich, die Schändlichen, hier versprechen sie
ihr Herz, während ein armes, betrogenes Mädchen
sich von ihnen geliebt glaubt!

Im Innersten aufgeregt, achtete ich nicht die ver=
fließende Zeit, nicht die Kälte in der schneebedeckten
Straße; hinaufstarrend an die Fenster, überließ ich
mich meinen wogenden Gedanken.

Plötzlich sah ich eine Gestalt neben mir, die freund=
lich mir etwas reichte, was ich, durch das Licht ge=
blendet, nicht gleich erkennen konnte. Iß und trink,
Mädchen, sagte mir der reich gallonirte Bediente, Du

erfrierſt ja hier in der kalten Straße. Wie ſüß duf=
tete mir der Punſch entgegen; gierig trank ich und
fühlte meinen erſtarrten Körper wunderbar davon er=
quickt; dankbar dachte ich: das iſt Einer, der uns
näher ſteht, der Mitleid fühlt mit armen Leuten.
Kaum aber ſah ich ihn dankbar an, ſo kniff er mich
in die Wangen und verlangte einen Kuß für ſein
Geſchenk. Wüthend warf ich ihm das Glas in's Ge=
ſicht und lief davon. Es war ſpät, als ich nach Hauſe
kam, wo ich meinen Vater allein und in der übelſten
Laune fand. Bringſt Du Geld, Roſel! fuhr er mich
an. — Geld? woher? war meine Antwort. — Was,
Du willſt in der Nacht draußen herumziehen, mich
auf Dich warten laſſen, um Dir das Haus offen zu
halten und dann doch kein Geld mitbringen? Dabei
griff er nach einem Stocke, um mich zu züchtigen; ich
aber war ſchnell aus dem Zimmer, die Treppe hin=
auf und in meinem Kämmerchen, das ich innen ver=
riegelte. Noch lange zankte und fluchte er außen und
gab mir die entehrendſten Namen.

Von jenem Abende an war mein Verlangen, aus
meinen ärmlichen, wie mir nun ſchien, unerträglichen
Verhältniſſen herauszukommen und das Leben zu ge=
nießen, wie die Reichen und Vornehmen, zur wilden
Gier angewachſen.

Auch bei den Anderen meiner Claſſe entſtrömte
immer mehr der Geiſt der Empörung, je näher ſie
den Tag ihrer Erlöſung glaubten. Die Schriften und
Bücher, welche ſie uns in unſer Haus brachten, for=
derten immer dringender zum Umſturz auf, und Ab=

schaffung alles Dessen, was Gehorsam, Zucht und
Ordnung verlangt. Die Lehren des Christenthumes
wurden als Erfindung der Priester bezeichnet, um das
Volk zu unterdrücken; das Daseyn Gottes und das
ewige Leben der Seele verlacht und das Gegentheil
durch Beispiele, die nach unseren Begriffen gewählt
waren, zu beweisen gesucht. Das Leben genießen, sey
die Bestimmung jedes Menschen und nur die Herrsch=
sucht der einen und die ungleiche Vertheilung der Gü=
ter hielten den besten und größten Theil des Volkes
davon entfernt. Ich glaubte ihnen; denn ich dachte,
wenn es eine göttliche Gerechtigkeit gäbe, könnten die
verhaßten Reichen bei ihren Sünden nicht so glücklich
leben, es würde der Besitz der Güter gleich oder nach
Würdigkeit der Menschen vertheilt seyn.

So kam das Frühjahr 1849. Nun geht es bald
los! war der stete Gruß, wenn zwei der Unserigen
einander begegneten. O, wie freute ich mich auf diese
Zeit, die mir Erfüllung meiner Wünsche, Verwirklich=
ung meiner Träume bringen sollte!

An einem Sonntage im Mai kam mein Vater
höchst vergnügt zum Mittagessen nach Hause. Rosel,
heute Abend geht's los! sagte er mir. Bleib aber zu
Hause, Weibsleute haben nichts dabei zu schaffen;
Du könntest leicht einen Schuß auf den Pelz bekom=
men. Er ging am Nachmittage bald fort und ich war=
tete gespannt, was nun kommen würde. Sein Gebot
zu Hause zu bleiben, befolgte ich nicht, fand
aber in den Straßen nichts Besonderes, nur waren
die Bierhäuser noch stärker besetzt und der Lärm darin

größer als bisher. Am Abende kam Militär aus einer
andern Garnison mit der Eisenbahn an, singend und
lärmend, offenbar betrunken. Ich ging nun nach Hause.
Nicht lange, so hörte ich schießen, erst einzelne Schüsse,
entfernt, dann näher und stärker, endlich auch wildes
Geschrei; ich konnte nicht zweifeln, daß es losgehe.
Der Lärm war am Zeughause, welches die Aufrüh=
rer stürmen wollten, um sich der Waffen zu bemäch=
tigen; die Unruhe in meiner Umgebung und meine
eigene war unbeschreiblich. Nach so langem Frieden
an ernstliche Kriege nicht gewöhnt, hatte der Kriegs=
lärm für die Meisten etwas ungemein Beängstigendes,
um so mehr, als die eingebrochene Nacht hinderte, von
den Ereignissen genaue Kunde zu erhalten. Zwischen
Furcht und Hoffnung brachten wir die Zeit hin, bis
gegen Morgen das Feuern nachließ. Einzelne Kämpfer
kamen zurück, und nach und nach erfuhren wir, daß
der Fürst geflohen, die Sache des Volkes gesiegt
habe.

Der Jubel war nicht so groß, als man hätte den=
ken sollen; die heimkehrenden Männer waren entwe=
der ermüdet oder betrunken und suchten ihr Lager.
Sobald es Tag war, lief ich auf die Hauptstraße;
hier lagen noch getödtete Pferde, einzelne Soldaten
liefen umher und schossen müssig ihre Gewehre in die
Luft; viele gingen mit Sack und Pack ihrer Heimath
zu, da die Offiziere geflohen, kein Commando mehr
gehört wurde. Einigen Häusern von besonders Ver=
haßten waren Thüren, Läden und Fenster zerschlagen.
Wagen um Wagen zogen mit Flüchtlingen aus der

Stadt, schadenfroh sah ich ihnen nach und freute mich des Glückes, das uns nun in den Schoß fallen sollte.

Es vergingen Tage, endlich auch Wochen, in unserer Lage änderte sich nichts. Eine neue Regierung war eingesetzt; ihr mußte man sich fügen, vom Theilen war keine Rede. Freilich war noch viel zu thuen übrig; fremde Sölblinge besetzten das Land und wollten es seiner Freiheit wieder berauben. Alle junge Männer wurden aufgefordert, ihnen entgegen zu gehen. O, wie wünschte ich ein Mann zu seyn! Oft dachte ich, heimlich als Soldat gekleidet mitzuziehen, aber ich wußte es nicht anzufangen.

Die Geduld der Unserigen war bald erschöpft; der Verdienst stockte, die freie Zehrung hatte aufgehört und immer noch keine Aussicht auf Theilung. Mein Vater ward jeden Tag mißmuthiger. Ich sah unsere neuen Herren auf schönen Pferden mit dreifarbigen Schärpen sich täglich in den Straßen herumtummeln und kam bald auf den Gedanken, wieder sind es die Vornehmen, denen die Sache zu Gute kommt, wir gehen leer aus. So ging es fort bis Ende Juni, wo fremde Truppen in die Stadt einrückten und die provisorische Regierung mit ihren Freischaaren vertrieben. Die Vornehmsten, die Hauptanführer retteten sich, nur Untergeordnete fielen den eindringenden Truppen in die Hände und mußten büßen für die übrigen.

Nun wurde die Stadt mit Einquartirung überschwemmt, wer nur das kleinste Einkommen hatte, das winzigste Plätzchen, dem wurde ein Mann zugetheilt. Wir freilich erhielten keinen, aber wir litten auch die

bitterste Noth. Die Lebensmittel standen in hohem
Preise und Niemand ließ etwas arbeiten, weil Alle
durch die Einquartirung gedrückt waren; jedes Ge=
schäft stockte, viele Familien hatten die Stadt verlassen,
die früher Arbeit gegeben hatten. Ich weiß jetzt nicht
mehr, wie wir uns damals ernährt haben. Mein Va=
ter gab jeden Kreuzer für Branntwein hin, um sein
Elend zu vergessen, war aber dennoch immer in der
übelsten Laune. Seine Kameraden, die, so lange die
Festung noch in den Händen der Revolutionäre war,
immer noch sich mit großen Hoffnungen getragen hat=
ten, waren, nachdem die Anführer alle geflohen, die
Freischaaren gesprengt oder gefangen waren, sehr klein=
laut; statt des gehofften Reichthumes hatten sie nicht
einmal Verdienst, statt des Wohllebens nur die bit=
terste Noth. Es ging gegen den Winter und ich hatte
kaum mich zu bedecken, nichts, das mich gegen die
Kälte geschützt hätte. Was wir immer entbehren konn=
ten, hatten wir auf's Leihamt geschafft, um nur einige
Kreuzer zu erhalten, selbst unsere Betten hatten wir
größtentheils dahin getragen. Gerne wäre ich in einen
Dienst getreten, aber wer irgend ein Mädchen ent=
behren konnte, schaffte es ab und Niemand wollte eines
annehmen, das nichts konnte und so zerlumpt einher
ging wie ich. Tief in meinem Herzen grollte ich mit
der Welt und meinem Schicksale und mehr als zuvor
war ich überzeugt, daß wir dem blinden Zufall preis=
gegeben seyen.

Eines Tages kam ich nach Hause und traf einen
mir fremden, vornehmen Herrn bei meinem Vater,

der sehr vergnügt schien. Komm Rosel, rief er mir zu, all unsere Noth hat ein Ende; da sieh das viele Geld. Nun erst bemerkte ich, daß unser kleiner Tisch mit Münzen bedeckt war, aber der Herr musterte mich mit so frechen Blicken, daß ich nichts Gutes ahnte und mein Zorn aufwallte.

Da, nimm dies, fuhr er fort und kaufe Dir schöne Kleider, dann gehst Du mit dem Herrn nach Baden= Baden und führst das beste Leben, während ich hier auch genug habe.

Wenn Ihr mit dem Herrn gehen wollt, antwortete ich trotzig, so mögt Ihr es; ich aber gehe nicht mit ihm; ich lasse mich nicht verkaufen!

Mädchen, rief er, mache mich nicht wild, oder ich werfe Dich aus dem Hause, dann sieh, wie Du Dich fort bringst. Der Fremde wollte mir schmeicheln, ich stieß ihn zurück und eilte auf die Straße.

Ich lief fort bis an's andere Ende der Stadt; dort setzte ich mich auf eine Bank unter den Bäumen und überlegte, was ich nun thuen solle, denn zu mei= nem Vater, der mich verkauft hatte, wollte ich nicht mehr zurück.

Rosalie schwieg mit dem schmerzlichsten Ausdrucke im Gesichte.

Armes, armes Kind, rief Hermann aus, welche entsetzliche Jugend hast Du durchlebt!

Hermann, sagte sie tief bewegt, entziehen Sie mir Ihr Mitleid nicht, wenn Sie meine weitere Ge= schichte hören.

Schon öfters wurde mir von einem kranken Fräu=

lein gesagt, welche immer Mädchen zu ihrer Bedien-
ung suchte, weil es keine bei ihr aushalten konnte, so
daß sie oft in einem Vierteljahre drei oder noch mehr
hatte. Ich hatte mich bisher immer geweigert, zu ihr
zu gehen, doch was blieb mir jetzt übrig? Mit dem
größten Widerwillen betrat ich ihre Wohnung. Sie
empfing mich mit mißtrauischen Blicken. Mein Aussehen konnte allerdings kein Vertrauen einflößen; ich
war zerlumpt gekleidet und halb verhungert; doch war
sie in großer Verlegenheit, denn vor einigen Tagen
war ihr wieder ein Mädchen weggelaufen und sie
hatte bis jetzt noch keines bekommen können. Sie
machte mir ein langes Register von Bedingungen, die
ich alle nur halb hörte, denn ich hatte nur den bringenden Wunsch, ein Obdach zu finden, weßhalb ich zu
Allem Ja sagte. Dann versprach sie mir einen hohen
Lohn und wenn ich ihr gefalle, noch besondere Geschenke. Ich war herzlich froh, als sie fertig war und
mich an meine Arbeit gehen hieß; noch froher aber,
daß sie mir sagte, in der Küche liege das Brod, wovon
ich immer nach Bedarf essen könne.

Wie war ich so glücklich, obgleich das Fräulein
mir gar nicht gefiel, da sie mir sehr hochmüthig und
mich mit äußerster Geringschätzung zu behandeln
schien.

Bald erfuhr ich, daß man von ihren Launen nicht
zu viel gesagt hatte; es war unmöglich, sie zufrieden zu stellen. In ihrem Hochmuthe sprach sie in der
wegwerfendsten Art zu mir und über meinen Stand;
sie behauptete, wir seyen von einer geringeren Rasse,

als der Adel, dies lasse sich schon im Aeußern erken=
nen. Allein ich hatte keine Wahl und ich hoffte, bei
ihr so viel zu lernen, daß ich in einen anderen Dienst
gehen könnte, denn sie zeigte mir alle Arbeiten und
hielt mich streng dazu an; auch gewöhnte sie mir
meine gemeinen Manieren und Ausbrücke ab und
lehrte mich das Benehmen der feineren Gesellschaft;
weil, wie sie sagte, ein so gemeines Ding nicht in
ihr Zimmer paßte. O, wie schwer fiel es mir, gar
nicht ausgehen zu dürfen, als wenn ich etwas holen
mußte, da ich zuvor den ganzen Tag herumgelaufen
war; aber noch weit schwerer ertrug ich ihren Hoch=
muth, den sie mich allzeit fühlen ließ und den Spott,
den sie über die getäuschten armen Classen ausgoß,
wegen des Mißlingens der Revolution. Ich knirschte
oft heimlich mit den Zähnen und mein Haß gegen die
Vornehmen vereinigte sich nun gegen sie.

Dennoch hielt ich länger bei ihr aus, als mir im
Anfange möglich geschienen. Ich war gut gekleidet,
hatte reichliche Nahrung und fühlte mich dabei gesün=
der und kräftiger; an Arbeit, Ordnung und Reinlich=
keit gewöhnte ich mich nach und nach, so daß ich nur
mit Grausen an mein voriges Leben denken konnte.

Mein Vater hatte endlich meinen Aufenthalt aus=
findig gemacht und kam eines Tages ganz zerlumpt,
stammelnd vom Branntweine, den er getrunken, und
forderte Geld von mir. Er war furchtbar zerrüttet
seit jener Zeit, als ich ihn nicht mehr gesehen hatte.
Ich gab ihm was ich gerade hatte, so daß er ganz
vergnügt wurde. Ach, es war das letzte Mal, daß ich

ihn sah! Unglücklicher Weise kam mein Fräulein aus
dem Zimmer, während er mit mir redete; sie befahl,
er solle sich augenblicklich entfernen und nie mehr ihr
Haus betreten; sie habe genug mit mir ausgestanden
und zu thuen gehabt, bis sie mich nur etwas aus
dem Schlamme herausgezogen, sie wollte nun nicht
auch noch die Bettelfamilien in ihrem Hause sehen.
Ich war wüthend vor Zorn.

Wenige Wochen darnach hörte ich, er sey im Rausche
gefallen und liege krank im Spitale. Heimlich ging ich
hin und fand nur noch seine Leiche; den Tag vorher
war er gestorben.

Vor meiner Herrin hatte ich meinen Vater nicht
mehr genannt seit seinem Besuche bei mir, ich sagte
ihr jetzt auch nichts von seinem Tode, der mir, so we=
nig Gutes ich von ihm erhalten, doch im tiefsten Her=
zen wehe that. Um so mehr empörte es mich, wenn
mein Fräulein mir immer noch seinen Besuch vorwarf,
und sein Aussehen zum Gegenstande ihres Spottes
machte. Ich hatte ein Jahr bei ihr ausgehalten und
glaubte jetzt in einen besseren Dienst gehen zu können.
Sie war höchst betroffen über meine Aufkündigung
und zum ersten Male bemerkte ich ein weicheres Ge=
fühl an ihr. Du weißt, sagte sie mir mit Thränen in
den Augen, daß meine Krankheit unheilbar ist und
willst mich verlassen, ehe ich sterbe. Vielleicht lebe ich
das nächste Jahr um diese Zeit nicht mehr; so lange
könntest Du wohl noch bei mir bleiben. Ich will in
diesem Falle für Dich sorgen; ich will Dich in meinem

Testamente bedenken, wenn Du bis zu meinem Tode
bei mir bleibst.

Dies unglückselige Wort verführte mich! O, hätte
sie mich damals gehen lassen, so wäre ich jetzt nicht
als Mörderin hier! — Wenige Tage darnach machte
sie wirklich einen Zusatz zu ihrem Testamente. Einer
der Zeugen gratulirte mir zu fünfhundert Gulden,
die sie mir zugeschrieben habe. Die Summe schien mir
unendlich groß. O, unglückseliges Versprechen! Ihre
Krankheit verschlimmerte sich und verursachte ihr oft
große Schmerzen. Eine Wunde hatte sich an der Brust
gebildet, die ich täglich verbinden mußte. Mit ihren
Schmerzen nahm auch ihre Wunderlichkeit zu und weil
sie mich durch das Legat gebunden glaubte, ließ sie
ihren Launen noch mehr den Lauf, als früher. Ich
dagegen dachte in den vielen Stunden, die ich einsam
saß, an den Reichthum, der mir nach ihrem Tode zu
Theil werden sollte und malte mir mein künftiges Le=
ben bis in die kleinsten Einzelheiten so lockend aus,
daß ich fast die Zeit nicht erwarten konnte. Was ich
früher in Romanen gelesen, von plötzlichem Glücks=
wechsel armer Mädchen, das hoffte ich, werde sich bei
mir verwirklichen. Meine Eitelkeit ließ mich glauben,
wenn ich in anderen Verhältnissen auftreten würde,
an einem anderen Orte, wo meine Herkunft unbekannt,
dürfte ich nur wählen, um eine glänzende Partie zu
machen. O, wie that mir der Gedanke so wohl, dann
Jenen gleich zu seyn, ja den Vorzug vor ihnen zu
erhalten, die mich mein Leben lang mit Verachtung
behandelt hatten! Aber wenn die mißmuthige Stimme

des Fräuleins mich wieder in die Wirklichkeit rief, wenn sie mich wieder ihren Hochmuth fühlen ließ und wenn ich, trotz ihrer Krankheit, kaum eine Abnahme ihrer Kräfte wahrnahm, so sank mir der Muth und bitterer Groll trat an die Stelle der eingebildeten Freude.

Zwei Jahre waren mir auf diese Weise im Dienste des Fräuleins beinahe verflossen. Ihre Launen fielen mir je länger, je unerträglicher, ich glaubte das Leben nicht mehr tragen zu können. Obschon ich ihren Arzt haßte, wie sie selbst, weil er mich mit Zudringlichkeiten verfolgte, weßhalb ich es vermied, mit ihm allein zu seyn, so wagte ich es dennoch einmal klopfenden Herzens, ihn zu fragen, wie lange sie wohl noch leben könne?

Wenn nicht eine andere Krankheit hinzu kommt, oder eine Verblutung durch die Wunde eintritt, so kann sie immerhin noch einige Jahre leben; freilich unter immer größeren Schmerzen und steigenden Leiden.

Wie ein Centnerstein lastete diese Nachricht auf meiner Brust. Es ist nicht möglich, daß ich so lange bei ihr aushalte, dachte ich. Sollte ich weggehen? Die Erbschaft im Stiche lassen? statt der Verwirklichung meiner seitherigen Träume, wieder dienen und dienen mein Leben lang! Dies schien mir eben so unmöglich. Was hat sie auch vom Leben in ihren Schmerzen, während ihr Tod mich glücklich machen würde? Waltete eine gütige Vorsehung über uns, sie würde dies nicht dulden. Der Mensch muß sich selbst helfen!

Bei meinem Fräulein hatte ich keine besseren religiösen Grundsätze gefunden, als ich selbst hatte; auch sie haderte mit dem Schicksal, weil sie nicht gefunden, was sie in der Jugend sich versprochen hatte, aber dennoch wollte sie nicht sterben; sie quälte den Arzt immer um andere, wirksamere Arzeneien, um ihr Leben länger zu fristen. Er hatte ihr Tropfen verschrieben und mir auf's Strengste anempfohlen, ihr nie mehr als fünf Tropfen auf einmal zu geben, weil sie starkes Gift enthielten. Sie linderten ihre Schmerzen und sie hoffte Genesung von dieser Arzenei. Oft, wenn sie stärker litt, verlangte sie von mir, ich solle ihr mehr von den Tropfen geben und manchmal war ich im Begriffe, es zu thuen, um ihr und mir zu helfen, immer aber hielt mich eine gewisse Scheu zurück; als jedoch der Arzt mir eine noch so lange Dauer meiner Leiden vorgesagt, als es mir unerträglich schien, so lange auszuhalten und eben so unmöglich wieder in einen anderen Dienst zu treten, da reifte allmählig in mir der Gedanke, einmal ihren Wunsch zu erfüllen und ihr eine starke Dosis Tropfen zu geben. Es enden dadurch vielleicht ihre Leiden mit einem Male, wodurch uns beiden geholfen und Niemanden geschadet wurde. Als ich diesen Vorsatz gefaßt hatte, ward ich ruhiger; ich ertrug nun leichter ihre hochmüthigen Launen, so daß ich mit der Ausführung nicht eilte.

Es vergingen wieder einige Monate. Da kam ein Tag, an dem sie mich unaufhörlich peinigte, nichts that ich ihr recht; sie warf mir mein Elend vor, in dem ich zu ihr gekommen, malte mir das Bild meines

Vaters, wie er bei ihr erschienen und entflammte meinen Zorn zu völliger Wuth, so daß nun das Gefühl der glühendsten Rache die Ausführung meines Vorsatzes, sie zu tödten, beschleunigte.

Mit zitternden Händen zählte ich Mittags fünf Tropfen, — ich schwankte, sie rief, schnell, schnell! und ich gab ihr nicht mehr. Aber heute Abend gewiß! dachte ich.

Der ganze Nachmittag verging mir unter der Qual ihrer Launen; am Abende hatte sie starke Schmerzen; sie verlangte die Tropfen. Jetzt! dachte ich, jetzt ganz gewiß! Gib mir mehr Tropfen, rief sie, die wenigen können ja nicht helfen! Da — da goß ich den Löffel voll und gab ihn ihr schnell, fast besinnungslos. Ein starker Geruch von Orangeblüthe, denn alle ihre Arzeneien mußten mit einem Wohlgeruche versetzt seyn, — erfüllte das Zimmer und schien sie zu betäuben; sie sank auf ihr Kissen zurück.

Rosalie bedeckte hier ihr Gesicht mit den Händen und rief schmerzlich: Hermann, Sie wissen nun meine Schuld und müssen mich verachten!

Rosalie, erwiderte er tief erschüttert, das Verbrechen ist schrecklich, aber dennoch findet meine Liebe zu Dir Entschuldigung in Deiner Erziehung, in der Umgebung Deiner Jugend. Ich beklage Dich im tiefsten Grunde meines Herzens. Erzähle weiter, armes Kind! . . . .

Ich sah die Kranke einen Augenblick wie erstarrt an, dann ergriff mich eine fürchterliche Angst; ich eilte in das entlegenste Zimmer, verschloß die Thüre und verhielt mir die Ohren. Von Zeit zu Zeit horchte ich, es war Alles still. O, diese Stunden schienen mir ohne Ende! Die Sterne erbleichten, der Himmel wurde lichter und erinnerte mich an die Folgen meiner That. Der Tag brach an und noch zauderte ich zu ihr in das Zimmer zu gehen; endlich bot ich alle meine Willenskraft auf und öffnete mit unendlichem Grausen die Thüre. Sie lag in ihrem Bette auf dem Gesichte. Ich stürzte nach ihr hin, sie war eiskalt. Ich drehte sie um und — ein freudiger Schauder überlief mich, ihr Nachtzeug, wie das Bett war ganz mit Blut bedeckt; eine Ader in der Wunde war aufgegangen, sie hatte sich verblutet; ich war gesichert gegen jeden Verdacht! Unwillkürlich sah ich dankbar zum Himmel hinauf; einen Augenblick später dachte ich jedoch: Wenn es eine ewige Gerechtigkeit gäbe, so hätte sie meine That nicht verbergen dürfen! Jetzt erst bemerkte ich den starken Orangeblüthengeruch wieder, der noch das Zimmer erfüllte, und tödtliche Angst erfaßte mich. Wenn der Arzt kommt, so entdeckt er mein Verbrechen! Ich riß Thüren und Fenster auf, um diesen Geruch zu entfernen, der mich fast zur Verzweiflung brachte, denn ich durfte nicht lange mehr zögern, nach dem Arzte zu schicken, wenn ich nicht Verdacht erregen wollte. Ich sah auf die Straße hinunter, sie war öde, die Nachbarschaft schien noch in Schlaf versunken, dies tröstete mich einigermaßen; aber so oft ich in's Zimmer zurücksah, erschreckte mich der fürchterliche Geruch, der mein Verräther zu werden drohte. Ich holte Essig herein und goß ihn über die Leiche

und über ihr Bett, wodurch ich endlich nichts mehr
von jenem schrecklichen Geruche wahrnahm. Dann schloß
ich die Fenster, warf mein Kleid ab, setzte meine
Nachthaube auf und drückte mein unberührtes Bett
zusammen, um Niemanden ahnen zu lassen, daß ich
die Nacht nicht geschlafen. Hierauf ging ich in den un=
teren Stock, das Dienstmädchen der beiden alten Leute
zu wecken, die allein mit uns das Haus bewohnten.
Ich bat sie, eilig zum Arzte zu gehen, mein Fräulein
blute so stark und liege in Ohnmacht.

O, wie bange klopfte mein Herz vor diesem Be=
suche, der entscheidend für mich seyn mußte. Er kam,
ich sagte ihm, ich habe die ganze Nacht nichts von der
Kranken gehört, so oft ich aufwachte, schien sie ruhig
zu schlafen, bis ich, am hellen Tage wieder erwachend,
das viele Blut gesehen. Er untersuchte den Körper
und erklärte, die Kranke habe sich verblutet. Ich ath=
mete nun auf; aber dennoch erschien mir sein Glück=
wunsch zu meiner Erlösung und meiner Erbschaft in
diesem Augenblicke unausstehlich widerlich. Schon war
er an der Thüre, als er nochmals umkehrte und sagte,
morgen früh um neun Uhr wolle er die Section der
Leiche vornehmen. Ich glaubte, der Boden öffne sich
unter mir, mich zu verschlingen, und nur sein rasches
Weggehen verhinderte ihn, meinen tödtlichen Schrecken
zu bemerken. Ich sank wie vernichtet auf einen Stuhl.
Daran hatte ich noch nie gedacht. Ach, nun glaubte ich
mich verloren. Ich war der Verzweiflung nahe; denn
ich wußte keinen Rath und keine Hilfe. Ich war nicht
lange allein, es kamen die Leute aus dem Hause, Be=

kannte der Verstorbenen aus der Nachbarschaft und
bald der Notar mit seinem Gehilfen. Ich bot meine
ganze Willenskraft auf, um mich nicht zu verrathen.
Das Testament war bald gefunden. Es war nicht
versiegelt, der Notar las es für sich. Es war mir
in diesem Augenblicke so gleichgiltig, ich hatte keinen
Wunsch zu wissen, ob ich wirklich bekomme, was sie
mir versprochen hatte. Gefühl= und besinnungslos stand
ich während dieser stillen Minuten, bis mich endlich
des Notars Worte: Sie verbietet eine Section, wie
ein elektrischer Schlag durchzuckten. Ich starrte ihn an,
ob ich recht gehört; er glaubte, ich hätte ihn nicht ver=
standen und wiederholte deßhalb: Wir dürfen nicht
zugeben, daß sie secirt wird, sie hat es ausdrücklich
hier in ihrem Testamente verboten; ich will es dem
Herrn Doctor sagen lassen.

War ich vorher besorgt, daß man meine Bestürz=
ung gewahr werde, so hatte ich jetzt Mühe, meine
Freude zu verbergen; doch die Unruhe und Geschäfte,
welche ein solcher Fall mit sich bringt, halfen mir über
die ersten Tage hinüber. Das Schrecklichste waren mir
die zwei Nächte, während welcher die Leiche noch im
Hause lag; gern wäre ich weggegangen, allein ich hatte
keinen Zufluchtsort. Es war zwar eine Wärterin im
Leichenzimmer und ich hatte mich weit davon gebettet,
aber ich mochte die Augen schließen, oder sie offen
halten, immer sah ich den blutigen Leichnam und im=
mer umgab mich der betäubende Geruch der Orangen=
blüthe.

Ich mußte noch einige Wochen im Hause bleiben,

bis das Testament verkündigt und mir mein Legat eingehändigt war; während dieser Zeit quälte mich der Doctor mit seinen Besuchen, da er mich nun allein wußte. Je mehr ich ihm meine Verachtung zeigte, um so zudringlicher wurde er. Eines Tages, wo er die Hausbewohner abwesend wußte, ging er so weit, mich mit Gewalt umarmen zu wollen, nun kannte ich keine Mäßigung mehr, sondern gab ihm eine so derbe Ohrfeige, daß er fast taumelte. Bis er wieder fest stand, hatte ich die Fenster geöffnet, durch welche die Nachbarn das ganze Zimmer übersehen konnten, und lehnte mich an eines derselben; er konnte dadurch seinem Zorne nur durch Schimpfen und Drohen Luft machen. Am folgenden Tage erhielt ich mein Legat und eilte, sogleich nach F. abzureisen. Ich miethete dort das erste Zimmer, das mir passend schien.

Nun hoffte ich auf die Verwirklichung meiner Träume. Die fünfhundert Gulden, welche ich geerbt hatte, schienen mir ein so großes Capital, daß ich dachte, ich würde so lange davon leben können, bis ich eine glückliche Versorgung gefunden hätte. Durch die vielen schändlichen Anträge, die mir gemacht worden waren, im Vereine mit meiner natürlichen Eitelkeit, glaubte ich gar nicht, daß ich lange zu warten brauche, um auch ehrliche und glückbringende Anträge zu erhalten, da ich ja nun als Dame lebte und in F. Niemand wußte, daß ich ein armes Bettelkind war. Wie viele derartige Beispiele hatte ich in meinen Romanen gelesen! Was ich mir von meinem Lohne gespart hatte, verwendete ich für anständige Kleidung,

21 *

im Uebrigen lebte ich sparsam. Mit meiner Wohnung
hätte ich es nicht besser treffen können; die Familie,
bei welcher ich mich eingemiethet, behandelte mich bald
wie zu ihr gehörig. Ich begleitete sie bei Spaziergän=
gen, sie nahm mich mit an Lustorte und, da sie fromm
war, auch mit in die Kirche.

Ich hatte den alten, gothischen Dom schon längst
rühmen hören und war begierig, ihn zu sehen; er
machte mir jedoch den Eindruck großer Bangigkeit.
Wenn die Sonne durch die gemalten Fenster ihr Licht
in den glühendsten Farben ergoß, dann that es mir
wohl, aber an trüben Tagen schienen die hohen Wände
über mich zusammen zu stürzen, die Bilder auf den
Altären sahen mich so drohend an, daß ich mich fürch=
tete. Ohne Glauben ging ich mit zur Kirche, aber
wenn ich diese feierlichen Ceremonien sah, wenn die
christlichen Lehren mit so viel Ueberzeugung gepredigt
wurden, dann ergriff mich eine furchtbare Angst. Wenn
es wahr wäre, was man hier behauptet! Wenn es
wirklich einen allwissenden, gerechten Gott gäbe! Ich
konnte kaum die Zeit des Gottesdienstes aushalten,
sobald ich in's Freie kam, ward mir wieder leichter.

Ich hatte mir selbst einzureden gesucht, mein Fräu=
lein sey an Verwundung gestorben; aber in der Kirche
wollte diese Täuschung nicht fest halten, das Gewissen
machte sich geltend, und ich fühlte mich manchmal
recht unglücklich, bis ich Sie kennen lernte. Da erst
ward mir das Leben lieb und ich klammerte mich mit
allen Fibern meines Herzens an dasselbe an. Ihr er=
stes Erscheinen ließ mich erkennen, daß Sie anders

ſeyen, als die Männer, die früher mit Frechheit mir
genaht, oder ſpäter nur um zu tändeln ſich mit mir
unterhalten hatten. Wie ganz anders war Ihr Be=
tragen gegen mich! Ich fühlte mich unwiderſtehlich zu
Ihnen hingezogen und Ihre ernſte Werbung um
meine Hand machte mich unausſprechlich glücklich.
Meine bangen Zweifel, mein Gewiſſen waren ver=
ſtummt, ich lebte nur meinem Glücke. Nach Ihrer Ab=
reiſe warf ich mich mit aller Kraft meines Wil=
lens auf die Erwerbung der nöthigſten Kenntniſſe,
denn in Ihrem Umgange hatte ich nur zu wohl die
Mängel meiner Bildung bemerkt.

Vielleicht war die Freude, die mein ganzes Weſen
durchſtrömte, vielleicht die Anſtrengung, mit welcher
ich lernte, zu groß; ich ward krank und bekam Ner=
venzufälle, die dem Starrkrampfe glichen. Meine Haus=
genoſſen wollten einen Arzt rufen, ich hielt es nicht
für nöthig, da die Zufälle immer bald vorüber gin=
gen und ich mich dann wieder wohl fühlte.

Eines Tages, wo der Anfall länger gewährt ha=
ben mochte, ſchickten ſie während deſſelben nach einem
Arzte und als ich die Augen aufſchlug, ſtand der Doc=
tor meines Fräuleins vor mir, ich ſchloß ſogleich die
Augen wieder und der Schrecken hätte wahrſcheinlich
einen neuen Anfall herbeigeführt; wenn er mir nicht
einen Löffel voll Arznei an die Lippen gebracht hätte,
mit der Aufforderung, ſie zu nehmen. Ein ſchrecklicher
Geruch von Orangeblüthe drang mir entgegen und
weckte mich aus der halben Erſtarrung, aber noch
nicht völlig bei Beſinnung ſtieß ich den Löffel von

mir, indem ich von furchtbarer Angst erfaßt, ausrief:
„Zurück, zurück! dies ist das Gift, woran mein Fräu=
lein starb! Sollte ich nun selbst es nehmen? Nein,
nein, ich will ja nicht sterben, ich will jetzt erst glück=
lich seyn. Weg, dieser Geruch versetzt mich in jene
schreckliche Nacht zurück!"

Ich hatte dies mit geschlossenen Augen gesprochen,
als ich sie öffnete stand der Arzt mit boshaftem Lä=
cheln, mich scharf beobachtend, vor mir; sein Anblick
brachte mich augenblicklich zur vollen Besinnung, er=
füllte mich aber auch mit namenloser Angst. Ich hatte
ihn schwer beleidigt, von seinem Charakter durfte ich
Rache erwarten, und sie blieb nicht lange aus! Er
hatte genug gehört, um die Anzeige zu machen; der
Leichnam wurde ausgegraben, das Gift in ihm gefun=
den und ich verhaftet.

Rosalie, Du hast sie nicht getödtet, rief Hermann,
der ihr im tiefsten Schmerze bisher zugehört hatte,
sie hat sich verblutet, Du bist unschuldig.

Traurig schüttelte das Mädchen das Haupt. Ich
suchte mir dies selbst während langer Zeit einzureden
und es war mir fast gelungen, während ich glücklich
war; aber in der Einsamkeit des Gefängnisses trat die
Wirklichkeit ohne Täuschung vor meine Seele. Wäre
das Verbrechen nicht groß genug, wenn ich den Mord
nur versucht, nur gewollt hätte? Aber wie es auch
mit der Gefahr der Verblutung war, die vielleicht nur
in Folge des Giftes eingetreten war, sie mußte un=
fehlbar an dem Gifte sterben, von welchem ich ihr nie
über fünf Tropfen hatte geben dürfen und von dem

ich damals einen ganzen Löffel voll goß. Nein, nein, Hermann, nur zu laut klagt mich mein Gewissen an, daß ich vergebens zu beschwichtigen suchte mit dem Irrwahne: es gibt kein höheres Wesen über uns : das uns richtet, es gibt keine Fortdauer der Seele; wir haben nur für unser Erdenglück zu sorgen, ob dies nun mit Hilfe dessen geschieht, was die Abergläubischen und die Unterdrücker der Armen Verbrechen nennen, oder ob es aus dem entspringt, was sie als Tugend preisen, dies macht keinen Unterschied; nur das Gelingen oder das Mißlingen gibt den Maßstab für die Zweckmäßigkeit des Mittels. Diese Gedanken gaben mir wohl die Kraft zum fortwährenden Läugnen meiner Schuld und spornten mich an, alle Klugheit anzuwenden, um mich aus der Gefahr zu ziehen, aber Ruhe des Gewissens konnten sie mir nicht verschaffen.

Ich versuchte es, das Gewissen zu verhöhnen und seine Berechtigung zu läugnen, indem ich es bloß als Folge in frühester Kindheit eingeprägter Furcht erklären wollte; aber es war vergebens, es ließ sich weder durch Läugnen, noch durch Spott verscheuchen; nach all diesen Anstrengungen trat es immer auf's Neue mit seinen Anschuldigungen auf.

Ich litt unaussprechlich! In dem Augenblicke, wo alle meine geträumten Wünsche sich so schön erfüllen sollten, wo mir das Leben so lieb war, daß ich mich mit allen Kräften an dasselbe anklammerte, sollte ich das unglücklichste Geschöpf werden! Dies schien mir unerträglich! Mit neuer Anstrengung sann ich über

mein System des Läugnens nach, mit dem Instincte
der Verzweiflung führte ich es aus und es schien zu
gelingen. Alle waren mir günstig gestimmt, von wel=
chen mein Schicksal abhing, mit Ausnahme des Doc=
tors, der aber nicht als Richter zu urtheilen hatte. Je
mehr sich die Verhandlungen dem Ende nahten, um
so zuversichtlicher ward ich und je sicherer ich an meine
Freisprechung glaubte, um so wichtiger erschien mir
der Glaube an eine allwaltende Vorsehung; die ja
mein Verbrechen an's Licht ziehen und mich der Strafe
überliefern müßte.

Sie wissen, Hermann, meine Verurtheilung. Ich
habe Sie im entscheidenden Augenblicke unter den Zu=
schauern mit meinen Augen gesucht und gefunden. Der
unerwartete Ausspruch der Geschworenen zerschmetterte
das Fundament meines Unglaubens; der Gedanke: Es
lebt ein gerechter Gott, durchbebte mich mit er=
schütternder Gewalt; das Urtheil des Gerichtes stürzte
die Trugbilder meiner Hoffnung für dieses Leben, zog
aber zugleich den Schleier von meinen Augen, der mir
den Blick in die Ewigkeit verhüllt hatte. Ich glaube
jetzt an eine ewig waltende Vorsehung und ich hoffe
auf ihre Barmherzigkeit!

Erschöpft schwieg Rosalie. Auch Hermann vermochte
nicht zu reden, überwältigt von seinen Gefühlen. End=
lich brach er in die Worte aus: Rosalie, Du bist Gott
wiedergegeben, aber Du sollst auch diesem Leben zu=
rückgegeben werden; Du darfst nicht sterben, meine
geliebte Braut! Nein, jetzt erst wird Dir das Leben

schön erscheinen, wenn Du es im Glauben an Gott, versöhnt mit Ihm, erneut am Geiste, für Gott lebst.

Rosalie lächelte trüb. Wecken Sie keine Hoffnungen für dieses Leben in mir, Hermann, stärken Sie vielleicht mehr meine Hoffnung auf Gottes Barmherzigkeit, auf ein ewiges Leben, die noch so neu und so schwach ist. Ich nehme willig den Tod an, den ich verdient; wohl mir, wenn das Opfer meines Lebens zur Sühne meines Verbrechens angenommen würde!

Nein, Rosalie, Du wirst leben und durch Wohlthun Deine Fehler gut machen. Siehe, ich habe die Mittel, Vieles zu thuen; wir wollen all' unsere Sorge auf die Wohlfahrt der unglücklichen Menschenclasse wenden, welcher Du angehörtest.

Thränen rannen aus Rosaliens Augen.

Hermann fuhr fort: Der Fürst hat das Recht der Begnadigung und man sagt, er habe noch kein Todesurtheil unterzeichnet; ich selbst will ihn anflehen um Deine Begnadigung, ich will ihm Deine schreckliche Jugend schildern, er wird, er muß Deine Strafe verwandeln, denn er ist gütig und mild.

Hermann, ketten Sie Ihr Schicksal nicht ferner an das einer Verbrecherin, lassen Sie die Welt das Verhältniß vergessen, in dem Sie zu mir gestanden und unternehmen Sie nichts, was es noch mehr offenbaren würde. Ein reiches, schönes Leben steht Ihnen offen, trüben Sie es nicht durch die Schmach, welche Ihnen Ihre Theilnahme an meinem Schicksale zuziehen würde. Die Liebe, welche Sie mir bewahren, nachdem Sie mein Schuldbekenntniß gehört, ist mir

unaussprechlich wohlthuend; mehr aber dürfen Sie
nicht thuen, mehr darf ich nicht annehmen. Lassen Sie
uns scheiden, Hermann, meine Zeit ist kurz und ich
habe noch Wichtiges zu thuen. Diesen Nachmittag wird
der Geistliche mich wieder besuchen, ich muß mich vorbe=
reiten, ihm das lange Bekenntniß meiner Schuld abzu=
legen. O, seit meiner Kindheit habe ich es nicht mehr
gethan, habe nicht mehr die trostvollen Worte ver=
nommen: „Gehe hin, Deine Sünden sind Dir ver=
geben!"

Ja, ja, ich gehe, Rosalie, aber um Dir Deine
Begnadigung zu erwirken. Gott sey mit Dir!

Hermann, lebe wohl! rief ihm Rosalie nach. Als
er fort war, brach ihre Kraft zusammen; sie sank auf
den kalten Steinboden und weinte einen Strom von
Thränen. Dann ergriff sie das Buch, welches ihr der
Geistliche zurückgelassen und begann ihre Vorbereitung
auf das heilige Werk, das sie am Nachmittage ver=
richten sollte.

Unterdessen begab sich Hermann vor den Thron
des Fürsten, Gnade für die Verurtheilte zu erbitten.
Mit gerechtem Unwillen und tiefer Betrübniß hörte er
die Schilderung von der Verdorbenheit in allen Clas=
sen der Gesellschaft; von der Verführung, durch welche
die höheren die unteren Schichten dem Laster dienstbar
machen; von dem leiblichen und geistigen Elende, in
welchem diese leben.

Ja, rief er aus, das war die Vorbereitung, ohne
welche mein Volk sich nicht gegen mich empört haben
würde! mein Volk, dessen Wohl ich allzeit angestrebt,

dem ich nie wehe gethan, gegen das ich immer gütig
und milde war.

Rosaliens Urtheil wurde in zwanzigjährige Zucht=
hausstrafe umgewandelt.

So traurig auch dieser Ausspruch war, Hermann
empfing ihn mit Freude und brachte am folgenden
Tage der Verurtheilten die Kunde. Er traf sie in stil=
lem Frieden, ihr Auge glänzte freudig, als sie ihm
entgegen rief: Hermann, ich bin mit Gott versöhnt;
ich habe das Pfand des Friedens empfangen! Mir ist
so wohl und leicht! ruhig sehe ich jetzt dem Tode ent=
gegen!

Nein, Rosalie, Du sollst nicht sterben, der Fürst
hat Dich begnadigt. Zwar kann ich Dir nicht die Frei=
heit verkünden, fügte er mit gepreßtem Herzen bei,
aber Du bist doch dem Leben, bist mir wieder geschenkt.
Es kommen so oft Gelegenheiten, bei welchen die Für=
sten Begnadigungen verleihen; ich werde keine vorüber
gehen lassen, ohne für Deine Freilassung zu bitten
und müssen wir auch noch einige Jahre warten, so
wird die Hoffnung uns die Zeit verkürzen. Du schweigst
Rosalie? Du siehst mich so traurig an?

Ach, Hermann, antwortete Rosalie mit einem tie=
fen Seufzer, ich glaubte die Prüfung schon überstan=
den und nun soll ich sie auf's Neue beginnen! Werde
ich sie besser bestehen, als früher? Ich hoffte durch
meinen Tod einen Theil meiner Schuld abzubüßen,
werde ich sie durch ein längeres Leben nicht vielleicht
noch vermehren?

Du wirst Deine Schuld gut machen, durch ein

Gott geheiligtes und dem Nächsten gewidmetes Leben. Wie viel Gutes wirst Du vollbringen, da Du bekannt mit den Verhältnissen der bedauernswerthen, armen Menschen bist. Liebst Du mich nicht mehr Rosalie? Kannst Du Dir ein der Barmherzigkeit gewidmetes Leben an meiner Seite nicht wünschenswerth denken?

Hermann, Gott lohne Sie für Ihre treue, ausdauernde Liebe! Weil ich Sie liebe mit aller Kraft meiner Seele, deßhalb wünsche ich Ihr Glück. Sie dürfen Ihr Loos nicht an das einer Verbrecherin, einer mit Recht Geächteten knüpfen. Glauben Sie, die Achtung unserer Mitmenschen ist uns nöthig zu unserer Zufriedenheit und man würde Sie Ihnen versagen, wenn Sie eine Verbindung mit einer — Mörderin eingehen wollten. Seyen Sie überzeugt, Hermann, auch an dem Orte meiner Strafe wird die Erinnerung an Ihre treue Liebe noch stärker gegen die Eindrücke, welche eine entsetzliche Umgebung auf mich ausüben wird. Leben Sie wohl, Hermann, gedenken Sie der Büßerin vor Gott und machen Sie die Welt vergessen, daß Sie mir so viele Liebe geschenkt haben.

Rosalie, ich habe Dich geliebt, als Du von Gott abgekehrt warst, um wie viel mehr liebe ich Dich jetzt, wo Du reuevoll zu ihm zurückgekehrt bist; denn wenn ich jetzt auch Deine Schuld kenne, so weiß ich doch auch Deine Reue, und ich baue auf Deine Zukunft. Harre nur muthig aus; o, sey überzeugt, daß die Strafe, die Du trägst, auch mich trifft, und daß ich Alles geben wollte, um Dich davon zu befreien. Aber sobald Du frei bist, verlassen wir dies Land, wo man

blind ist gegen die Laster, die man liebt und kein
Mitleid hat, kein Vergessen kennt für reuevolle Seelen,
welche die Welt für immer gebrandmarkt hat! Unter
einem fremden Himmel, auf fremder Erde werden wir
dann glücklich seyn, indem wir Anderer Unglück ab=
wenden, wo und wie wir können.

Rosalie widersprach ihm nicht mehr; Thränen der
Rührung und des Dankes rannen aus ihren Augen,
als Hermann nun von ihr Abschied nehmen mußte.
Wenige Tage darauf ward sie an den Ort ihrer Strafe
abgeführt.

Es fiel ihr unendlich schwer, sich mit Einemmale
in eine Umgebung versetzt zu sehen, die ihr nur
zu treu alles Elend ihrer Kindheit und Jugend
zurückrief und die es ihr nicht vergeben konnte, daß
sie sich über ihre Herkunft habe erheben wollen. Daß
Rosalie, welcher die rohen, schändlichen Reden der
schamlosen Weiber unerträglich fielen, sich von ihnen
nach Möglichkeit zurückzog, entflammte sie zu wahrem
Hasse wider sie, den sie ihr durch Spott, Hohn, durch
den Vorwurf ihres Verbrechens, des unordentlichen
Lebens ihres Vaters, ja selbst durch gemeine Verdäch=
tigung ihres Verhältnisses zu Hermann, jeden Augen=
blick bitter fühlen ließen. Sie litt still und schwer und
oft wollte ihr Muth sinken, ihre Geduld nachlassen,
aber die Erinnerung an ihre Schuld, an die Strafe,
die sie verdient, gab ihr immer wieder Kraft, alle diese
Leiden der göttlichen Gerechtigkeit zur Buße aufzu=
opfern.

Sowohl durch die unausgesetzten Bemühungen Her=

manns ihr Loos zu erleichtern, als durch ihr ausge=
zeichnetes Betragen, erlangte sie nach einiger Zeit die
Vergünstigung, abgesondert von den Uebrigen arbeiten
zu dürfen; dies machte sie so glücklich, daß sie glaubte,
nichts mehr auf dieser Welt zu bedürfen. Wirklich be=
durfte sie auch wenig mehr von der Erde; die Wech=
selfälle ihres Lebens hatten ihre Gesundheit untergra=
ben. Ein halbes Jahr nach ihrer Verbringung in die
Strafanstalt erhielt Hermann von dem Hausgeistlichen,
mit welchem er seither in Briefwechsel gestanden, daß
ihre Tage gezählt seyen. Er eilte herbei und fand sie
wieder, wie damals im Gefängnisse, in stillem Frie=
den; nachdem sie durch das Brod des Lebens gestärkt
worden, sah sie ruhig dem Tode entgegen, in fester
Hoffnung auf die Barmherzigkeit Desjenigen, der sie
wunderbar zu sich gezogen hatte. Mit seliger Freude
wandte sie ihren glänzenden Blick auf den Eintre=
tenden.

Gott lohne Sie für Ihre treue Liebe! sprach sie
noch mit matter Stimme; dann brachen die Augen,
und unter den Gebeten Hermanns und des Geistlichen
verschied sie sanft und ruhig.

Hermann bleibt ihr treu; er denkt an keine Hei=
rath. Sein großes Einkommen, seinen Einfluß und seine
Zeit wendete er auf die Milderung des sittlichen und
materiellen Elendes des Volkes, während er in seiner
Umgebung sowohl durch sein Beispiel, wie durch Er=
mahnungen, die jungen Leute der Tugend zu erhalten
oder zu gewinnen sucht. In diesem Sinne gründete er

in seiner Vaterstadt nach dem Vorbilde der französi=
schen Hauptstadt unter den jungen Männern einen
St. Vincentiusverein, welchem schon viele Familien
hilfe in der Noth und schon manche Seele Rettung
ihrer Unschuld, oder Rückkehr zur Tugend verdankten.